Paula Bleckmann
Ingo Leipner

Heute mal bildschirmfrei

bildschirmfrei

Das Alternativprogramm
für ein entspanntes
Familienleben

Besuchen Sie uns im Internet:
www.knaur.de

Redaktion: Birthe Vogelmann, München
Covergestaltung: semper smile, München
Coverabbildung: Westend61 / Gettyimages
Cartoons im Innenteil von Renate Alf
Illustrationen im Innenteil von Lisa Braasch und Tom Menzel
S. 137: www.echt-dabei.de
Satz: Daniela Schulz
Druck und Bindung: CPI books GmbH, Leck
ISBN 978-3-426-78925-4

5 4 3 2 1

Inhalt

Einleitung

Warum dieses Buch? Drei Kernbotschaften

Aufrüttelnde Bücher wie *Digitaler Burnout*[1], *Digital Junkies*[2] und *Digitale Demenz*[3] sind der Beweis: Erziehende sind heute mit Herausforderungen konfrontiert, die sich vor zehn Jahren noch nicht erahnen ließen, als Smartphones weltweit ihren Siegeszug antraten. Dazu eine Zahl: WhatsApp wurde 2009 gegründet, heute verwenden weltweit 1,3 Milliarden Menschen diesen Messenger-Service.[4] Zwischen Entwicklung und globaler Ausbreitung lagen nur acht Jahre! Paula Bleckmann hat diese explosionsartigen Entwicklungen im Blick; sie ist als Professorin für Medienpädagogik auch Expertin für Digitalrisiken. Sie weiß: Diese neuen Probleme müssen wir sehr ernst nehmen! Als Mutter von drei Kindern weiß sie auch: Wenn Bücher Probleme nur beschreiben, hilft das nicht, alltägliche Konflikte zu lösen, die rund um TV, PC und Smartphone auflodern.

Diese Erkenntnis hatte auch Ingo Leipner, der sich publizistisch mit der digitalen Transformation im Bildungsbereich auseinandersetzt.[5, 6] Seine Erfahrung aus vielen Vorträgen: Kritische Eltern wissen schon lange Zeit, WARUM es wichtig ist, auch einmal »bildschirmfrei« zu machen. Hier geht es um die Frage: WIE wehren sich Familien heute gegen den magischen Magnetismus digitaler Welten?

Deutsche Kinder sind immer jünger, wenn sie das erste Smartphone erhalten. Der Einstieg erfolgt mit jedem Kalenderjahr ein Lebensjahr früher: 16 Jahre, 15 Jahre, 14 Jahre, 13 Jahre, 12 Jahre, 11 Jahre,[7] …

Im Jahr 2018 haben am Ende der Grundschulzeit (!) mehr als die Hälfte der Schüler ein Smartphone in der Tasche – sollte der aktuelle Trend so anhalten. Wie lange wollen Eltern sich das gefallen lassen? Bis 6-Jährige Freundschaftsanfragen nur noch online erhalten? Bis immer mehr Eltern, auch von Vorschulkindern, keine Alternative zum Smartphone-Besitz sehen, aus Angst, dass ihr Kind ausgegrenzt wird?

Kernbotschaft 1
Die digital dominierte Kindheit ist NICHT alternativlos.
Eltern sind in der Lage, im Interesse ihrer Kinder die Weichen anders zu stellen.

Unser Buch richtet sich gegen das Gespenst der Alternativlosigkeit. Und gegen das AADDA-Syndrom … Nie gehört? Sie kennen es sicher: »Alle anderen dürfen das aber!« Das führen Kinder gerne ins Feld, wenn sie ein eigenes Smartphone haben wollen – oder darum kämpfen, einen angesagten Film zu sehen oder »coole Games« zu spielen. Was wir halb scherzhaft das »AADDA-Syndrom« nennen, gibt es als Krankheitsbild in vielen Familien – und es ist ziemlich ansteckend. Was dagegen hilft? In den Kapiteln 2, 7, 8, 10, 11, 13, 14 finden Sie praxistaugliche Tipps.

Als Autoren ermutigt uns: In den Vereinigten Staaten schließen sich Tausende Eltern zusammen, um ihre Kinder besser zu schützen. Sie gründen die Initiative »Wait Until 8th«.[8] Wie erklärt sich der Name? IT-Bosse wie Bill Gates, Jeff Bezos oder der verstorbene Steve Jobs gaben ihren Kindern erst ein Smartphone, als diese 14 Jahre alt waren. Also in der achten Klasse (»8th grade«). Richtig! Durch eine frühe Nutzung digitaler Medien werden Kinder nicht schlau, fit und medienkompetent. Stattdessen steigt das Risiko, übergewichtig, abgestumpft und süchtig zu werden. Entsprechend haben Kinder heute langfristig umso bessere Zukunftschancen, je weniger sie in jungen Jahren einer digitalen Reizüberflutung ausgesetzt sind.

Doch aktuell schwimmen Eltern in einer Schulklasse gegen den Strom, wenn sie den Smartphone-Kauf des Kindes aufschieben möchten, weshalb Initiativen wie »Wait Until 8th« so wichtig sind.

Auch in Deutschland haben Hunderte von Eltern gemeinsam entschieden: Sie zögern den Kauf der Smartphones in der gesamten Schulklasse ein, zwei oder drei Jahre hinaus. (Ideen für eine »Klassenvereinbarung« finden Sie in Kapitel 10.)
Ein berechtigter Einwand könnte lauten: Im Alter von 14 Jahren kommen die Geräte immer noch zu früh. Tatsächlich lässt sich auch die Forderung »Smartphones ab 18 Jahren« gut begründen. Aber wir halten jeden kleinen Schritt für wertvoll, der in die richtige Richtung führt. Es ist besser, wenn ein Kind erst mit 14 Jahren sein Smartphone bekommt als mit 10 Jahren, wie es bei vielen Klassenkameraden der Fall ist. Das sind vier gewonnene Jahre für das Kind! Darauf können und sollten Eltern stolz sein.

Kernbotschaft 2
Kleine Erfolge feiern, kleine Schritte würdigen.
Ein schlechtes Gewissen ist ein miserabler Erziehungsberater.
Die Katastrophe ist scheinbar schon eingetreten? Nicht verzweifeln, es gibt immer etwas zu retten.

Tatsächlich! Ein bisschen besser kann es immer werden, wenn es um den Umgang mit digitalen Medien in der Familie geht. Daher ist dieses Buch so aufgebaut: Am Anfang stehen Tipps und Tricks, wie Eltern verhindern, dass der Digital-Stress zu früh losgeht. Zum Beispiel den Fernseher ins Arbeitszimmer räumen – oder ganz abschaffen (ein Film lässt sich abends auch in einer Mediathek abrufen). So gelingt es, viele Gefahren aus dem Leben der Kinder fernzuhalten: Internet-Pornos,

Gewaltfilme, Suchtspiele, Sexting, Cybermobbing oder Fake News.

Aber: Aufgeschoben ist nicht aufgehoben! Und: Familien leben nicht auf Inseln. Es wäre illusorisch für Eltern zu glauben, Kinder vollständig vor Medienrisiken bewahren zu können. Doch es gibt viele Möglichkeiten, kritische Situationen zu bewältigen. Das zeigen unter anderem diese Geschichten in unserem Buch:

- Der 6-jährige Simon kommt verstört nach Hause und hat nachts Albträume, weil er »Star Wars« bei einem Freund geguckt hat (Kapitel 7).
- Teenies schlafen mitten im Unterricht ein, weil sie bis tief in die Nacht WhatsApp-Nachrichten schreiben (Kapitel 13).
- Die 11-jährige Lena bekommt den Link zu einem Hardcore-Porno über die WhatsApp-Klassengruppe geschickt – und hat bereits daraufgeklickt (Kapitel 14).

Unser Prinzip: Alle 15 Kapitel zeigen, wie sich kritische Ausgangssituationen im Alltag ins Gute wenden lassen. Viele der Geschichten werden Ihnen vertraut sein! Denn die Fallbeispiele[9] basieren auf Familienberichten, die zum Teil mit vielen Details auf Tonband dokumentiert sind. Dabei haben wir uns die Freiheit genommen, Geschichten aus zwei oder mehreren Familien zusammenzufassen und Details fiktiv zu ergänzen. Natürlich wurde auch einiges verfremdet, um die Privatsphäre nicht zu verletzen.

So waren unsere Probeleser bei einigen Kapiteln überzeugt: »Da habt Ihr vieles dazu erfunden. So etwas passiert doch nicht in der Realität!« Doch genau in diesen Kapiteln waren wir besonders nahe am Original geblieben. Erstaunlich: Die besten Geschichten schreibt immer noch das Leben. Überzeugen Sie sich selbst!

Daher danken wir allen Familien, die ihre Erlebnisse mit uns geteilt haben: bei Gesprächen nach Vorträgen und gemütlichen Kneipenrunden mit Freunden sowie bei Interviews im Rahmen wissenschaftlicher Forschung. Es gibt noch sehr viel mehr Menschen, denen wir danken wollen (siehe Danksagung auf Seite 301 f.).

Gebrauchsanweisung: Jedes Kapitel in diesem Buch steht für sich. Ein Blick ins Inhaltsverzeichnis – und Sie können sofort das Thema herauspicken, das Ihnen unter den Nägeln brennt. Jedes Kapitel beginnt mit einem »Einstieg«, der eine mehr oder weniger vertrackte Situation widerspiegelt, die eine unserer Familien im Alltag erlebt hat (siehe Abb. 1). Für dieses Problem bietet sich ein bequemer, aber fragwürdiger Ausweg an, unsere »TINA-Lösung«. Die Abkürzung steht für »There Is No Alternative« und geht auf Margaret Thatcher zurück, die mit einer vorgeblichen Alternativlosigkeit versuchte, ihre Politik zu legitimieren. Etwas, das auch deutsche Politiker immer wieder gerne probieren … Vorsicht! Mit der »TINA-Lösung« führen wir unsere Leser gerne etwas aufs Glatteis.

Darauf folgt der Abschnitt »Wissenschaft und Argumente«: Wir liefern Fakten sowie wissenschaftliche Erklärungen zu den Fallbeispielen. Es gibt auch diverse Hinweise auf Originalquellen, falls Sie tiefer ins Thema einsteigen möchten. Übrigens: Die Fakten sprechen stets gegen die »TINA-Lösung« …

Der nächste Abschnitt ist einer »Idealen Lösung« gewidmet. Der Wissenschaftsteil gibt Ihnen handfeste Gründe in die Hand, WARUM es sich lohnt, gegen den Strom zu schwimmen. Jetzt geht's um das WIE! In der »Idealen Lösung« begegnen Sie Eltern, die für ihre Kinder bildschirmfreie Zonen schaffen – und so ein Familienleben mit weniger Konflikten gestalten. Ihre Lösungen sind manchmal unerwartet, unkonventionell, aufwendig und gewagt. Sie haben sich aber in der Praxis bewährt. Daher unsere Ankündigung auf dem Buchtitel: »Das Alternativprogramm für ein entspanntes Familienleben.«

Oft scheint es für solche Lösungen nötig zu sein, dass viele Umstände günstig zusammenkommen. Manchmal zu schön, um wahr zu sein? Daher schließt jedes Kapitel mit rund einem halben Dutzend Ideen und der Botschaft: So lässt sich der Alltag mit Medien etwas besser gestalten. Diesen Abschnitt haben wir »Weitere Lösungen« genannt.

Damit kommen wir zu unserer dritten Kernbotschaft. Um eine »Ideale Lösung« im Ansatz umzusetzen, ist viel Fingerspitzengefühl notwendig. Der Grund: Gespräche über TV, Smartphone und Co. sind häufig emotional belastet: Es lauern viele Fallstricke! Manche sind als »dicke Taue« gut sichtbar, manche als »durchsichtige Schnüre« kaum wahrnehmbar – und deshalb besonders gefährlich.

Kernbotschaft 3

Es lohnt sich, für jeden Gesprächspartner den treffenden Ton zu finden.

Oft ist Handeln wirksamer als Reden.

Oft ist Zuhören wichtiger als Wissen.

Wie gelingt es, den treffenden Ton zu finden – für die unterschiedlichsten Menschen? Vom Kleinkind bis zum Jugendlichen, vom Partner über die Oma bis zum Grundschulrektor? Dafür gibt es nachahmenswerte Beispiele in der »Idealen Lösung«, die alle 15 Kapitel abrundet.

Wie unsere Probeleser
reagierten (und Sie?)

Einstieg:
Eine (meist unangenehme)
Alltagssituation

Au weia! Das kommt mir
bekannt vor! Wie komm ich
da bloß wieder raus?

TINA (There Is No Alternative):
Scheinbar alternativlose
Fortsetzung

Unkritisch, bequem und
leider weit verbreitet.
Einfach laufen lassen?
Das geht gar nicht!

Wissenschaft und Argumente:
Zahlen, Daten, Fakten, die
gegen die TINA-Lösung
sprechen

So genau wusste ich das
noch gar nicht. Das hilft mir,
meine Haltung zu begründen.

Ideale Lösung:
Gegenentwurf zu TINA:
eine oft ausführliche, sehr
empfehlenswerte
Fortsetzung

Toll! Bewundernswert!
Gute Anregungen!
Aber wer schafft das schon
auf diese Weise?

Weitere Lösungen:
Viele kleine Ideen für dieses
und ähnliche Probleme

Vielfältig!
Schritt für Schritt weniger
Stress ...
... und für jeden was dabei!

Abb. 1: Kapitelaufbau

Wie erkläre ich einem kleinen Kind, dass es heute nicht fernsehen darf? Unsere Antwort: Die Frage ist falsch gestellt! Es gibt zum Beispiel weniger Streit, wenn sich der Fernseher nicht dauernd im Blickfeld des Kindes befindet (»aus den Augen, aus dem Sinn«). Legen Eltern klare Regeln fest und setzen sie durch, entstehen ebenfalls weniger Konflikte (nach vereinbarter Zeit Ausschaltknopf drücken). Und: Eltern können prüfen, ob ihr eigenes Verhalten ein ungesundes Vorbild für die Kinder darstellt.

Je kleiner das Kind, desto eher gilt: Handeln geht vor Erklären. Was uns Familien mit kleinen Kindern berichtet haben, können wir erfreulicherweise auf einen gemeinsamen Nenner bringen: Je weniger Bildschirm, desto weniger Stress!

Bei Jugendlichen gilt oft das Gegenteil: Je weniger Bildschirm, desto mehr Stress! Wer die Zeiten mit digitalen Medien begrenzen will, handelt sich beim älteren Nachwuchs fast automatisch Ärger ein. Viele Eltern fragen sich: »Was mache ich nur falsch? Warum gibt es ständig Streit um die Mediennutzung?« Nur Mut: Das kann ein positives Zeichen sein. Da heißt es dranbleiben und Konflikte ruhig durchstehen, wie etwa in Kapitel 12. In dieser Geschichte setzen sich die Eltern mit dem 12-jährigen Thorben zusammen, um gemeinsam in einem Familienrat Regeln festzulegen, wie sich der digitale Dauerstreit beilegen lässt. Fatal ist es, wenn es Eltern gleichgültig wird, wie ihre Kinder mit digitalen Medien umgehen. Klar, es gäbe keinen Streit ums Thema. Aber die langfristigen Folgen sind verheerend!

Bei aller Streitkultur – genauso wichtig ist für Kinder in jedem Alter: Ja-Sagen geht vor Nein-Sagen. Dazu ist es entscheidend, dem Kind gut zuzuhören. Welche (unerfüllten?) realen Wünsche bewegen Jugendliche, wenn ihr Computerspielverhalten bedrohlich viel Zeit frisst? Das kann die Sehnsucht nach Anerkennung für Leistungen sein, nach Zugehörigkeit in einer

Beziehung oder einer Gruppe, ebenso wie die Sehnsucht nach Autonomie.

Also: Nicht einfach Nein sagen zu digitalen Medien, sondern Ja zur analogen Entsprechung. Dieses Prinzip steckt in unserem »Taschenlexikon digital – analog«. Und schließlich: Wie hört sich der »treffende Ton« an, um mit Erwachsenen über Medienthemen zu sprechen? Wie kann man aus der »Besserwisser-Falle« aussteigen (vgl. Kapitel 1, 2 und 4)? Kommen wir mit anderen Eltern ins Gespräch, ist ein besonderes Feingefühl gefragt. Oft sind Eltern ohnehin der Meinung, dass ihr Kind zu viel Zeit am Bildschirm verbringt. Sie fühlen sich dabei aber einem Dilemma ausgesetzt: Den Alltag zu bewältigen hat Vorrang vor den idealen Vorstellungen, wie Medienerziehung ablaufen sollte. Beispiel: Eine gestresste Nachbarin, die ihr Kind regelmäßig vor dem Bildschirm parkt – als Babysitter.

Eigentlich will die Mutter das Kind nicht so behandeln, was zu einer Rationalisierungsstrategie führt: Sie »lügt sich in die Tasche«, indem sie fest daran glaubt, kleine Kinder könnten viel durch TV-Sendungen lernen. Menschen sind sich oft der Brüchigkeit ihrer Rationalisierungsstrategien bewusst, weshalb sie gereizt reagieren, wenn Kritiker den »Finger in die Wunde legen«. Statt sich Vorwürfe anzuhören, hätten sie lieber Unterstützung, um ihren Alltag besser zu bewältigen. Die Konsequenz: Wer sein Gegenüber mit überragender Sachkenntnis »erschlägt«, erreicht selten eine Einigung und ruft oft Zerwürfnisse hervor. Da schadet es nicht, eine gute Portion Demut zu pflegen, etwa durch die Frage: Was braucht mein Gegenüber, um seine Haltung zu ändern und sich dabei gut zu fühlen? In welchen Punkten kann ich mich auf den anderen zubewegen, um eine Einigung zu erzielen? Dafür ist ein eigener klarer Standpunkt wichtig, gestützt auf Faktenwissen. Die Konsequenz aus Kernbotschaft 3 wäre also nicht, dass Wissen schadet. Vielmehr geht es um die richtige Dosierung. Der Dichter Matthias Claudius hat das so ausgedrückt: »Sage nicht alles, was du weißt, aber wisse immer, was du sagst.«

Wir wollen mit diesem Buch dazu beitragen, dass Kinder in Begleitung Erwachsener lernen, die Chancen digitaler Welten langfristig zu nutzen. Dabei möchten wir Sie als Erziehende ermutigen, auch die Risiken bewusst wahrzunehmen und Ihre Kinder davor früh zu schützen. In diesem Sinne: Machen Sie heute mal bildschirmfrei!

Emmendingen/Lorsch, im Oktober 2017

Paula Bleckmann und Ingo Leipner

1. Digitales Betthupferl für Babys?

Verharmlosung durchschauen –
aber nicht den Besserwisser spielen

TV und Apps als Einschlafhilfe?

Suse hat es nach einer gefühlten Stunde »Kampf« am Abend geschafft, ihren kleinen Sohn Marcello ins Bett zu bringen. Erschöpft sinkt sie in ihren Sessel und checkt das Smartphone. Wie schön, denkt sie, da ist eine neue Nachricht von Marcellos Patentante.

> ~ Ulrike:
> Hallo, du Liebe, habe gerade im Theaterprogramm was Tolles für dich gefunden, eine ganz moderne Inszenierung von Shakespeares »Sommernachtstraum«. Du meckerst ja immer, dich nur noch als Mama und nicht mehr als Suse zu fühlen. Also Theater mit Hans? Und ich spiele die Babysitterin. How about it?

> ~ Suse:
> Du kommst mir wie gerufen. Ich bin schweißgebadet. Marcello hat mich eine Stunde gefoltert.

> ~ Ulrike:
> ???

~ Suse:

M. tut immer wieder so, als würde er schlafen, und sobald ich aus dem Zimmer will, wieder: Rabääh rabääh. Irgendwann war ich so wütend! Jetzt schläft er friedlich. Theater hört sich für mich wie ein Traum an. ABER: Termine? Wann kommt denn Shakespeare?

~ Ulrike:

Bist die Heldin des Alltags! Du bekommst von mir einen Orden. Termin: Jeden Abend um 20 Uhr im Februar und März.

~ Suse:

Wunderbar, danke! Muss mit Hans klären, wann er geschäftlich unterwegs ist. Melde mich …

~ Suse:

Theaterabend 17. oder 24. Februar wäre perfekt. Geht das bei dir?

~ Ulrike:

24. Februar geht leider nicht. Fortbildung. 17. Februar? Das ist ja schon in acht Tagen. Da hab ich eine Freikarte für ein Konzert, aber die verschenke ich einfach. Klappt schon! ☺

~ Suse:

Hurra. ☺ Alles Weitere gleich am Telefon.

Nach dem zweiten Klingeln geht Ulrike ans Telefon: »Alles schon erledigt, die Freikarte ist verschenkt, meine Nachbarin hat sich gefreut.« Suse berichtet: Ihr Mann Hans habe euphorisch reagiert, als sie ihm vom Theaterabend erzählte. »Ich bin auch hin und weg von der Idee«, fährt sie fort. »Als wir das letzte Mal abends weggehen wollten, war Marcello krank. Eine Woche davor fiel es aus, weil ich Migräne hatte … alles wie verhext. Wir dachten, es wird nie mehr etwas mit unserem Abend als Paar.«

»Na, die Pechsträhne ist vorbei«, antwortet die Patentante. »Perfekt. Ich freue mich riesig. Nur etwas macht mir Sorgen: Marcello schläft im Moment schlecht ein«, wendet Suse darauf ein.

Da weiß die erfahrene Patentante gleich Rat: »Mach dir keine Sorgen, mit ›Janoschs Traumstunde‹ auf DVD habe ich bisher alle Einschlafprobleme beim Babysitten gelöst. Die Filme sind so süß gezeichnet, ganz ruhige Musik. Wenn das Kind schreit, lege ich die DVD ein, und es beruhigt sich. Mit dem Kind auf dem Arm setze ich mich in den Sessel, es schaut noch ein paar Minuten auf den Bildschirm, und schon schläft es ruhig ein. Das hat bisher immer geklappt.«

Nach dem Gespräch macht sich Suse doch Sorgen: Sie hat Bedenken, DVDs als Einschlafhilfe einzusetzen. Sie fragt Hans nach seiner Meinung, doch der reagiert allergisch: »Du willst jetzt nicht zum dritten Mal unseren gemeinsamen Abend absagen, oder? Langsam habe ich das Gefühl, du kannst dich einfach nicht von Marcello trennen!« Wenn jetzt sogar Ulrike nicht mehr gut genug sei, um auf Marcello aufzupassen, fährt er fort, wisse er auch nicht mehr weiter. »Sie hat wegen uns eine Konzertkarte verschenkt. Ist es dir eigentlich nicht peinlich, ihr jetzt abzusagen, weil du mal wieder überbesorgt bist?« Ob der dritte Versuch noch gelingt, einen Abend als Paar zu verbringen?

TINA-Lösung: Wie es alle machen (sollen)

Es wäre wirklich peinlich, der Patentante jetzt noch abzusagen, bloß weil Suse DVDs als Einschlafhilfe nicht für das »Gelbe vom Ei« hält. Dazu kommt: Suse würde ihren Mann schwer enttäuschen. Und sie würde als »Glucke« dastehen, die nicht loslassen kann und ihr Leben vollständig nach einem Kleinkind ausrichtet. So schlimm kann es doch auch nicht sein … Ulrike hat doch mit »Janoschs Traumstunde« gute Erfahrungen gemacht? Schnell haben Suse und Hans die Serie gegoogelt. Über sie gibt es nur Gutes zu lesen, zum Beispiel in Erfahrungsberichten wie diesem hier: »Ich habe die Serie geliebt. Die ruhige, gemütliche und liebenswürdige Art der Geschichten und Figuren hat mich sehr verzaubert.« Na bitte! Das scheint wirklich eine kindertaugliche Sendung zu sein.

Aber ab welchem Alter dürfen Kinder fernsehen? Auch zu dieser Frage gibt es Hinweise im Internet – zum Beispiel in einem Interview mit Prof. Wassilios Emmanuel Fthenakis, Experte für frühkindliche Bildung[10]. Er wurde gefragt: Wann sind die entwicklungspsychologischen Voraussetzungen gegeben, damit Kinder Sendungen wie »KiKANiNCHEN« sehen können? Seine einfache Antwort: »Von Anfang an.« Als Begründung sagte er: »Unmittelbar nach der Geburt werden die Säuglinge mit Reizen konfrontiert, mit Figuren, mit Farben. Und all das ist ein mediales Angebot, was den Kindern, den Säuglingen von Anfang an zur Verfügung steht.«[11]

Suse und Hans surfen von Seite zu Seite – und finden große Mengen Filmempfehlungen für Kinder, auch für die Allerkleinsten. Ein paar Klicks weiter tauchen Empfehlungen für Smartphone-Apps auf. Hans zeigt auf den Bildschirm: »Schau mal her, Suse, das wäre doch was für Marcello, oder?« Es geht um die App »Süße Träume«, Hans liest den Werbetext vor: »Die superniedliche Kleinkinder-App hieß zuvor ›Gähnerli‹, und es geht darum, viele müde Tiere schlafen zu legen.«

Jetzt erwärmt sich auch die vorher so kritische Suse für die Idee und liest weiter vor: »›Die App eignet sich besonders als digitales Betthupferl für Kleinkinder und lässt sich wunderbar in das Zubettgeh-Ritual einbauen.‹ Das habe ich schon ganz oft gehört, wie wichtig für Kinder Regelmäßigkeit und feste Rituale sind.« – »Und hier steht auch«, ergänzt Hans, »dass die App ab 18 Monaten empfohlen wird. Marcello ist ja schon 24 Monate alt. Lass uns die App morgen gleich ausprobieren, wenn Marcello wieder schreit.«

Der Theaterabend ist gerettet, der Frieden zwischen Hans und Suse wiederhergestellt. Marcello wird in Zukunft leichter in den Schlaf finden, auch die Patentante wird glücklich sein. Suse entspannt sich, ihr fallen langsam die Augen zu. Warum sollte sie jetzt noch weiter recherchieren?

Lied der Oompa Loompas

Das Gedicht, »Lied der Oompa Loompas« hat Roald Dahl 1964 (!) in seinem Buch *Charlie und die Schokoladenfabrik*[12] veröffentlicht. Daraus hier zwei Strophen. Wie weitsichtig!

Für den, der Kinder gerne hat,
gibt es noch einen guten Rat –
der wäre: Lasst sie niemals an
den Fernseh-Flimmerkasten ran!
(Am besten wär's, in allen Fällen
den Kasten gar nicht aufzustellen.)

Doch vielfach achtet man nicht drauf
und lässt den Dingen ihren Lauf:
Der halbe Tag, die halbe Nacht
wird vor dem Bildschirm zugebracht.
Natürlich zieht es Kinder immer

zu jeder Art von Bildgeflimmer.
Wenn sich nur irgendwas bewegt,
schon sind sie davon angeregt
und sind bereit, sich voll Vertrauen
den größten Blödsinn anzuschauen.

Wissenschaft und Argumente

Muss man weiter recherchieren? Unbedingt! Denn der Stand der Forschung belegt das Gegenteil von dem, was Prof. Fthenakis behauptet. Die American Academy of Pediatrics (AAP) vertritt 60 000 amerikanische Kinderärzte und -chirurgen. Sie hat 50 Studien ausgewertet, die seit 1999 der Frage nachgegangen sind: Wie wirken Fernsehen und Videos auf die Allerkleinsten? Die Ärzte-Organisation schreibt klipp und klar:[13] »Die AAP rät davon ab, dass Kinder unter zwei Jahren elektronische Medien benutzen.« Kein Fernsehen, kein Laptop, kein Smartphone. Für die jüngste Altersgruppe hat laut AAP die Forschung eindeutig nachgewiesen: Es entsteht langfristig keinerlei Nutzen, wenn Kleinkinder Bildschirmen ausgesetzt sind, weder beim Fernsehen noch beim Gebrauch von Apps auf dem Smartphone. Dagegen lassen sich negative Auswirkungen auf die Entwicklung zunehmend besser belegen. Für das Kindergarten-, Grundschul- und Jugendalter liegen dazu viele Hundert Studien vor[14] (vgl. zusammenfassend Mößle 2012, Nunez-Smith et al. 2009, Spitzer 2005). Diese Studien dokumentieren Auswirkungen in drei großen Bereichen:

- **Körperliche Auswirkungen:** Es sind Verzögerungen der Bewegungsentwicklung, Übergewicht und Folgeerkrankungen (z. B. Diabetes) sowie Schlafstörungen nachgewiesen.
- **Psychosoziale Auswirkungen:** Mehr Konsum von Bildschirmmedien führt zu einem Verlust von Empathie, einer verzöger-

ten Sprachentwicklung, Störungen der Beziehungsfähigkeit und ADHS-ähnlichen Symptomen.

- **Kognitive Auswirkungen:** Es wurden Beeinträchtigungen der kognitiven Entwicklung nachgewiesen. Diese äußern sich in verschiedenen messbaren *Outcomes* wie einer kurzfristig geringeren Aktivität des Stirnhirns. Langfristig zeigen sich die Folgen in schlechteren Schul- und Leseleistungen[15] sowie weniger hohen Bildungsabschlüssen.[16]

Es wäre aber falsch, diese Ergebnisse übersteigert zu interpretieren, nach dem Motto »Die bösen Medien sind an allem schuld!«. Es ist sinnvoll, genau nach Altersgruppen zu unterscheiden. An dieser Stelle ist zunächst wichtig: Die negativen Effekte sind umso eindeutiger, je jünger die Kinder sind. Für das Kindergartenalter sind sie stärker als in der Grundschule; für Grundschüler stärker als bei Jugendlichen. Für unter 3-Jährige gibt es viel weniger Studien, vor allem fast keine zu langfristigen Folgen. Das ist auch nicht anders möglich: Vor 20 Jahren waren keine Filme, Apps oder Spiele für unter 3-Jährige auf dem Markt, sodass die Wissenschaft langfristige Folgen überhaupt nicht untersuchen KONNTE. Auf die wenigen vorhandenen Studien gehen wir weiter unten ein. Vorab so viel: Keine dieser Untersuchungen belegt positive Effekte, einige wenige finden keine Effekte, und die Mehrheit belegt negative Wirkungen. Es wäre also Augenwischerei, zu behaupten, der Forschungsstand sei nicht ausreichend für die jüngste Altersgruppe (unter 3 Jahre).

Genau wie die amerikanischen Kollegen urteilen österreichische Ärzte: 2016 erschien ein Konsensuspapier, verfasst von Schlafmedizinern und -forschern: »Empfehlungen zur Regulierung von Bildschirmzeiten im Kindes- und Jugendalter«[17]. Da heißt es für die jüngste Altersgruppe (0- bis 2-Jährige): gar keine Nutzung von Bildschirmmedien! Bis etwa zur Einschulung werden maximal 30 Minuten pro Tag für vertretbar gehalten (siehe auch Kapitel 2, in dem die ideale Lösung zeigt, dass auch 0 Minuten pro Tag machbar und sinnvoll sind). Auch im Jugendalter empfehlen die Ärzte nicht mehr als zwei Stunden pro Tag. Und sie betonen besonders: Die Zeit vor dem Schlafengehen muss bildschirmfrei bleiben.

Wenn sich die Kinderärzte in aller Welt so einig sind: Wie kann es sein, dass Fthenakis behauptet, Fernsehen ab der Geburt sei in Ordnung? Drücken wir es vorsichtig aus: Der Bildungsforscher ist nicht gerade bekannt für eine kritische Sicht auf digitale Medien, die auch langfristige Folgen ins Auge fasst. Als Präsident der Bildungsmesse didacta hat er in den vergangenen Jahren dazu beigetragen, immer mehr Messestände mit den neuesten Digital-Produkten zu füllen. Besucher müssen oft mehrere Hallen voll mit Hard- und Software durchqueren, bevor sie Malutensilien, Bauklötze oder Brettspiele erreichen.

Fthenakis pflegt gute Verbindungen zur Digitalindustrie. Er verleugnet Bildschirmrisiken und versteht es geschickt, mit den Ängsten von Eltern, Erziehern, Lehrkräften und Politikern zu spielen: Wer nicht früh genug mit dem Tablet hantiert, wird angeblich zum digitalen Versager (vgl. Kapitel 8)! Wer diese Hintergründe kennt, wird zunehmend skeptischer, wenn er Experten wie Fthenakis zuhört.

Trotzdem bleibt die Frage, die unsere Geschichte aufwirft, spannend: Warum glaubt eine kluge, engagierte und wohlmeinende Patentante wie Ulrike, dem kleinen Marcello etwas Gutes zu tun, wenn sie ihn vor dem Fernseher einschlafen lässt? Sie hat sicher keine Beraterverträge mit Großkonzernen unterschrieben ... In ihrem Fall dürfte die Erklärung ganz anders ausfallen: Ulrike stützt sich auf eigene Erfahrungen und Beobachtungen. TV als Einschlafhilfe – das funktioniert so gut! Die Kinder tauchen ab, ohne lange zu schreien. Langfristige Auswirkungen? Darüber hat sich die Patentante wohl noch keine Gedanken gemacht. Wenn aber doch, rechtfertigt sie sich vermutlich mit den folgenden Argumenten, die sowohl Laien als auch Experten gerne anführen: »Es ist doch nur ein Viertelstündchen.« – »Nur gewalthaltige Filme schaden.« – »Ich bin ja dabei! Nur wenn das Kind allein vorm Bildschirm sitzt, treten Probleme auf.«

Damit liegt Ulrike nicht ganz falsch, aber auch nicht ganz richtig. Das Leben ist komplizierter, als es auf den ersten Blick scheint. Wir wollen im Detail auf die drei Einwände eingehen.

»Es ist doch nur ein Viertelstündchen«?

Tatsächlich führt nicht das »Viertelstündchen« zu negativen Spätfolgen, ein einziges Viertelstündchen schadet wirklich nicht. Aber: Wer als Kleinkind mit dem Konsum von Bildschirm beginnt, rutscht früh in eine Gewohnheit hinein, die später schwer einzudämmen ist. Das gelingt vielen Eltern nicht. Ein »Frühstarter-Kind« schaut schon mit 1,5 oder 2 Jahren Filme oder benutzt Apps. Es wird statistisch gesehen bis zur Grundschule mehrere Hundert Stunden zusätzlich vor einem Bildschirm sitzen – im Vergleich zu einem »Spätstarter-Kind«.[18] Das geschieht jedoch nicht, weil die »Frühstarter-Eltern« diese Entwicklung gut finden oder gar bewusst fördern würden. Es passiert einfach … Die »Frühstarter« fordern später mehr Film, Fernsehen oder Tablet ein und sind dabei schwerer zu bremsen, sobald sie diese Mediengewohnheiten aufgebaut haben. Das zeigt eine Studie aus den USA: »Frühstarter« protestierten im Alter von 6 Jahren ausdauernder und lauter als »Spätstarter«, wenn Eltern den Fernseher ausschalten wollen.[19]

»Nur gewalthaltige Filme schaden«?

Diese These würde stimmen, wenn nur Medieninhalte negative Auswirkungen erklären würden. Doch es gibt eine Reihe weiterer Effekte, die in keinem Zusammenhang mit Inhalten stehen. Zum Beispiel: Je jünger die Kinder sind, desto mehr spielt die entgangene Lebenszeit eine Rolle (Hypothese der Zeitverdrängung). Auch der süßeste Kinderfilm ist für die Entwicklung kleiner Kinder weniger förderlich als das unmittelbare Leben. Medien wirken sich negativ aus, nicht weil sie »böse« sind, sondern weil sie nicht gut genug sind. Das belegen Experimente zum Spracherwerb sehr eindrücklich: So testeten Wissenschaftler in einer Laborstudie, wie gut Kleinkinder zwischen 15 und 24 Monaten neue Wörter lernen. Ob sie einen Begriff gut erfasst hatten, wurde überprüft, indem die Kinder das neue Wort hörten und auf das zugehörige Objekt zeigen konnten. Das Ergebnis: Wie erwartet lernten die Kleinkinder Wörter am besten, wenn sie von einer realen Person vorgesprochen wurden. Die unmittelbare Interaktion zwischen Erwachsenen und Kindern gibt den Ausschlag! Die schlechtesten Ergebnisse brachte ein Kinderfilm, obwohl ihm die Kinder mehr Aufmerksamkeit widmeten als einem Video mit einem sprechenden Erwachsenen. Bemerkenswert: Der Kinderfilm war gewaltfrei und sogar so konzipiert, dass er die Sprachentwicklung fördern sollte. Ein weiteres Ergebnis: Die jüngeren Kinder bis 21 Monate lernten die Wörter nur direkt von Erwachsenen. Das galt auch für ältere Kinder, die beim Start des Experiments einen geringen Wortschatz hatten.[20] Wer noch nicht sprechen kann, hat keine Chance, es am Bildschirm zu lernen.

Was die Studie im künstlichen Umfeld nahelegt, trifft im Alltag ebenfalls zu: Weisen Kleinkinder höhere Bildschirmzeiten auf, verzögert sich signifikant ihre Sprachentwicklung. Wieder ist dieser Effekt nicht auf Filme beschränkt, die problematische Inhalte transportieren.[21]

Die folgende Studie bestätigt, dass auch in den Auswirkungen auf das Sozialverhalten nicht nur »schlechte« Filme schaden. Die Kinder waren im Schnitt 3,5 Jahre alt. Die Wissenschaftler untersuchten ausdrücklich die Wirkung der Nutzung von Filmen und Computerspielen, die einen erzieherischen Anspruch hatten *(educational media exposure)*. Es stellte sich heraus: Je höher die Nutzungszeiten nach Angaben der Eltern waren, desto problematischer war das Sozialverhalten der Kinder. Dies galt besonders für beziehungsbezogene Aggressionen, damit sind unter anderem Beschimpfungen, verbale Demütigungen oder der Ausschluss anderer Kinder aus der Gruppe gemeint. Es ging weniger um körperliche Angriffe.

Dieser Zusammenhang blieb stabil in einer Nachuntersuchung derselben Kinder, die zwei Jahre später erfolgte.[22] Das alles bedeutet selbstverständlich nicht, dass es völlig gleichgültig ist, ob Kinder einen brutalen Spielfilm sehen oder ein niedliches Lernvideo: Schädlich ist für kleine Kinder zwar schon das Lernvideo, weil reale Lebenszeit verloren geht. Noch schlimmer wäre es aber, die Kleinen einen Gewaltfilm schauen zu lassen (siehe hierzu Kapitel 7).

Achtung, Nebelwerfertaktik!
Komplexität bedeutet keine Wirkungslosigkeit

Die Nebelwerfertaktik verwenden Medienunternehmen gerne: Sie wollen ein positives Image erzeugen, indem sie die Bereitschaft signalisieren, Risiken ernst zu nehmen. Sie fragen tatsächlich: Machen Medien dumm? Oder dick? Oder aggressiv? Doch die Antwort lautet in der Regel: Kein Wissenschaftler sei in der Lage, auf diese Frage eine genaue Antwort zu geben.

Beim Lesen solcher Texte ergab sich folgendes Muster: Jeder mögliche positive Effekt wird als »Urteil« bestätigt (z.B. »Computerspiele machen schlau«). Dabei reicht es oft aus, reine

Korrelationen und kurzfristige Wirkungen anzuführen. Selbst wenn sich experimentelle Studien fernab vom Alltag bewegen, sind sie gut genug, um sie als gesichertes Wissen zu zitieren. Besonders pikant: Die Studien zu positiven Effekten sind oft aus der Tasche der Großkonzerne finanziert, welche die untersuchten Produkte verkaufen. Gleichzeitig wird jede negative Folge von Computerspielen als »Vorurteil« relativiert (z. B. »Computerspiele machen aggressiv«). Die Latte wird bei den Risiken dreimal so hoch gehängt wie bei den Chancen, sodass sie wissenschaftlich nicht zu überspringen ist.

Was hilft gegen diese Nebelwerfertaktik? Um bei der Vielfalt von wissenschaftlichen Resultaten den Überblick zu behalten, bietet es sich an, Metaanalysen heranzuziehen. So bleiben wir nicht auf der Ebene stehen: »Das kann mal so sein oder mal so sein.« Vielmehr werden die Ergebnisse verschiedener Studien zusammengefasst und erhalten umso mehr Gewicht, je sauberer die Wissenschaftler methodisch gearbeitet haben.

»Ich bin ja dabei! Nur wenn das Kind allein vorm Bildschirm sitzt, treten Probleme auf«?

Dieser letzte Einwand ist ein harter Brocken, der sich von zwei Seiten betrachten lässt: Die Medienwirkungsforschung hat sehr gut belegt, dass positive Effekte unterstützt werden, wenn Erwachsene Kinder beim Fernsehen begleiten. Das betrifft zum Beispiel das Lernen durch TV-Sendungen. Ist es also besser, dabei zu sein? Nicht notwendigerweise! Denn es gibt auch Situationen, in denen sich das »Ich bin ja dabei«-Argument in eine gefährliche Rechtfertigungsstrategie verwandelt. Sehr wohl tritt diese Strategie in vielen Familien in Erscheinung: Gemeinsames Fernsehen kann auf zwei problematische Arten geschehen, die sich gehäuft in der familiären Vergangenheit von Menschen finden, die später süchtig nach Computerspielen geworden sind.

- Fall 1: Eltern möchten selbst fernsehen oder am Computer spielen – und erlauben ihren Kindern, dabei zu sein.
- Fall 2: Um problematische Stimmungen zu verdrängen (z.B. bei Streit), vereint sich die Familie »friedlich« auf dem Sofa vor dem TV-Gerät.

Das Kind übt dabei ein dysfunktionales Nutzungsmuster ein, aber die Eltern wiegen sich auf dem Sofa in falscher Sicherheit. Sie trösten sich mit der Aussage: »Solange wir das Kind vorm Bildschirm nicht allein lassen, ist alles in Ordnung.« So einfach ist es aber eben nicht.

Resümee: Eine Reihe guter Gründe sprechen dafür, kleine Kinder nicht vor Bildschirme zu setzen.

Wie aber ist das Argument einzuschätzen, Fernsehen helfe Kindern beim Einschlafen? Das glaubt auch Marcellos Patentante, die seine Eltern in unserer »TINA-Lösung« beruhigt ins Theater schickt und das Kleinkind in den TV-Schlaf »wiegt«. Zum Schlafverhalten von Kleinkindern hat die amerikanische Ärzte-Organisation AAP ebenfalls Stellung bezogen und warnt vor langfristigen negativen Folgen für Gemüt, Verhalten und Lernfähigkeit. Die Forscher stellen fest:

Obwohl Eltern das Fernsehprogramm als beruhigende Einschlafhilfe betrachten, haben einige Sendungen tatsächlich negative Folgen: Die Kinder wehren sich mehr gegen das Zubettgehen, der Zeitpunkt des Einschlafens verzögert sich, es entstehen Ängste vor dem Einschlafen, und die Schlafdauer geht zurück.[23]

In einer etwas älteren Studie aus Deutschland kamen Kölner Ärzte zu ganz ähnlichen Ergebnissen[24]. 62 Prozent der 5- bis 6-jährigen Kinder hatten keine Schlafprobleme, aber 38 Prozent zeigten verschiedene Symptome einer Insomnie oder Parasomnie (Formen des gestörten Schlafs), darunter nächtliches Aufwachen (23 Prozent), Albträume (14 Prozent) und Einschlafprobleme (10 Prozent). Unter den Einflussfaktoren für Schlafstörungen dominierte das Fernsehen vor dem Schlaf (57 Prozent), gefolgt vom Fernseher im Kinderzimmer (21 Prozent). Warum das alles nicht auf die leichte Schulter zu nehmen ist, zeigen weitere Beobachtungen der Kölner Studie: »Kinder mit Schlafstörungen haben ein erhöhtes Risiko für Hyperaktivität und seelische Probleme.« Auch die schulische Leistungsfähigkeit werde durch Schlafstörungen beeinträchtigt.

Zu diesen Ergebnissen könnte ein Einwand lauten: Das sind ja nur Studien mit Vorschulkindern! Wie sieht es mit den unter 3-Jährigen aus? Doch zwei Studien (2015 und 2017) zeigen ähnliche Effekte. In der ersten Untersuchung beantworteten mehr als 100 Eltern 1- bis 5-jähriger Kinder die Fragen der Wissenschaftler. Die Auswertung: Zwei Gruppen schnitten in vielen abgefragten Bereichen schlechter ab, nämlich Kinder mit eigenen Bildschirmgeräten im Kinderzimmer sowie Kinder, die vorm Schlafengehen Fernsehen schauten. Ihre Probleme waren kürzere Schlafdauer, größere Einschlafschwierigkeiten, mehr Albträume, mehr Sprechen im Schlaf und mehr Morgenmüdigkeit.[25]

Noch jünger waren Kinder in einer aktuellen Studie aus Großbritannien, nämlich zwischen 3 und 36 Monaten. Hier wurde untersucht, welcher Zusammenhang zwischen Schlaf und Nutzung von Touchscreens besteht. Es zeigten sich dieselben Zusammenhänge wie beim Fernsehen: Je länger die Nutzungsdauer war, desto mehr Schlafstörungen ergaben sich.[26] Die durchschnittliche Zeit vor dem Touchscreen lag bei 25 Minuten (!) pro Tag.

Kein Wunder, dass auch die Bundeszentrale für gesundheitliche Aufklärung (BZgA) die gleichen Empfehlungen gibt wie die amerikanischen und österreichischen Experten: »In der letzten Stunde vor dem Schlafengehen sollten Fernsehen oder Videospiele grundsätzlich tabu sein.« Die Begründung: »Gerade in der Kleinkind- und Vorschulzeit, wenn aufgrund der magischen Phase Phantasie und Wirklichkeit in der kindlichen Vorstellung oft noch eins sind, können die Fernsehbilder des Tages abends und nachts lebendig werden und zu Einschlafängsten und Albträumen führen.«[27]

Unterm Strich: Wer kleine Kinder von Bildschirmen fernhält, betreibt keine verstaubte »Bewahrpädagogik«. Im Gegenteil: Er bewahrt die Kleinen vor vielfältigen Risiken, die ihre gesunde Entwicklung gefährden.

Wie könnte es aber Marcellos Eltern gelingen, die Patentante in ihr Boot zu holen, obwohl sie doch so gute Erfahrungen mit Filmen als Einschlafhilfe gemacht hat?

Ideale Lösung

Tatsächlich kam es völlig anders, als in der »TINA-Lösung« dargestellt: Der »Sommernachtstraum« wurde für die Eltern Wirklichkeit, der kleine Marcello blieb noch viele Jahre von »Janoschs Traumstunde« verschont, und seine Eltern erweiterten das Zubettgeh-Ritual durch ein Gutenachtlied – und nicht durch eine Einschlaf-App. Klingt wirklich traumhaft, oder?

Zurück zu unserer Geschichte: Suse bespricht mit ihrem Mann ihre Sorgen und besucht am nächsten Tag Patentante Ulrike. Die Freundinnen spazieren eine Weile durch den Park, Marcello warm eingepackt im Kinderwagen. Da fasst Suse sich ein Herz: »Ulrike, ich habe lange überlegt, wie ich dir das sagen kann, denn du bist eine wunderbare Patentante. Also: Es geht um ›Janoschs Traumstunde‹.« Dann erklärt sie Ulrike, wie viele Gedanken sie und ihr Mann sich schon darüber gemacht hätten, welche Rolle Film und Fernsehen in ihrem Familienleben spielen sollen. »Wir haben das so entschieden: Marcello darf mit uns DVDs gucken, wenn er 5 Jahre alt ist. Das ist der Plan.«

Jetzt halte sie es noch für zu früh, Marcello vor einen Fernseher zu setzen. »Würdest du dir zutrauen«, fragt Suse, »eine Schrei-Stunde am Abend auch ohne DVD zu überstehen?«

Ulrike wundert sich, warum ihr das die Freundin nicht gleich am Telefon gesagt hat: »Na klar traue ich mir das auch ohne DVD zu.« Doch Ulrike möchte gern wissen, warum die Freundin den Umgang mit Medien so streng regeln wolle. »Das bisschen Film wird Marcello doch nicht schaden.«

Suse überlegt, ob sie die Patentante mit allen gesammelten Argumenten konfrontieren soll, die sie in Büchern gefunden hat. Sie entscheidet sich dagegen: »Na ja, das sehen die einen so, die anderen so. Meine Schwester hat sehr gute Erfahrungen damit gemacht, bei den Kindern mit Medien erst spät anzufangen, ab einem Alter von 6 Jahren.« Das habe ihr und der Familie viel Stress und Streit erspart – im Vergleich zu anderen Familien. Suse: »Da erlebe ich dauernd dasselbe Gequengel: ›Mama, darf ich fernsehen? Mama, warum muss ich schon ausmachen? Ooch, noch zehn Minuten … Biiitteee …‹«

Sie berichtet Ulrike auch von einer Studie: Wenn Kinder früh mit dem Fernsehen anfangen, protestieren sie später lauter und länger, sobald die Eltern den Apparat ausschalten wollen.[28] »Du kennst mich ja, Ulrike. Ich bin nicht die Größte im Neinsagen. ich habe einfach Sorge, dass es mit dem Fernsehen schnell mehr und mehr wird. Deshalb wollen wir es so ausprobieren, wie es meine Schwester gemacht hat.« Das Gespräch ist fruchtbar: Ulrike lässt sich darauf ein, Marcello ohne die Janosch-DVD in den Schlaf zu bringen.

Der Theatertag ist gekommen. Marcello kann inzwischen etwas besser einschlafen, was die Eltern sehr erleichtert. Suse hat sich inzwischen schlaugemacht, was bei Einschlafproblemen helfen kann, und ein paar gute Tipps auf der Website der BZgA entdeckt: Die Bundeseinrichtung empfiehlt einen ruhigen Raum, keinen Bildschirmkonsum in der Stunde vorm Schlafengehen, tagsüber viel Bewegung an der frischen Luft, früh genug Abendessen, eine feste Zubettgeh-Zeit, ein festes Einschlafritual.

Die meisten Ratschläge hatte Suse schon im Kopf. Doch jetzt beginnt sie, die Zeit an der frischen Luft und das Ritual konsequenter in den Tag einzubauen. Sie liest ihrem Sohn immer aus einem Buch vor, dann singt sie das bekannte Wiegenlied »La-Le-Lu«. Daran beteiligt sich auch ihr Mann, sodass beide Eltern an einem Strang ziehen. Trotzdem schreit der Kleine oft noch eine Viertelstunde, aber damit können die Eltern leben.

Auch Ulrike gelingt es, Marcello mit »La-Le-Lu« statt Janosch in den Schlaf zu begleiten – allerdings nach einer schweißgebadeten Dreiviertelstunde. Deshalb freut sie sich umso mehr, als eine strahlende Suse sie nach dem Theater mit Dank überschüttet. Und: Suses glücklicher Ehemann überreicht ihr noch einen Gutschein für einen Wellness-Nachmittag für zwei Personen. Er erklärt: »Ich dachte, ihr zwei geht gemeinsam dorthin, und ich bringe den Kleinen ins Bett.«

Weitere Lösungen

Eine Schwester, deren Kinder erst mit 6 Jahren fernsehen, Einigkeit bei den Eltern, eine flexible und verständnisvolle Patentante, die auch noch ganz in der Nähe wohnt – in solch idealen Verhältnissen leben nicht alle Eltern mit ihren Kindern.

Viele Familien haben gute Erfahrungen mit der Regel gemacht: Zu Hause gibt es bis zum 6. Geburtstag keine Bildschirmmedien. Diese Regel sollte aber nicht dogmatisch und unflexibel zur Anwendung kommen: Es gibt auch Orte und Zeiten oder besondere Bedingungen, die Alternativlösungen nötig machen.

Ausnahmesituationen: Einmal probiert, für immer verführt? Nein, so schnell geht es zum Glück nicht. Damit die Nutzung des Bildschirms nicht zur Regel wird, sollten Eltern dies dem

Kind ganz klar kommunizieren und wirklich nur in gut begründeten Ausnahmesituationen auf den Bildschirm als Babysitter zurückgreifen. Also immer dann, wenn Alternativen schlechter wären. Wenn das stressige Kofferpacken vor den großen Ferien ansteht, können Eltern schon mal die Nerven verlieren, wenn ihre Kinder sie nicht in Ruhe einräumen lassen. Da kann es weit besser sein, ohne schlechtes Gewissen eine DVD einzulegen.

DVD statt Fernsehprogramm: Läuft bei Verwandten oder Freunden oft der Fernseher, können kritische Eltern bei einem Besuch gezielt DVDs mitbringen. Wenn dann ein TV-Gerät eingeschaltet ist, können sie die Bitte aussprechen, lieber den Film auf einer DVD zu gucken. So konfrontiert das Fernsehen die Kinder nicht mit aggressiver TV-Werbung.

»Vorhang zu«: Für jüngere Kinder sind ältere Filme besser geeignet, zum Beispiel aus der Serie »Augsburger Puppenkiste«. Nach 20 Minuten fällt der Vorhang, die Folge ist vorbei. Wenn Kinderfilme schon 20 oder 30 Jahre alt sind, zeichnen sie sich oft durch eine ruhigere Handlung aus. Disneys »Dschungelbuch« weist zum Beispiel halb (!) so schnelle Schnittfolgen auf wie die Filme, die der Unterhaltungskonzern heute in die Kinos bringt.

Lieblingsmusik: Muss ein »Betthupferl« wirklich über Bildschirme seinen Weg zum Kind finden? Oft haben Kinder eine Lieblingsmusik, die ihnen auch beim Einschlafen hilft. Wer nicht selbst singen will, kann sich mit einer CD helfen. Auch das Anhören einer solchen Musik kann zum Ritual werden.

Berechtigte Ausnahmen: Wir haben jetzt viele Tipps gegeben, wie Kinder mit weniger Bildschirmzeit gesünder aufwachsen. Dabei ist nicht zu vergessen: Einige Kinder haben besondere

Bedürfnisse, bei denen digitale Medien entscheidend dazu beitragen, die Lebensqualität zu steigern. Zum Beispiel gibt es für Kinder mit Autismus-Spektrum-Störungen die Möglichkeit, eine unterstützte Kommunikation per Bildschirm zu praktizieren (Initiative »Team Autismus«[29]). Es gibt auch Kinder, die sich aufgrund einer Erkrankung im Isolierzimmer aufhalten müssen. Sie können (und sollten) mit Skype den Kontakt zu Eltern und Geschwistern halten.

2. Fördert TV-Totalverzicht ungebremsten Konsum?

Feindbild Dogmatismus – wie fröhlich Nichtfernseher wirklich leben

Gefesselt vom Fern seher

Frida ist mit ihrem Ehemann und Sohn Jakob zu Besuch bei der Familie ihrer Freundin Mara. Während das Essen im Ofen gart, nehmen die Erwachsenen in einer gemütlichen Sitzecke Platz, die Kinder beschäftigen sich selbst. Dann ist auf der Terrasse der Tisch zu decken, und die Kinder sollen helfen, Teller und Besteck hinauszutragen.

»Jakob, komm doch mal her!«, ruft Frida freundlich. Keine Reaktion. »Jakob, hallo, was machst du denn?« Nichts regt sich. Die Blicke der Erwachsenen wandern ins Wohnzimmer. Der Fernseher läuft, ein Kinderfilm auf *KiKA*. Ab und zu schauen die beiden Kinder der Gastgeber zum Gerät, ansonsten widmen sie sich eifrig ihren Bauklötzen. Der Turm aus Holz wächst bereits ordentlich in die Höhe. Und Jakob? Er steht still, einen Meter vom Fernseher entfernt, und starrt schweigend auf den Bildschirm. Keinen einzigen Bauklotz hat das Kind bisher angefasst. »Hey, Jakob!«, ruft seine Mutter wieder: »Komm doch mal rüber in die Küche!« Keine Reaktion.

Dazu meint Maras Ehemann: »Frida, da seht ihr mal, was passiert, wenn ihr das Fernsehen so komplett tabuisiert. Euer Jakob gerät regelrecht in Trance vor dem Kasten.« – »Wir wollten bisher nicht, dass Jakob Filme guckt«, antwortet Frida,

»weil wir viel darüber gelesen haben, wie schädlich früher Bildschirmkonsum ist.«

Das kann Mara so nicht stehen lassen, sie legt richtig los: »Durch ein Totalverbot macht ihr Fernsehen nur doppelt so interessant für euren Sohn. Das ist wie mit Bonbons. Ein anderes Kind durfte zu Hause nie Süßes essen, das wurde regelrecht verteufelt. Bei uns hat es dann wahllos Kuchen, Bonbons und Schokolade in sich hineingestopft.« Maras Schlussfolgerung: »Genauso ist das mit dem Fernsehen: Unsere Kinder haben gelernt, gut damit umzugehen. Euer Jakob offensichtlich nicht. Es fällt mir echt schwer, mit anzusehen, was ihr eurem Sohn da antut!«

Diese Sätze bringen Frida und ihren Mann zum Grübeln …

TINA-Lösung: Wie es alle machen (sollen)

Bei ihren Freunden überdenken Jakobs Eltern ihre bisherige Position. Sie erkennen, welche Faszination die bewegten TV-Bilder auf ihren Sohn ausüben – und lassen ihn erst einmal vor dem Fernseher stehen, damit er die neue Lebenssituation genießen kann. Vielleicht war der restriktive Umgang mit Medien wirklich der falsche Weg?

Wieder zu Hause, geht Jakobs Papa direkt ins Wohnzimmer, um einen Tisch freizuräumen. Dort stellt er den Fernseher auf, der bisher im Arbeitszimmer stand – für Jakob nicht zugänglich. »Ist das nicht etwas überstürzt?«, wendet seine Frau ein. »Auf keinen Fall«, antwortet ihr Ehemann, und voller Eifer erklärt er gleich die neue Strategie, wie sie Jakob positiv an Medien heranführen sollten. »Wir machen jetzt kein Geheimnis mehr daraus!«, sagt er. Frida stimmt im Prinzip zu, denn auch sie hat die Folgen der Tabuisierung erkannt. Allerdings mit einer Einschränkung: »Jakob darf nur vor den Fernseher, wenn wir im Raum sind. Dann kann er sofort nachfragen, wenn er etwas nicht versteht. Und wir bekommen genau mit, was im Fernseher läuft.«

Schnell sind sich die Eltern über den Kurswechsel einig. Fridas Mann wirft gleich einen Blick auf seine TV-App im Smartphone: »Da kommt ein lustiger Zeichentrickfilm. Ich glaube, das wäre der richtige Einstieg für Jakob.« Die Mutter holt ihren Sohn, der sich gleich auf die Fernbedienung stürzt. Stolz bemerken die Eltern, wie er schon nach fünf Minuten die Sender per Knopfdruck wechseln kann. Bald haben sich die drei auf dem Sofa eingekuschelt, um zusammen den ersten Fernsehabend als Familie zu genießen.

Wissenschaft und Argumente

Wer die Tätigkeit der Augen beim Fernsehen untersucht, stellt fest: Fernsehen ist mehr ein Starren als ein Sehen. Unsere Augen sind dabei nicht auf dreidimensionale Gegenstände im Raum gerichtet, die wir in verschiedenen Abständen wahrnehmen. Vielmehr fokussieren wir in einem festen Abstand eine zweidimensionale Mattscheibe. Gesichtsausdrücke von Kindern vor der »Mattscheibe Fernseher« hat die australische Fotografin Donna Lee Stevens in einer Fotoserie festgehalten. Titel der Serie: »Idiot Box«.[30]

Immer wieder stellen uns besorgte Eltern Fragen, wie sie auch im Fallbeispiel mit Jakob auftauchen. Folgende Situation: Die Kinder schauen zu Hause nicht fern – doch sie werden von Bildschirmen wie magisch angezogen und bleiben davor kleben. Das geschieht vor einem Werbebildschirm am Bahnhof, dem Fernseher bei Freunden oder dem Smartphone eines Onkels. Richtig beobachtet! Falsch ist nur die Interpretation, Eltern würden dem Kind durch Fernsehentzug schaden. Warum? Dazu drei wesentliche Aussagen.

Zunächst zum Hintergrund der »Fernsehstarre«: Das Fernsehen schränkt die Aktivität unserer Augen nicht nur auf eine bestimmte Entfernung ein. Es limitiert ebenfalls stark, wie sich die Augen auf und ab sowie hin und her bewegen. Das geschieht in Bruchteilen von Sekunden, wobei wir mit unserem Blick die Umwelt »abtasten«. Diese Bewegungen nennt die Wissenschaft »Sakkaden«. Es lässt sich messen, dass sich beim Fernsehen die Häufigkeit der Sakkaden reduziert, was vergleichbar ist mit einer Lähmung der Augenmuskeln.[31] Wovon hängt es ab, ob eine »Fernsehstarre« eintritt? Nach Stand der Forschung spielen mindestens drei Faktoren eine Rolle: die TV-Vorerfahrung, die Art der Sendung oder des Films sowie die Persönlichkeit des Kindes (ein Überblick findet sich bei amerikanischen Wissenschaftlern[32]):

1. **TV-Vorerfahrung**: Kinder mit viel Fernseherfahrung scheinen weniger anfällig für »Fernsehstarre« zu sein. Das erklärt am besten ein Extremfall: Kleine Kinder können in einem Umfeld aufwachsen, in dem der Fernseher pausenlos läuft. Dann »lernen« sie, sich vom Bildschirm nicht fesseln zu lassen. Der Grund: Bewegung und Spiel sind elementar notwendig für Kinder. Der Drang danach wird mit der Zeit so stark, dass Kinder die Fähigkeit entwickeln, sich vom »magischen« Fernseher abzugrenzen. Anders gesagt: Kinder stumpfen ab, um nicht ständig an der TV-Leine zu hängen. Außenreize bringen sie nicht mehr von ihren eigentlichen Plänen ab. Der Forschungsstand ist aber nicht eindeutig: Eine Untersuchung von Rachel Barr und Kollegen zeigte: Kleinkinder mit größerer Fernseherfahrung wenden sich dem TV-Gerät sogar stärker zu als Altersgenossen, die weniger vorm Fernseher gesessen hatten.[33]

2. **Art der Sendung oder des Films**: Es hängt vom Programm ab, wie viel Aufmerksamkeit ein Kind dem Fernseher zuwendet: Je lauter, schneller und bunter die Sendung ist, desto auf-

merksamer verfolgen Kinder das Geschehen auf dem Bildschirm. Das ist eine eher reflexartige Orientierungsreaktion, die kein Indiz dafür ist, dass die Kinder das Gesehene auch verstehen. Wenn sie aber ein Verständnis für die Inhalte entwickeln, wenden sie dem Programm höhere Aufmerksamkeit zu. Das geschieht eher bei einem Kinderfilm als bei einer Reportage für Erwachsene. Dieses Verständnis ist abhängig vom kognitiven Entwicklungsstand und vorherigen TV-Erfahrungen.

3. **Persönlichkeit des Kindes:** Sie hat einen großen Einfluss, denn es gibt Kinder, die noch nie ferngesehen haben und sich überhaupt nicht dafür interessieren.[34] Andere saßen auch noch nie vor einem TV-Gerät und verharren davor wie angewurzelt (Jakob!). Ein Beispiel für Persönlichkeitseinflüsse ist Folgendes: Kinder können eine hohe Impulsivität aufweisen, bis hin zu einer Symptomatik, die an ADHS erinnert. Sie lassen sich besonders stark vom Bildschirm fesseln. Längsschnittstudien haben gezeigt, dass Kinder mit hoher Impulsivität sehr lange vor Bildschirmen sitzen, wobei es auch verstärkt zu einer suchtartigen Nutzung kommen kann.[35] Eltern neigen dabei zu der Interpretation: »Unser Kind ist sonst immer so ablenkbar und unkonzentriert, aber beim Fernsehen kann es sich sehr gut konzentrieren.« Wie gesagt: Die Beobachtung ist richtig, aber die Deutung ist fragwürdig.

Resümee: Es gibt keinen wissenschaftlichen Nachweis, dass kleine Kinder später suchtartig Medien nutzen, wenn sie in frühen Jahren wenig Zeit vor Bildschirmen verbringen. Das Gegenteil ist der Fall: Wer früh beginnt und viel vor Bildschirmen sitzt, hat laut Statistik ein höheres Risiko, später ausufernd Medieninhalte zu konsumieren[36]. Wer aber spät beginnt und wenig konsumiert, ist vor der Vielfalt an Medienrisiken besser geschützt. Solche Kinder protestieren auch weniger, wenn der Fernseher ausgeschaltet wird (vgl. Kapitel 1).

Aber ist es nun sinnvoller, Kinder völlig von Bildschirmen fernzuhalten oder sie Bildschirme ganz wenig nutzen zu lassen? Die Frage lässt sich durch die quantitativen Studien der Medienwirkungsforschung nicht beantworten. Der Grund: Die »Null-Bildschirm-Kinder« werden stets mit den »Ganz-wenig-Bildschirm-Kindern« zu einer gemeinsamen Gruppe zusammengefasst, um eine statistische Analyse vorzunehmen. Beide Untergruppen sind so klein, dass eine getrennte Auswertung keine signifikanten Ergebnisse liefern würde. Zur Klärung der Frage »Gar nicht oder ganz wenig?« lohnt es sich, einen Blick in vier qualitative Studien zu werfen, die sich mit Kindern beschäftigen, die gar nicht fernsehen.[37] Diese Untersuchungen weisen nur kleine Fallzahlen auf – sie gehen nicht in die Breite, sondern in die Tiefe. Dabei enthüllen sie ein sehr positives Bild von Familien, die sich wie in unserer Geschichte mit Jakob verhalten.

Das Phänomen »Nichtfernsehen« kann in sehr unterschiedlichen Formen auftreten. Ob ein Fernsehverbot als Einschränkung oder aber Freiraum für viel reales Leben erlebt wird, hängt von drei Faktoren ab: dem Alter der Kinder, den Fernsehgewohnheiten der Eltern und dem speziellen Typus der Nichtfernseher.

Der »fröhlich-aktive Nichtfernsehertyp«

Alle vier Studien beschreiben ihn als häufige Variante. Es handelt sich um Familien, die den Fernsehverzicht nicht als »Totalverbot« erleben. Sie können einfach Besseres mit ihrer Zeit anfangen, als vor TV-Geräten zu sitzen. Das bedeutet aber nicht, hektisch Kinder zu bespaßen, sondern auch Phasen der Langeweile genießen zu können. Solche Familien haben oft niemals einen Fernseher besessen.

Die Interviews von Marie Winn zeigen auch deutlich: Der »fröhlich-aktive Nichtfernsehertyp« unterscheidet sich von anderen Nichtfernsehertypen, indem er nicht mit missionarischem Eifer verkündet: »Wir haben keinen Fernseher, weil er so furchtbar schädlich ist!« Eine der befragten Mütter erzählt: »Die meisten Leute wissen nicht einmal, dass wir keinen Apparat haben. Wenn jemand fragt, ob wir diese oder jene Sendung gesehen hätten, sagen wir einfach nein, das hätten wir verpasst, und erwähnen gar nicht, dass wir keinen Fernseher haben.«

Ja … Warum sollten diese Menschen etwas erwähnen, was sie zufrieden macht und ihnen selbstverständlich erscheint? Interessant ist ebenfalls, wie diese Familien mit dem »Nachbarn-Problem« umgehen. In Einzelfällen will das eigene Kind ständig zu den Nachbarn, um dort fernzusehen. Häufiger lässt sich aber ein anderes Phänomen beobachten: Die Nachbarskinder kommen in Scharen zu den aktiven Nichtfernsehern! Der Grund: Dort gibt es erfreulich viele und gute Möglichkeiten, sich auszutoben und spannende Spiele auszuprobieren. Die Autoren der vier Studien kommen zu demselben Schluss: Unbedingt nachahmenswert!

Marie Winn hat viele Jahre die amerikanischen »TV-Turnoff-Weeks« auf die Beine gestellt. Daher wurde sie vielfach gefragt: Können wir noch eine »aktive Nichtfernseher-Familie« werden? Auch wenn unsere Kinder bereits ans Fernsehen gewöhnt sind und es darum dauernd Streit gibt? Darauf sammelte Winn Erfahrungsberichte von Familien, die diesen Schritt ganz oder teilweise gemacht haben. Diese Familien schafften das Fernsehen völlig ab, oder das TV-Gerät wanderte aus dem Wohnzimmer in das abschließbare Arbeitszimmer der Eltern. Das Ergebnis: Mehr als die Hälfte brach das Experiment ab. Die ersten Tage und Wochen »ohne« waren viel zu stressig, die nörgelnden Kinder nicht zu ertragen. Wer durchhielt, wurde spätestens nach einem Monat belohnt: Es ergaben sich viel mehr Gespräche zwischen Eltern und Kindern. Es war mehr Zeit zum Lesen da, und die Streitereien in der Familie nahmen ab. Besonders begeisterte es die Eltern, wie gut ihre Kinder in der Lage waren, sich selbst zu beschäftigen. Vorher saßen die Erwachsenen dem Irrtum auf, den Fernseher als Babysitter zu brauchen, um den stressigen Alltag zu bewältigen. Jetzt stellten sie zu ihrer Überraschung fest: Ohne TV entsteht weniger Stress.

Aber: Nicht ohne Grund gibt es die Vermutung, dass ein »Totalverbot« zu Nachholreaktionen führt. Wenn Jugendliche über Jahre keinen eigenen Fernseher, PC oder kein eigenes Smartphone haben, zeigen sie häufig ein überschießendes Nutzungsverhalten. Genau dann, wenn sie endlich das ersehnte Gerät in der Hand halten. Sie genießen ein paar Wochen viele Stunden am Tag die neu gewonnene »Freiheit«. Also alles umsonst? Entwickeln sich auf diese Weise neue Medienjunkies? Da lohnt es sich, genau nachzurechnen. Was würde es bedeuten, die gesamte Medienzeit nachzuholen, die vorher »verpasst« wurde?

Ein Gedankenexperiment:[38] Ein Jugendlicher hat seine ersten 6 Lebensjahre völlig bildschirmfrei verbracht. Zwischen 6 und 10 Jahren saß er pro Tag 10 Minuten vor einem Bildschirm, ab 10 Jahren wurden daraus 30 Minuten. Mit 14 Jahren beginnt er die Nachholjagd, um auf ca. 10 000 Stunden Bildschirmzeit zu kommen, die er im Vergleich zum deutschen Durchschnittskind »verpasst« hat. Dazu wäre es notwendig, 16 Monate jeden Tag 24 Stunden vor einem Bildschirm zu verbringen. Oder der Jugendliche sitzt 5 Jahre jeden Tag 10 Stunden vor Bildschirmen. So käme er auf dieselbe »Bildschirmleistung« wie ein durchschnittliches Kind in Deutschland. In aller Regel findet eine solche Aufholjagd nicht statt!

Sicking hat in seiner Untersuchung zwei weitere Typen beschrieben:

Bewusst-reflektierende Nichtfernseher und ehemals süchtige Nichtfernseher

Bewusst-reflektierende Nichtfernseher haben sich Kenntnisse über den schädlichen Einfluss angeeignet, den das Fernsehen auf Kinder ausübt. Ehemals süchtige Nichtfernseher haben an sich selbst Erfahrungen gemacht, wie negativ Fernsehen als »Droge« wirken kann.

Die zwei Gruppen verzichten auf das Fernsehen bzw. lassen ihre Kinder ohne Fernsehen aufwachsen. Dabei steht weniger ein deutliches Ja zum realen Leben im Vordergrund, sondern ein klares Nein zum TV-Konsum.

In einer eigenen Interview-Studie hat Paula Bleckmann mit Eltern gesprochen, deren Kindergartenkinder nicht fernsehen. Dabei kam heraus: Aktive und bewusst-reflektierende Eltern lassen sich in Deutschland nicht scharf trennen. Es zeigte sich ein Zusammenspiel der Motivationen: Die Eltern wussten um die negativen Folgen frühen Bildschirmkonsums UND hatten große Freude an den realen Aspekten des Lebens.

Ideale Lösung

Zurück zur Situation bei Fridas Freunden, wo im Wohnzimmer der Fernseher läuft. Jakob starrt auf die Mattscheibe ... und Frida reagiert ganz anders, als es in der »TINA-Lösung« der Fall ist: Zuerst denkt sie kurz nach, wie sie auf den Vorwurf reagieren könnte, sie würde ihr Kind durch Tabuisierung zum Fernsehjunkie machen.

Sie ist selbst bis zum 7. Lebensjahr ohne Fernseher aufgewachsen und hat sehr gute Erinnerungen an ihre Kindheit. Frida und ihr Mann besitzen einen kleinen Fernseher, der im Arbeitszimmer steht. Sie schauen dort oft Spätnachrichten, wenn Jakob schläft. Jakob fragt zu Hause nie nach dem Fernseher, er scheint nichts zu vermissen. »Müssen wir die Anschuldigung auf uns

sitzen lassen, Jakob bewusst zu schädigen?«, überlegt Frida. »Sollte ich nicht voll dagegenhalten?«
Schnell sammelt Frida im Kopf Argumente und Beobachtungen:

- Nach der Statistik ist es viel wahrscheinlicher, dass die anderen Kinder zu Fernsehjunkies werden – und nicht Jakob.
- Maras Kinder sind schon abgestumpft, Jakob hat sich seine Sensibilität bewahrt.
- Es fällt auf, dass sich Maras Kinder oft viel schlechter selbst beschäftigen können.
- Auch haben Maras Kinder weniger Spaß daran, in Haus und Garten mitzuhelfen.
- Die Bilder von Maras Kindern wirken wie Gekritzel – im Vergleich zu Jakobs bunten und detailreichen Bildern. Die äußere Bilderflut beeinträchtigt die Fähigkeit, innere Bilder zu entwickeln.

Nein, denkt sie bei sich, so macht man sich keine Freunde. Das lasse ich lieber bleiben. Sie beobachtet zwar diese Unterschiede … sie könnten sich aber auch eher auf Veranlagung statt auf die Nutzung von Medien zurückführen lassen. Also fährt Frida keine schweren Geschütze auf. »Wisst ihr«, fängt sie an, »Jakob ist tatsächlich ein Kind, das sich intensiv auf Erlebnisse einlässt. Er vertieft sich auch sehr stark, wenn er malt oder vorgelesen bekommt. Das tabuisieren wir ja nicht, also liegt's vielleicht doch nicht an einem möglichen Tabu. Kinder sind eben unterschiedlich«, so ihr kurzes Resümee. Sie und ihr Mann hätten bei den Großeltern die Erfahrung gemacht: »Wenn Jakob dort fernsieht, schläft er oft schlecht. Daher vermeiden wir das Fernsehen, wenn es möglich ist.«
Das kann Mara akzeptieren. Aus der Küche verbreitet sich ein leichter Kaffeeduft, und als gute Gastgeberin will sie jetzt

Kaffee und Kuchen anbieten ... Frida fragt: »Können wir den Fernseher jetzt ausmachen? Und die Kinder den Tisch decken lassen?« Das findet Mara gut. Frida geht zu Jakob im Wohnzimmer und berührt ihren Sohn am Arm. »Du, Jakob, jetzt ist es Zeit, den Tisch fürs Kaffeetrinken zu decken. Ich mache den Fernseher aus.«

Jakob scheint wie aus einem Traum aufzuwachen. Zuerst protestiert er kurz, ein paar Minuten hat er glasige Augen. Endlich wieder munter, stellt er bereitwillig Teller und Tassen auf den Tisch. Und: Er hilft Maras Kindern, die Kuchengabeln hinzulegen. Die beiden verlieren aber schnell die Lust, den Tisch zu decken.

Nach dem Kaffeetrinken geht es in den Sandkasten. Jakob summt ein Lied vor sich hin und baut mit Maras Kindern eine Burg. Danach nervt Maras Tochter ihre Mutter mit dem Wunsch, ein Hörspiel zu hören: »Mir ist so langweilig!« Jakob aber sitzt noch vergnügt im Sandkasten, um einen Sandkuchen nach dem anderen zu backen. Maras Tochter nörgelt weiter ... Da hat ihre Mutter genug vom Gejammer und beginnt den Kindern aus einem Buch vorzulesen. Kaum ist das erste Kapitel geschafft, springen ihre eigenen Kinder auf, um mit Bauklötzen zu spielen. Jakob hingegen hört aufmerksam zu und will manches Detail genauer erfahren. »Noch mal!«, ruft er begeistert, als die Geschichte zu Ende ist und Mara das Buch zuklappt. Sie kommt ins Grübeln: Schon beneidenswert, wie auffällig lange Jakob bei der Sache bleibt. Das könnte an der Veranlagung liegen – oder hat es doch mit dem Fernsehen zu tun? Schwer zu sagen ...

Auf jeden Fall ist sie weit davon entfernt, ihrer Freundin wieder Vorwürfe zu machen, als Frida das Thema »Fernsehen« erneut anspricht. »Na klar«, reagiert sie verständnisvoll, »wenn Jakob bei uns zu Besuch ist, kann der Fernseher ausbleiben.« – »Danke, Mara!«, freut sich Frida. »Wenn nur alle Nachbarn so tolerant wären wie du! Das macht für mich eine gute Freundin aus: Wir müssen nicht immer einer Meinung sein, verstehen uns aber trotzdem gut.«

Es vergehen ein paar Wochen. Mara macht sich zunehmend kritische Gedanken, wenn sie ihre Kinder rund um den Fernseher beobachtet. Was fällt ihr auf? Hektik vor der Sendung, Unruhe danach, Ärger beim Verpassen einer Sendung, Kaufwünsche durch Werbung. Ihr Unbehagen wächst …

Dann ist es so weit: Mara und ihr Mann starten ihr Experiment. Beide haben wie die Kinder zwei Wochen Urlaub, um sich dem Nachwuchs zu widmen. Sie schalten das TV-Gerät nicht mehr täglich ein, sondern nur am Wochenende, um gemeinsam eine DVD zu schauen. Sie starten mit dem Film »Urmel aus dem Eis«. Was nur für die Ferien gedacht war, bewährt sich gut. So gut, dass die Familie die neue Regelung auch danach beibehält.

Weitere Lösungen

Es lohnt sich für Eltern, mit einer strikten Null-Bildschirm-Politik zu starten. Daran sollten sie immer weniger festhalten, je älter die Kinder werden. Jüngere Kinder erleben viel bildschirmfreie Zeit als entspannt und normal – und nicht als eine Einschränkung ihres Lebens, die erst recht Interesse weckt. Damit die Bildschirmfrage nicht zum Dauerkonflikt wird, kann es aber bei älteren Kindern sinnvoll sein, die Strategie zu ergänzen: Abwandeln, flexibel werden, dosiert erlauben – es gibt einen bunten Strauß an Vorgehensweisen im Alltag, die zur »De-Thematisierung« beitragen. Im besten Fall ist die Medienfrage dann einfach kein Thema mehr.

Prioritäten richtig setzen: Hardliner-Eltern kommen durchaus auf die Idee, den Kontakt des Kindes zu den Großeltern abzubrechen. Nur weil bei ihnen der 4-Jährige eine Folge »KiKA-

NiNCHEN« geschaut hat … Was ist in diesem Fall die schlechtere Alternative? Wir meinen: Der Kontakt zu den Großeltern geht vor. Da sollten die sendungsbewussten Eltern versuchen, über ihren Schatten zu springen, um mit etwas mehr Bildschirmzeit des Kindes leben zu können.

Fußball-WM mit Radio oder Public Viewing: Ein 5-jähriger Fußballfan – und schon wird ein fehlender Fernseher zum Krisenherd in der Familie (»Alle anderen dürfen Fußball-Weltmeisterschaft gucken …«). Möglicherweise reicht die Live-Radio-Übertragung als Alternative. Andere Familien nehmen Situationen wie diese zum Anlass, um Fernsehen dosiert, anlassbezogen und unaufgeregt zu erlauben. Gemeinsam mit Mama, Papa und Freunden beim Public Viewing jubeln und jammern, während »unsere« Mannschaft auf der Leinwand das gegnerische Tor bestürmt. Das Gute dabei: Eltern brauchen keine Sorge zu haben, dass die Fernseherei einreißt: Denn nach der WM sind wieder vier Jahre Ruhe – oder wenigstens zwei Jahre bis zur Europameisterschaft.

Bücher und Comics statt Film: Alle Freunde sprechen von einem bestimmten Film im Kino – und das eigene Kind leidet unter einem Totalverbot. Es will unbedingt mitreden! Da hilft es, das zugrunde liegende Buch zu lesen. Die Marvel-Filme basieren natürlich nicht auf Büchern, sondern auf Comics. Wenn also das Kind und seine Freunde das Spiderman-/Superman-/Thor-/Avengers-Fieber packt, können ihnen Eltern zunächst Hefte mit den Superhelden anbieten. **Aus zweiter Hand:** Es gibt kein Buch zum Film? Eltern können ihrem Kind trotzdem die Handlung erzählen. Inhalte ganzer Filme oder Ferbsehserien lassen sich zusammengefasst auf Wikipedia nachlesen, oder die Erwachsenen schauen sich den Film einfach an.

Gewohnheiten ändern ohne Stress: In der »Idealen Lösung« stellt Maras Familie ihre Fernsehgewohnheiten in den Ferien um. Das kann sogar besser außerhalb der Ferien gelingen: Manche Familie erlebt eher entspannte Phasen des Zusammenlebens, wenn Kinder einen Großteil des Tages in der Schule oder dem Kindergarten sind.

Fernsehen erzeugt Langweiler: Eltern können mit einem bewährten Argument begründen, warum ein TV-Verzicht für den Nachwuchs sinnvoll ist: Kinder, die viel fernsehen, haben weniger gute Ideen zum Spielen. Sie werden schnell zu Langweilern, mit denen niemand etwas unternehmen will. Diese Kinder sagen nämlich oft: »Mir ist langweilig, darf ich wieder fernsehen?« Dagegen lässt sich den Kindern ohne Fernseher erklären: »Wir freuen uns sehr, dass ihr so viele gute Ideen zum Spielen habt. Wir wollen, dass das so bleibt. Deshalb lassen wir das Filmeschauen und Fernsehen lieber ganz weg, bis ihr alt genug seid (4 / 5 / 6 / 7 Jahre).«

Einfach keine Zeit: Als die kleine Tochter fragt, warum sie nicht fernsehen dürfe, erklärt ihr Vater in einfachen Worten, dass sie als Familie dafür zu wenig Zeit hätten. Besonders, weil Kinder ja nicht alleine fernsehen dürften. Wenn die Eltern aber Zeit hätten, würden sie lieber etwas Schöneres mit den Kindern machen: vorlesen, toben oder kuscheln (siehe oben: »aktive Nichtfernseher«).

Eckige Augen? Nicht ganz, aber fast: »Weil ihr sonst eckige Augen bekommt …«, lautet oft eine Erklärung, um Kindern Fernsehen oder PC-Spiele zu untersagen. Diese Begründung ist nicht ganz richtig: Es gibt negative Auswirkungen auf die Augen, aber mit den korrekten Fakten lässt sich das besser begründen: Kinder können tatsächlich kranke Augen bekommen!

Tränende Augen! Kopfweh! NITM steht für *Nearwork-Induced Transient Myopia,* also für eine vorübergehende Kurzsichtigkeit, ausgelöst durch das längere Fokussieren der Augen auf einen nahe gelegenen Punkt. CVS ist die Abkürzung für *Computer Vision Syndrome.* Die Symptome: verschwommene Sicht, Schwindelgefühle, Kopfschmerzen sowie Augenjucken und -trockenheit.

Samstag = Puppenkistentag, Sonntag = Eistag: Wer im Alltag ständig an einer Eisdiele vorbeikommt, der muss sich mehrmals am Tag anhören: »Mama, darf ich ein Eis? BITTE! Nur eine Kugel!« Das dauernde Neinsagen kann in Stress ausarten, das dauernde Jasagen zu Übergewicht führen. Wird aber der Sonntag zum Eistag erklärt, kann Papa an jedem anderen Tag ganz ruhig sagen: »Nein, heute gibt es kein Eis, es ist doch nicht Sonntag!« Gleiches gilt für Bildschirmregeln: Je klarer die Regeln, desto stressfreier sind sie umzusetzen. Zum Beispiel führt eine Familie den Samstag als »Puppenkistentag« mit je einer 20-minütigen Folge ein. Es geht auch noch kürzer: »Shaun das Schaf« (8 Minuten), »Lauras Stern«(10 Minuten).

Aus den Augen, aus dem Sinn: Verschwindet der TV-Apparat aus dem Wohnzimmer, verschwindet er auch aus der Wahrnehmung des Kindes. Das ist ebenfalls möglich bei PCs, Tablets und Smartphones: Falls kein Extrazimmer für PC-Arbeit vorhanden ist, folgender Tipp: Zumindest mit Kopfhörer arbeiten und den PC auf einem hohen Tisch aufstellen, an den das kleine Kind nicht heranreicht.

3. Geschwisterzwist

Drei Kinder, drei Regeln –
je nach Alter wirken Medien anders

»Blöde Schwester! Deinetwegen verpasse ich ›Germany's Next Topmodel‹!«

16:35 Uhr. Nur noch schnell die Noten, ein paar Salbeibonbons und die Trinkflasche einpacken, dann geht's los ... Um 18 Uhr muss die Mutter bei der wöchentlichen Probe sein. Sie liebt ihren Gospelchor. Das ist der einzige regelmäßige Abendtermin, den sie sich noch immer gönnt. Als sie sich vor zwei Jahren von ihrem Mann trennte, wollte sie den Chor schon aufgeben. Das erschien nicht machbar mit drei Kindern, damals 2, 6 und 11 Jahre alt. Keine Zeit, kein Geld. Jede Menge Stress. Aber die älteste Tochter machte ihr gleich das Angebot, als Babysitterin einzuspringen. So konnte die Mutter weiter zu den Chorproben. Überhaupt ist die inzwischen 13-jährige Elena eine große Stütze.

16.40 Uhr. Die Mutter ruft: »Elena! Komm doch mal bitte!« Die 13-Jährige ist sofort da. Während die Mutter sich die Schuhe schnürt, trägt sie rasch ihr Anliegen vor: »Ich habe ganz vergessen, dich zu fragen, ob du außer der Reihe babysitten kannst. Wir haben heute von 18 bis 21 Uhr eine zusätzliche Generalprobe für das Konzert am Wochenende.« – »Mama, ich kann gerne babysitten, aber höchstens bis 20.15 Uhr, da musst du wieder da sein. Heute ist Donnerstag! Heute kommt ›Germany's Next Topmodel‹!«

»Ich verstehe dein Problem nicht! Deine Geschwister sind noch zu klein dafür, die schlafen doch um die Zeit schon.« – »Und wenn nicht? Was dann?«, wendet Elena ein. »Warum kannst du die Sendung nicht morgen Abend in der Mediathek anschauen? Wenn ich die Generalprobe verpasse, darf ich nicht im Konzert mitsingen.« Elena regt sich auf: »Mama, heute ist das was anderes! Heute ist doch das Finale! Das MUSS ich sehen. Alle werden morgen in der Schule darüber reden! Marius ist nicht das Problem, der schläft ja immer spätestens um 19.30 Uhr. Was passiert aber, wenn Sarah rumzickt und nicht ins Bett will?« Darauf die Mutter: »Dann rufst du mich eben an! Ich lasse das Handy an, okay?« – »Na gut, okay!« – »Du bist ein Schatz, Elena!« Beim Hinausgehen schnappt sich die Mutter ihre Noten und den Mantel, die Tür fällt zu.

20.05 Uhr. Der kleine Marius schläft längst. Sarah hat auch schon den Schlafanzug an, sie hat ihre Zähne sorgfältig geputzt. Alles läuft nach Plan, denkt sich Elena. Doch plötzlich baut sich die 8-Jährige vor ihrer großen Schwester auf und sagt in einem scharfen Tonfall: »Ich will auch ›Germany's Next Topmodel‹ gucken!« Elena widerspricht: »Mama hat gesagt, diese Sendung ist nichts für dich. Dafür bist du noch zu klein!« Sarah wendet sofort dagegen ein, sogar die kleine Schwester ihrer Klassenkameradin dürfe »GNTM« schauen: »Und die ist erst 5!«

20.15 Uhr. Wenn es nicht um GNTM gehen würde, wäre Elena sehr geduldig … Doch jetzt platzt ihr der Kragen – und sie zerrt die kleine Schwester in deren Zimmer. Donnernd wirft sie die Tür zu. Frieden. Frieden?

Elena will endlich den Fernseher einschalten – wo aber ist die Fernbedienung? Das darf doch nicht wahr sein – dieses kleine Miststück!, denkt sie. Sarah muss sie versteckt haben. Elena rennt zurück zum Schlafzimmer, reißt wütend die Türe auf und brüllt: »Du gibst mir jetzt SOFORT die Fernbedienung!« Doch die kleine Schwester springt aus dem Bett und grinst sie nur an: »Die findest du nie! Ich kann dir verraten, wo ich sie versteckt habe. Aber nur, wenn ich mitgucken darf.«

Elena schubst ihre Schwester ins Bett zurück: »Du kleines hinterhältiges Biest! Ich hasse dich! Deinetwegen verpasse ich das Finale!« Da laufen der kleinen Sarah Tränen über die Wangen. Sie schluchzt: »Warum bist du so fies zu mir? Ich kann doch nichts dafür, dass Mama das nicht erlaubt! Du kannst ›GNTM‹ gerne anschauen! Ich will nur mitgucken!« – »DU DUMME ZICKE! DU GIBST MIR JETZT DIESE FERNBEDIENUNG, SONST…«, droht Elena, doch weiter kommt sie nicht. Im Nebenzimmer ist der kleine Marius aufgewacht und schreit. Auch das noch! Elena nimmt den weinenden kleinen Bruder auf den Arm, das Telefon in die andere Hand und wählt die eingespeicherte Nummer von ihrer Mutter.

20.22 Uhr. Das Smartphone vibriert in der Tasche, die Mutter schleicht sich leise aus dem Probenraum. Sie nimmt das Gespräch an … Zuerst hört sie nur Geschrei, nach und nach sind Wortfetzen zu erkennen: »Sarah hat mich angeschrien … so gemein zu mir … ich hasse kleine Geschwister … Fernbedienung versteckt … sie hat mich gehauen … doofe Kuh … ungerecht … will auch das Finale schauen …« Schließlich bekommt sie eine halbwegs verständliche Version der Geschichte erzählt. Wenigstens Marius hat aufgehört zu weinen. Sie hört seine dünne Stimme durch den Hörer: »Mama, ich will auch Geänteäm schauen. Darf ich?«

Was wird die Mutter jetzt unternehmen?

TINA-Lösung: Wie es alle machen (sollen)

20.25 Uhr. Die Mutter ist entsetzt. Innerhalb von Sekunden schießen ihr Dutzende Gedanken durch den Kopf: … sonst sind die drei so nett miteinander … Elena hasst Sarah? …

Geschrei und Schläge, wie furchtbar … ich treibe mit meinen dogmatischen Regeln Keile zwischen die Geschwister … sofort nach Hause fahren? … keine Generalprobe, kein Mitsingen beim Konzert … irgendwie aus der Ferne regeln … man muss auch mal Fünfe gerade sein lassen … ein gemütlicher Fernsehabend unter Geschwistern … so wie damals meine Schwester und ich »Lassie« gemeinsam angeschaut haben … »GNTM« ist jedenfalls kein Ballerfilm … eigentlich harmloses Familienprogramm … in Zukunft keine Ungleichbehandlung der Geschwister mehr … Also gut!

»Jetzt seid mal kurz leise«, sagt sie am Handy. »Ich habe euch alle drei lieb. Es geht schon in Ordnung, dass ihr ›GNTM‹ schaut. Sarah, du holst jetzt die Fernbedienung aus dem Versteck. Hauen und schreien ist nicht in Ordnung! Ihr drei macht es euch jetzt auf dem Sofa gemütlich, und ich bin in einer Stunde bei euch. Elena, du holst die Wolldecke, damit es euch beim Fernsehen nicht zu kalt wird.« Inzwischen hört man im Hintergrund die Fernsehgeräusche. Sarah hat das Gerät bereits eingeschaltet. Nur Elena protestiert: »Warum dürfen die beiden das jetzt schon anschauen? Als ich so klein war, durfte ich das nicht!«

Wissenschaft und Argumente

Die Frage nach den Geschwistern – sie landet seit Jahren auf den Rängen 3 bis 6 auf der Liste der »Top-10-Elternfragen zum Thema Medien und Erziehung«[39]. Ein großes Thema. Sonnenklar ist für Eltern, dass Regeln zum Alter eines Menschen passen müssen: Die Großen dürfen spät ins Bett, sie müssen ihr Zimmer selbst aufräumen. Die Großen dürfen allein über die Straße gehen, sie müssen den Tisch decken helfen. Bei den Kleinen gelten andere Regeln. Logisch, aber schwierig, wenn es um Medienerziehung geht. In kaum einem Bereich der Erziehung lassen sich »altersabhängige Regeln« so mühsam umsetzen wie beim Thema TV, PC, Smartphone und Co. Wir meinen, es ist gleichzeitig in keinem anderen Bereich so wichtig, lohnend und langfristig stressmindernd. Dazu unten mehr.

Zunächst aber zu den Hürden. Eine Schwierigkeit wird in der »TINA-Lösung« deutlich: Geschwister unterschiedlichen Alters »friedlich vereint« vor dem Bildschirm, scheinbar die perfekte Lösung! Solche extremen Situationen gibt es im Alltag vieler Familien. Kinder quengeln, Essen droht anzubrennen, Mama platzt bald der Kragen. Wer wünscht sich da nicht einen Knopf, um diesen Stress einfach abzuschalten? Und genau diesen Knopf gibt's für Eltern: der Anschaltknopf des Fernsehers. Oder allgemein gesprochen: alle Anschaltknöpfe digitaler Medien. Das zeigen Interviews zum Medienalltag in Familien[40].

Eine weitere Schwierigkeit besteht darin, dass ältere Geschwister Regelungen sabotieren: Mal wollen die Großen sich bei den Kleinen »lieb Kind machen«, indem sie ihnen mehr erlauben als üblich. Mal wollen sie einfach nur selber den Film anschauen oder das coole Online-Game spielen. Und die Kleinen sind zufällig dabei. Das gilt nicht nur für ältere Geschwister. Einige Leser fassen sich da vielleicht an die eigene Nase …

Nicht gut! Bildschirme wirken auf kleine Menschen völlig anders als auf Erwachsene. Fundamental anders! Das können wir uns als Erwachsene nur mit größter Mühe überhaupt vorstellen, weil wir die Welt seit Jahren mit Erwachsenenaugen ansehen. Trotzdem ist es möglich, die Welt mit Kinderaugen sehen zu lernen, zum Beispiel mithilfe der Experimente, Wahrnehmungsübungen und Anekdoten auf den folgenden Seiten.

Lernen mit allen Sinnen ist wichtig. Wie viele Sinne hat der Mensch? »Ist doch klar, es sind fünf Sinne«, ist eine häufige Antwort. Weit gefehlt! Je nach Zählweise kommen wir heute aber auf zehn oder sogar 16 Sinne.[41] Die drei kleinen Versuche auf den nächsten Seiten handeln erst einmal von der Vielfalt der Sinne. Danach steigen wir mit Tests und Vorstellungsübungen in das Thema »Sensomotorische Integration« ein – also die Verknüpfung von Sinneseindrücken (Sensorik) und Bewegungsimpulsen (Motorik).

Sehen, Hören, Riechen, Schmecken und Tasten – das sind die klassischen fünf Sinne, die jeder kennt. Doch der Tastsinn ist nicht nur ein einziger Sinn (siehe Versuch 1). Wichtig: Es macht einen großen Unterschied, ob Sie die Beschreibungen nur lesen oder tatsächlich durchführen! Also: Starten Sie selbst die Experimente!

Versuch 1: Dreimal Tastsinn

Als Versuchsleiter bitten Sie Ihr Gegenüber, die Augen zu schließen. Die Versuchsperson streckt die Hände vor sich aus, Handflächen nach oben. Nach dem Versuch werden die Rollen getauscht. Sie werden selbst zur Versuchsperson. Nun zum Ablauf:

1. Sie piksen sachte (!) mit einer Stecknadel in eine der Fingerspitzen, die Ihnen die Versuchsperson entgegenstreckt. Autsch! Sie haben mindestens einen »Nozizeptor« (Schmerzsinneszelle) zum Reagieren gebracht. Davon gibt es pro Quadratzentimeter bis zu 200 in unserer Haut.

2. Sie senken eine warme (nicht zu heiße!) Tasse Kaffee so lange ab, bis sie die Handinnenfläche der Versuchsperson berührt. Schön warm! Sie haben viele Wärmerezeptoren angesprochen. Davon gibt es nur etwa einen pro Quadratzentimeter.

3. Sie legen je einen kleinen Gegenstand in eine Handfläche der Versuchsperson (z. B. hintereinander: Murmel, Würfel, USB-Stick, Schlüssel) und erklären dazu: »Du darfst den Gegenstand mit beiden Händen betasten.« Die Versuchsperson

bewegt den Gegenstand in der Regel zwischen den Fingerspitzen. Das ist sinnvoll, denn dort ist die Dichte der »Druckrezeptoren« besonders hoch. Höher ist ihre Dichte nur an den Lippen.

Resümee: Der Tastsinn besteht aus Schmerz-, Druck- und Temperaturwahrnehmung. Damit erhöht sich die Zahl der Sinne bereits auf sieben. Es folgt ein Versuch zu Nummer acht.

Versuch 2: Treffen der Fingerspitzen

Ein Versuch an der eigenen Person: Sie breiten die Arme aus und schließen die Augen. Dann versuchen Sie, Ihre beiden Zeigefingerspitzen aufeinander zuzubewegen, bis sie sich berühren.

Mit welchen der bisher genannten Sinne gelingt Ihnen dieses Kunststück? Haben Sie gesehen, gerochen, geschmeckt oder gehört? Nein! Auch der Tastsinn hat nur bestätigt, dass Sie richtig getroffen haben. Dass Sie Ihre Fingerspitzen zusammenführen können, ist eine Leistung der Propriozeptoren – Sinneszellen in Muskeln, Sehnen und Gelenkkapseln, dank derer die Menschen immer Bescheid wissen, wo sich ihr Körper im Raum befindet. Mit dieser Beobachtung steigt die Zahl der Sinne auf acht, inklusive des neuen Kraft-Lage-Sinns.

Bei Kindern ist das ganz anders: Der Kraft-Lage-Sinn ist bei Geburt noch sehr wenig ausgebildet. Erst allmählich lernt ein Kind, seine Bewegungen zu steuern. Ein Erfolgserlebnis stellt sich ein, wenn das Kind sicher die Hand in den Mund stecken kann. Oder zum ersten Mal in der Lage ist, gezielt mit der eigenen Hand den eigenen Fuß anzufassen. Das lernen Kinder in den ersten Lebenswochen und -monaten. Der Kraft-Lage-Sinn setzt aber sein Finetuning bis ins Erwachsenenalter fort.

Zusätzlich arbeitet im Innenohr das Gleichgewichtsorgan. Damit kommen noch zwei weitere Sinne hinzu, die im folgenden Versuch erlebbar werden.

Versuch 3: Gleichgewicht finden

1. Sie drehen sich schnell im Kreis und bleiben plötzlich stehen. Wurde Ihnen schwindelig? Wenn ja: Ihr Drehsinn spielt gerade verrückt. Die Flüssigkeit in einem der drei Bogengänge im Innenohr wurde so stark in Fluss gebracht, dass sie noch weiterfließt, obwohl Sie schon wieder stillstehen.
2. Stellen Sie sich mit geschlossenen Augen aufrecht hin. Dann bewegen Sie den Kopf hin und her, vor und zurück. Dabei zeigen Sie mit beiden Zeigefingern auf den Boden. Eine zweite Person beobachtet, ob Sie tatsächlich nach unten zeigen. Wenn das gelingt: Prima! Ihr Schwerkraftsinn funktioniert einwandfrei.

Zu den bisher acht Sinnen kommen zwei weitere dazu: der Dreh- und der Schwerkraftsinn. Stellen wir eine Bilanz auf: Wir haben jetzt insgesamt zehn Sinne unterschieden. Erwachsene halten den Kraft-Lage-Sinn (Propriozeption) und den Schwerkraftsinn für absolut selbstverständlich. Fällt aber der Kraft-Lage-Sinn für eine Körperregion aus, etwa weil Nervenbahnen beschädigt sind, lassen sich darüber ganze Bücher schreiben. Zum Beispiel *Der Tag, an dem mein Bein fortging* von Oliver Sacks[42]. Astronauten leiden im Weltraum durch die fehlende Schwerkraft oft an Schlafstörungen. Können Sie das nachvollziehen? Wie würde es sich anfühlen, wenn Sie sich ins Bett legen, die Augen schließen und nicht wissen, wo unten und wo oben ist?

Jetzt kommt die sensomotorische Integration ins Spiel: Eindrücke aus den zehn Sinneskanälen werden mit Bewegungen verknüpft. Eine enorme Leistung des Gehirns. Es dauert viele Jahre, bis diese Fähigkeit ausgereift ist. Später halten wir das für selbstverständlich – und vergessen völlig, dass wir selbst früher dazu nicht in der Lage waren.

Versuch 4: Sensomotorische Integration

- Schritt 1: Nehmen Sie ein Blatt Papier mit Text in beide Hände (es darf auch dieses Buch sein). Halten Sie es sich zunächst ruhig vor die Augen, mit etwa 20 Zentimetern Abstand zur Nasenspitze. Dann sollten Sie in der Lage sein, den Text ohne Schwierigkeiten zu lesen.
- Schritt 2: Wie beim Neinsagen schütteln Sie den Kopf hin und her – zuerst langsam, später immer schneller. Probieren Sie aus, wie schnell Sie Ihren Kopf bewegen und dabei den Text noch lesen können.
- Schritt 3: Halten Sie den Kopf ruhig und bewegen Sie das Blatt mit den Händen hin und her, zuerst langsam, dann schneller. Wie gut können Sie nun lesen?
- Schritt 4: Sie beziehen eine weitere Person in das Experiment mit ein. Sie bitten sie, das Blatt vor Ihren Augen hin und her zu bewegen. Sie konzentrieren sich wieder aufs Lesen. Das wird deutlich schlechter funktionieren, oder?

Erwachsene vollbringen mit großer Selbstverständlichkeit phänomenale Leistungen im Bereich der sensomotorischen Integration. Das Experiment zeigt an einem Beispiel, wie gut die Koordination zwischen der Nacken- und der Augenmuskulatur funktioniert. Ein Erwachsener verliert den zu lesenden Text nicht aus dem Blick, weil eine Gegenbewegung der Augenmuskeln automatisch die Nackenbewegung (Kopfschütteln) ausgleicht. Scheinbar steht das Blatt »still«. Etwas weniger gut können Ihre Augen die Armbewegungen quasi

»voraussehen« und ausgleichen. Wenn Sie die Geschwindigkeit der Bewegungen im Versuch gesteigert haben, müssten Sie beim Kopfwackeln ganz tadellos lesen können, beim Armwackeln auch noch ganz gut. Aber wenn die andere Person das Blatt vor Ihren Augen bewegt, sollte das Lesen schon bald ganz unmöglich sein.

Jetzt kommt der entscheidende Punkt: Erwachsene beherrschen selbstverständlich diese Abläufe – Kinder aber noch nicht! Es dauert viele Jahre, um die Wahrnehmungen über alle Sinneskanäle mit den Bewegungsimpulsen immer besser zu koordinieren. Bedingung: Die Kinder müssen sich viel bewegen und reichhaltige Erfahrungen sammeln – mit allen zehn Sinnen! Auf diese Weise entwickelt sich das Gehirn sehr stark, weil sich auf neuronaler Ebene unzählige neue Verknüpfungen bilden. Das geschieht durch das ständig wiederholte Zusammenspiel reicher Sinneserfahrungen mit viel Bewegung. So ist zum Beispiel das räumliche Sehen erst im Alter von 12 Jahren ausgereift. Ist diese sensomotorische Integration über Jahre hinweg geübt, vollbringt das erwachsene Gehirn binnen Sekunden enorme Leistungen.

Was hat das alles mit dem Thema »Kind und Bildschirm« zu tun? Sehr viel! Denn ein Erwachsener lernt vorm Fernseher durchaus eine Menge – immer durch das, was ein Teil seiner Sinne wahrnimmt. Sieht er einen Würfel im Fernsehen, verbindet er das Bild mit den vielfachen Referenzerfahrungen, die er mit realen Würfeln gesammelt hat: Als kleines Kind hat er Würfel betastet und in den Mund gesteckt; später selbst Würfel aus Knete geformt – und sie immer wieder in den Händen gehalten.

Daher hat er sofort eine Vorstellung, wie die räumliche Struktur eines Würfels beschaffen ist, auch wenn er ihn nur sieht. Dem kleinen Kind fehlen diese Erfahrungen! Es erlebt also NICHT dasselbe wie der Erwachsene. Es sieht die Oberfläche des Würfels auf dem Bildschirm, weiß aber nicht unbedingt, wie das Objekt bei einer Drehung aussehen würde.

Kein Kind lernt Rad fahren, indem es Filme über Rad fahrende Kinder anschaut ...

Der folgende Abschnitt erklärt, warum Bildschirme Kinder UNTERFORDERN.

Reale vs. virtuelle Schokolade

Ein 3-Jähriger beißt Stückchen von einer Schokoladentafel ab. Wie viele Sinne sind beteiligt?

Hören (knack!)
Sehen (braun)
Riechen (Mmh! Kakao-Aroma)
Schmecken (süß, leicht salzig)
Wärme (lauwarm)
Druckwahrnehmung (an Lippen und Gaumen)
Kraft-Lage-Sinn (Kiefermuskeln und -gelenk bewegen sich).

Sieben Sinne und die Motorik sind voll dabei. Jetzt stellen Sie sich aber vor, dasselbe Kind sitzt auf dem Sofa und sieht im Fernsehen, wie ein anderes Kind in eine Schokoladentafel beißt. Wie viele Sinne sind an der Wahrnehmung der Schokolade beteiligt? Weniger als zwei Sinne. Denn ein vollwertiges Sehen und Hören findet in drei Dimensionen statt. Beim Fernsehbild ist der visuelle Eindruck flach, zweidimensional. Er kommt aus der Mitte des Bildschirms. Dort sieht das Kind die Schokolade. Die zugehörigen akustischen Reize haben ihren Ursprung in Lautsprechern, die sich je nach Arrangement mehr oder weniger weit vom Fernseher im Raum befinden. Bewegung? Null. Und ein Kind, das im Computerspiel der Spielfigur per Fingerwisch eine Tafel Schokolade in den Mund schiebt? Zu Auge und Ohr kommt noch die Druckwahrnehmung der Hand hinzu. Immerhin. Und die Hand ist in Bewegung. Sie wischt, aber sie kann die gesehenen Objekte nicht erreichen, nicht »begreifen«.

Beim Fernsehen werden also maximal zwei, beim Computerspiel drei von zehn Sinnen angesprochen, und selbst diese nur unvollständig. Und die Motorik wird beim Fernsehen gar nicht beansprucht, beim Computerspiel nur auf kümmerliche Weise. Daher sprechen wir von einer »sensomotorischen Desintegration«, wenn Kinder Bildschirmmedien konsumieren. Die sensorischen und motorischen Aktivitäten fallen auseinander. Und: Das Gehirn der Kinder wird unterfordert, weil es zu wenig Informationen erhält, die es sinnvoll verknüpfen könnte. Anderthalb Sinne von zehn: Das ist zu wenig! Außerdem können die eingehenden Informationen widersprüchlich sein, wie zum Beispiel warmes Wohnzimmer, Schnee im Fernsehen.
Ganz klar: Vor diesem Hintergrund muss eine selbstverständliche Annahme falsch sein, die Eltern immer wieder treffen. Viele Erwachsene denken: »Mein Kind lernt gerade dieselben Dinge wie ich, weil wir uns denselben Film ansehen.« Ein Beispiel: Der Film könnte darstellen, wie eine Vier-Käse-Pizza in der eigenen Küche zubereitet wird. Am Ende der Sendung wird die Mutter wahrscheinlich dazu in der Lage sein, die Pizza nachzubacken. Wir blicken nun mit Kinderaugen auf die Sendung. Das Kind hat sicher nicht gelernt, Pizza zu backen! Um das zu lernen, müsste es immer wieder selbst erleben, wie ein Pizzateig geknetet, der Belag verteilt und der Ofen heiß gemacht wird. Und wie gut das Endergebnis schmeckt. Ganz real!
Resümee: Bildschirmmedien bieten größere Potenziale zum Lernen, je mehr der Nutzer bereits reale, multisensorische Erfahrungen sammeln konnte – und je ausgereifter sein Gehirn

schon ist. In anderen Worten: Auf Kinder wirken Medien anders! Diese Effekte hängen vom Alter und Entwicklungsstand ab. Für das Thema »Geschwisterzwist« bedeutet diese Tatsache: In jedem Alter sollten andere Regeln gelten. Je jünger die Kinder sind, desto weniger Zeit sollten sie vorm Bildschirm verbringen. Nehmen wir den kleinen Marius aus dem Fallbeispiel: Für ihn sind Bildschirme reine Zeiträuber. Ähnlich wie die grauen Herren aus *Momo* von Michael Ende. Die Parallelen sind groß: Beide stehlen den Menschen wertvolle Lebenszeit – indem sie behaupten, bei ihnen sei diese Zeit besser angelegt. Reale Zeit benötigen Kinder aber dringend, um sich gesund zu entwickeln.

Den Zeitverdrängungseffekt haben Wissenschaftler heute als wichtigste Ursache ausgemacht, warum der Konsum von Bildschirmmedien so viele negative Auswirkungen hat: Übergewicht, Schlafstörungen, Empathieverlust, ADHS, schlechtere Schulleistungen usw. Außerdem ist es sinnvoll, Medieninhalte an das Alter der Kinder anzupassen (siehe auch Kapitel 7, »Wissenschaft und Argumente«).

Die Bundesdrogenbeauftragte Marlene Mortler drückte das so aus:

> Wir müssen die gesundheitlichen Risiken der Digitalisierung ernst nehmen! [...] Kleinkinder brauchen kein Smartphone. Sie müssen erst einmal lernen, mit beiden Beinen sicher im realen Leben zu stehen. Unter dem Strich ist es höchste Zeit für mehr digitale Fürsorge – durch die Eltern, durch Schulen und Bildungseinrichtungen, aber natürlich auch durch die Politik.[43]

Es wäre sehr sinnvoll, wenn sich Politik und Bildungseinrichtungen an dieser Forderung orientieren würden. Stattdessen lassen sich viele vom Hype um Medienkompetenzförderung mitreißen. Dazu würden Digitalgeräte in Grundschulen, ja sogar in Kitas gebraucht. Wir halten das Gegenteil für notwendig!

Denn Paula Bleckmann stellt im Buch *Medienmündig* ein medienpädagogisches Modell vor, das sich an kindlichen Entwicklungsphasen orientiert. Sie definiert »Medienmündigkeit« auf die folgende Weise:

> Medienmündig werden bedeutet zuallererst, nicht die Kontrolle über unsere kostbare Lebenszeit zu verlieren (S. 14) ...
> Wir wollen unsere Kinder nicht zu technisch versierten Maschinensklaven, sondern zu selbstbestimmten Menschen erziehen, die selbst über Ausmaß und Art ihrer Mediennutzung entscheiden können (S. 34).[44]

Um medienmündig statt mediensüchtig zu werden, brauchen Kinder zuerst eine solide Basis im realen Leben. Die sensomotorische Integration bildet daher das erste Stockwerk im Turm der Medienmündigkeit. Darauf folgen »Kommunikationsfähigkeiten« (2. Stockwerk), »Produktionsfähigkeiten« (3. Stockwerk) und »Rezeptionsfähigkeiten« (4. Stockwerk).

Das oberste 5. Stockwerk stellen »kritische Reflexionsfähigkeiten« dar, die sich in der Regel frühestens im Jugendalter vermitteln lassen.

Ideale Lösung

20.25 Uhr. Wie sie es hasst, Entscheidungen unter Druck fällen zu müssen! Die Mutter der drei kleinen »GNTM«-Fans versucht, ganz ruhig zu bleiben: »Hallo, Elena«, spricht sie ins Handy. »Ich finde es prima, dass du mich anrufst, genau wie wir es besprochen haben. Hast du laut gestellt?« Elena bestätigt das. »Hallo, Marius und Sarah. Gut, dass ihr aufgehört habt zu schreien. Hört zu: Ihr seid wirklich noch zu klein für ›GNTM‹ ...«

Elena unterbricht ihre Mutter und freut sich: »Habe ich's nicht gesagt? Mama erlaubt euch das nicht!« Die Mutter spricht weiter: »Genau. Der Fernseher bleibt erst mal aus, bis ich zu Hause bin. Elena, machst du bitte für alle warmen Kakao?« Die Mutter verspricht, sofort loszufahren und in einer Viertelstunde zu Hause zu sein. Elena würde also ab 20.45 Uhr »GNTM« schauen können, weil sich die Mutter um die kleineren Geschwister kümmern würde. Jetzt will sie von der großen Tochter noch wissen: »Wie lange läuft noch die Sendung?« Elena kennt sich aus: »Normalerweise bis 22.30 Uhr, aber das Finale geht bis 23.15 Uhr. Lass mich überlegen … wenn du also erst um 21.15 Uhr kommst, könnte ich trotzdem noch zwei Stunden gucken. Bleib doch einfach bis zum Ende deiner Chorprobe, damit du im Konzert mitsingen darfst.«

Die Mutter ist völlig überrumpelt und fragt nach: »Elena, bist du sicher? Ich komme gerne heim – ich stehe schon neben meinem Fahrrad.« Doch Elena versichert: »Nein, wirklich, Mama, lass mal!« Worauf sich auch Sarah einmischt: »Mama, bleib du bei der Probe, ich helfe Elena den Kakao machen.«

20.30 Uhr. Die Mutter nimmt den Kindern das Versprechen ab, sich bei neuem Stress sofort zu melden, dann beendet sie das Gespräch und kehrt in den Probenraum zurück. Nach dem letzten Ton springt sie auf ihr Fahrrad und fährt in Windeseile nach Hause.

21.14 Uhr. Als sie außer Atem die Wohnung betritt, ist zu ihrer Überraschung nur Elena zu sehen – von den kleinen Geschwistern keine Spur! Die große Tochter sitzt vor dem Fernseher, trinkt Fanta und schaut das »GNTM«-Finale. Stolz berichtet sie: »Ich hab Kakao gemacht. Marius ist danach sofort eingeschlafen, und Sarah hat auch furchtbar gegähnt.« Die kleine Schwester habe ihr die Fernbedienung gegeben und sei ins Bett gegangen. Alles ganz friedlich.

So konnte Elena sogar schon um 20.55 Uhr das GNTM-Finale

anschalten. »Weißt du, Mama, endlich haben diese ewigen Werbepausen auch einmal etwas Gutes: Ich habe viel weniger von der Sendung verpasst.« Die Mutter schmunzelt und sieht noch kurz nach Marius und Sarah – die kleinen Kinder schlafen tief und fest.

Das Drama hat eine unerwartet positive Wendung genommen – trotzdem macht sich die Mutter bei aller Freude Gedanken, ob sie ihrer großen Tochter nicht zu viel Verantwortung aufgebürdet hat. Sie nutzt die nächste Werbepause und schaltet den Fernseher stumm: »Elena, du weißt, dass ich dir sehr dankbar bin. Du hast ganz viel richtig gemacht. Ruf mich aber das nächste Mal früher an, wenn es einen solchen Streit gibt. Warte nicht zu lang!« – »Ich wollte dich nicht stören, wegen des Konzerts«, antwortet Elena.

Das sieht die Mutter anders: »Quatsch! Du musst mich anrufen. Es ist doch nicht deine Schuld, wenn ich mich nicht rechtzeitig um einen Babysitter kümmere. Du bist 13 Jahre alt; ich bin 39 Jahre alt. Ich bin die Mama, du nicht!« Für Fehler müsse sie als Erwachsene die Konsequenzen tragen.

Die Mutter verspricht: »Das nächste Mal organisiere ich rechtzeitig einen Babysitter, wenn ich besondere Termine habe. Sorry, dass ich dich vorhin beim Aufbruch zur Probe so unter Druck gesetzt habe. Ich möchte, dass du weißt, dass ...« Elena hat genug gehört: »Jetzt mach aber mal Schluss! Du redest wie die Tussi von der Scheidungskinder-Beratung.« Gedehnt und mit tiefer Stimme fährt die Tochter fort: »Elena! Du darfst auch Nein sagen, wenn es dir zu viel wird. Elena! Du bist nicht verantwortlich dafür, dass es deiner Mama und deinem Papa gut geht. Elena! Höre auf deine Gefühle ...« Plötzlich klingt ihre Stimme wieder normal: »Mama, die Werbepause ist vorbei, kannst du bitte wieder laut stellen?« Und weiter geht es mit »Germany's Next Topmodel«.

Weitere Lösungen

Erst ein heftiger Streit, dann einsichtsfähige Kinder, die sogar Rücksicht auf das gefährdete Konzert ihrer Mutter nehmen. Eine erstaunliche Lösung! Aber möglich! Doch die Probleme mit unterschiedlich alten Geschwistern lassen sich auch ganz anders vermeiden oder abmildern – wir haben wieder Erfahrungen aus einigen Familien zusammengestellt.

Ältere bei den Nachbarn: Die großen Geschwister schauen Filme oder spielen Computerspiele mit ihren gleichaltrigen Nachbarskindern. Gleichzeitig treffen sich die jüngeren Kinder der beiden Familien und spielen in der anderen Wohnung – dem Alter entsprechend bildschirmfrei.

Hörmedien sind »flexibler«: Weil sich jedes Kind sein eigenes Bild im Kopf macht, können unterschiedlich alte Geschwister besser dieselben Hörspiele hören als dieselben Filme gucken. Besonders bei Hörspielen, die viel Sprache und wenig dramatische Soundeffekte enthalten, entsteht höchstens beim älteren Kind Gruselkino im Kopf. Das jüngere geht derweil aus dem Zimmer, weil es die Worte nicht versteht. Das ist beim Gruselkino auf dem Bildschirm unwahrscheinlich, denn es fesselt oft auch das jüngere Kind.

Ein Benutzer-Account pro Kind (+ Kinderschutz-Software): Jedes Kind sollte einen eigenen Benutzer-Account haben, wenn die Geschwister unterschiedlichen Alters den Familien-PC nutzen. Jedes Kind darf nur sein eigenes Passwort erfahren. So lässt sich für das jüngere Kind das Internet sperren – und die PC-Zeit auf eine halbe Stunde pro Tag beschränken. Ältere Kinder können bis zu zwei Stunden den Rechner nutzen und für Hausaufgaben ins Internet gehen. Allerdings kontrolliert und gefiltert mit einer geeigneten Blacklist.

Fernseher im Arbeitszimmer: Jüngere Kinder gucken oft unbeabsichtigt bei den älteren mit. Was hilft? Viele Familien haben gute Erfahrungen gemacht mit einer räumlichen oder zeitlichen Trennung: Der Fernseher steht zum Beispiel im Arbeitszimmer statt im Wohnzimmer. Und/oder: Filme lassen sich am Abend mit dem älteren Kind schauen, wenn die jüngeren Geschwister schlafen. Das ist einfacher geworden, seit Sendungen nicht nur zu festen Zeiten im Fernsehen laufen. Heute sind sehr viele Sendungen über Mediatheken zugänglich und lassen sich zu beliebigen Zeiten anschauen.

Keine ungesicherten Smartphones: Diese Empfehlung setzen oft nur Familien konsequent um, die »gebrannte Kinder« haben. Beispiel: Ein Kindergartenkind hat aus Versehen auf ein YouTube-Video des älteren Bruders geklickt, das nicht jugendfrei war. Lösung: Ältere Geschwister und Eltern sperren ihr Smartphone, wenn sie es ablegen. Kleinere Geschwister kennen das Passwort nicht.

Liste mit »Meilensteinen«: Viele Familien notieren das Einstiegsalter, ab dem ein Kind bestimmte Medien nutzen darf. So gibt es weniger Vorwürfe, eines der Geschwister sei ungerecht behandelt worden. Denn: Nicht selten nehmen die älteren Kinder selbst die Rolle des »Hilfssheriffs« ein, wie Elena aus dem Fallbeispiel.

4. Trojanisches Pferd zum Geburtstag

Feiern ohne Konsumterror: Schau dem geschenkten Gaul stets ins Maul!

Streit um den Barbie-Laptop

Das Paket löst großes Staunen aus: »Was da wohl drinsteckt?«, fragt sich Sophies Mutter. Über ein Kilo schwer, bombensicher verpackt, auf dem Etikett der Name der Tochter, im Karton eine Geschenknotiz von Amazon: *Für meine kluge kleine Sophie. In Liebe, Oma Dorothee.*

Mutter Annegret öffnet das Paket, liest die Worte »Barbie B-Glam Laptop« … und kippt vor Empörung fast aus den Pantoffeln. Sie ruft sofort ihre Mutter an: »Mama! Sophie wird vier Jahre alt! Willst du deinem Enkelkind wirklich einen Computer schenken? Was für ein Unsinn!«

Das kann Oma Dorothee nicht auf sich sitzen lassen. Sie hält dagegen, dass Annegret ihre Tochter nicht in Watte packen dürfe. Schließlich sei Technik heute für Frauen genauso wichtig wie für Männer. »Meine beste Freundin hat ihrer Enkeltochter zu Weihnachten genau denselben Spiel-Laptop geschenkt, und alle waren begeistert«, sagt die Oma.

Darauf wirft Annegret ihrer Mutter vor, sich unzulässig in ihre Erziehung einzumischen, wie so oft in der Vergangenheit. So gehen die Wogen immer höher, bis die Oma die Karte »Dogmatismus« spielt: »Im Fernsehen warnen sie vor ›digitalen Analphabeten‹. Es geht um Sophies Zukunft, da muss ich mich einmischen!« Dorothee hatte nämlich auf der Packung des Spiel-Laptops gelesen, dass er Sprachkenntnisse fördere, »interaktive Spielerlebnisse« biete und beim logischen Denken helfe. Außerdem lassen sich Kopfhörer anschließen, damit Kinder zum Beispiel im Auto ungestört mit dem Laptop spielen können und so auch die Erwachsenen ihre Ruhe haben.

Das alles überzeugt Annegret in keiner Weise: »Du lässt dich von Werbesprüchen einfangen, und wir Eltern müssen es ausbaden, weil wir den täglichen Stress mit Sophie haben werden«, wirft sie der Mutter an den Kopf. Sophie habe alles, was sie in ihrem Alter brauche, Puzzles, Bücher etc. Die immer erregteren Worte am Telefon bekommt ihr Mann Rainer mit. Er übernimmt den Hörer und trennt die Streithähne: »Jetzt ist Schluss! Wir rufen dich morgen an, Dorothee! Bis dahin besprechen wir in Ruhe, wie wir mit der Laptop-Frage umgehen.«

Wird so der familiäre Streit ein Ende finden?

TINA-Lösung: Wie es alle machen (sollen)

Einfach laufen lassen. Das Kind ist ja schon in den Brunnen gefallen, der Laptop bereits gekauft. Daher gibt Annegret klein bei, entschuldigt sich bei ihrer Mutter und legt das Päckchen auf den Geschenktisch. Das hat viele Vorteile: Keine Streitereien, kein unnötiger Aufwand! Warum sich mühsam Trends verweigern, wenn doch viele Kinder heute an Spiel-Laptops sitzen. Und Oma ist auch glücklich. In anderen Familien spielen sich ähnliche Situationen ab: Da sind es Opa, Tante oder Patenonkel, die das Hightech-Geschenk auf den Gabentisch legen.

Außerdem vermeidet Annegret den Konflikt mit ihrer Tochter. Erst hat die Oma Sophie gefragt, was sie sich zum Geburtstag wünsche – »Einen rosa Computer, den schon alle Freundinnen haben«. Dann das katastrophale Umschwenken: Omi darf den Wunsch nicht erfüllen, weil plötzlich die »bösen Eltern« dagegen sind. Sophie wäre bitter enttäuscht.

Viel mehr Harmonie garantiert dieser Verlauf des Geschehens: Sophie packt den Laptop aus, jubelt, springt auf – ihrer geliebten Oma direkt auf den Schoß: »Danke, Oma, ist das ein echter Computer? Ich hab dich ja sooo lieb!« Und die Freundinnen staunen: »Cool, der Barbie-Laptop. Den hat meine große Schwester auch. Wollen wir gleich damit spielen?« So verläuft das Geburtstagsfest viel entspannter, wenn die Mädelsbande ruhig vor dem Barbie-Laptop sitzt, ganz ohne Zickerei und An-den-Haaren-Ziehen ...

Ein weiterer Gedanke könnte Annegret beruhigen: Überall ist zu lesen, wie wichtig es sei, eine frühe Medienkompetenz zu fördern. Das bringt Antje Bostelmann auf den Punkt, die die Klax-Kindergärten gegründet hat. Sie setzt auf den frühen Einsatz digitaler Medien, schon im Vorschulalter. Ihre These lautet: Die digitale Welt wird später vom »A-Team« gestaltet, das »B-Team« werde nur aus passiven Konsumenten bestehen, die viel zu spät digitale Medien kennenlernen durften. Da klingt ihr Versprechen verführerisch: »Ich erziehe das A-Team.«

Zudem hat Sophies Oma schon die Argumente der Hersteller genannt: Zur Sprachförderung solle der Spiel-Laptop gut sein, das Denken voranbringen und die Feinmotorik trainieren. Das ist alles auf den Verpackungen der Hightech-Produkte zu lesen, die für kleine Kinder gedacht sind. Diese Argumente wollen, ja, MÜSSEN viele Eltern glauben. Nur so haben sie ein gutes Gefühl, wenn das Kind vor dem Bildschirm sitzt. Das sind Strategien zur Rationalisierung: Wenn ich etwas nicht vermeiden kann, weil mir die Kraft dazu fehlt – dann deute ich es um und konzentriere mich auf die positiven Seiten eines Spiel-Laptops, die ich in den Mittelpunkt meines Denkens stelle. Welche Mutter, welcher Vater hat da den Mut, den Spiel-Laptop einzukassieren? Das TINA-Prinzip hat zugeschlagen: »There is no alternative.«

Wissenschaft und Argumente

Sind die Befürchtungen von Sophies Oma berechtigt? Müssen wir die Behauptungen von Bostelmann und Co. ernst nehmen, die Zukunftschancen unserer Kinder würden ohne den frühen Einsatz digitaler Medien leiden?

Die Werbung für Spiel-Laptops weckt völlig falsche Hoffnungen, wenn sie behauptet, diese Geräte würden die kognitiven Fähigkeiten von Kindern fördern. Das ist reines Marketing. Denn: Sprachförderung erfolgt durch direkten Kontakt mit anderen Menschen – und eben nicht vor Bildschirmen! Das hat die Entwicklungsbiologie längst bewiesen (siehe auch Kapitel 1, »Wissenschaft und Argumente«).

Zum Denken anregen? Das geschieht in der Kindheit, indem die Kleinen ihre motorischen Fähigkeiten in der realen Welt erproben und ausbauen. Wer sein Kind balancieren oder klettern lässt, trägt mehr zu seiner intellektuellen Entwicklung bei, als es Spielcomputer jemals schaffen, da sie Kinder zu einer hohen Unbeweglichkeit verurteilen. Der Grund: Die Reife des Gehirns ist elementar mit dem Aufbau der Motorik verknüpft. Damit kommen wir auch zum Argument der Feinmotorik: Die Bedienung von Maus und Tastatur führt zu einem sehr eingeschränkten Repertoire an Fähigkeiten, die Finger sinnvoll zu gebrauchen. Wie viel umfangreicher sind dagegen die Anforderungen und Trainingsmöglichkeiten, wenn Kinder basteln, malen oder kneten (siehe auch Kapitel 3).

So lassen sich die (Werbe-)Botschaften der »Frühförderindustrie« schnell entzaubern.[45] Sie zielen einfach auf das schlechte Gewissen von Eltern ab, die nur das Beste für ihre Kinder wollen und Angst haben, dass der Nachwuchs im globalen Wettbewerb versagt.

Hinzu kommt: Laut Statistik sind die Nutzungszeiten der Kinder doppelt so hoch, wenn sie über eigene Geräte verfügen. Wissenschaftler haben festgestellt: »Jungen mit einer Vollausstattung an Bildschirmgeräten haben zum Beispiel mit über 100 Minuten Fernsehnutzung und mehr als 50 Minuten Computerspielzeit täglich fast doppelt so hohe Nutzungszeiten wie Jungen ohne Bildschirmgeräte im Zimmer.«[46]

Und: Der Konsum nicht altersgerechter Inhalte steigt sogar auf das sechsfache Niveau.[47] Dabei zeigt sich auch ein soziales Problem, wie eine Studie belegt hat: In Haushalten, in denen die Eltern höchstens einen Hauptschulabschluss haben, ist die Ausstattungsquote mit TV-Geräten dreimal so hoch wie in Haushalten, in denen die Eltern Abitur haben. Es sind dort viermal mehr Spielkonsolen in Kinderzimmern vorhanden, ebenso ist die Ausstattung mit Computern signifikant höher. Die Studie untersuchte die Medienausstattung von 10-Jährigen.

Mehr Bildschirme, mehr Bildung? – geht diese Gleichung im Alltag auf?

Das Gegenteil wiesen die Wissenschaftler nach: Kinder bringen in Deutschland umso schlechtere Noten nach Hause, je länger sie vor Bildschirmen sitzen! Besonders betroffen sind Schüler, die aufgrund eines bildungsfernen Elternhauses sowieso benachteiligt sind. Im Vorteil sind dagegen »Kinder in wohlhabenderen Familien mit höherem Bildungsniveau«. In diesen Familien findet sich vor allem »eine aktive Medienerziehung mit klaren zeitlichen und inhaltlichen Regelungen sowie Interesse der Eltern für die Medientätigkeiten der Kinder«.[48]

Ein verblüffendes Ergebnis, da Mitglieder der »Oberschicht« eher genug Geld haben, um ihren Kindern diese elektronische Ausstattung zu kaufen. Eltern mit Abitur entwickeln offensichtlich häufiger ein größeres Verständnis dafür, was Kinder für eine gute Entwicklung brauchen – nämlich keine Bildschirmgeräte, sondern viel echtes Leben: »Je höher die formale Bildung im Elternhaus, desto unwahrscheinlicher ist es, dass die Kinder im eigenen Zimmer über Fernseher und Spielkonso-

le verfügen«, sagen die Wissenschaftler. So steigen die Bildungschancen dieser Kinder erheblich![49]

Diese Ungleichheit ergibt sich nicht nur aus der Ausstattung
mit Bildschirmgeräten. Sie zeigt sich auch in einer unterschiedlich ausgeprägten Fähigkeit, dem steigenden Konsumdruck
standzuhalten. Gelingt es Eltern, diesem Druck nicht unkritisch
nachzugeben, fördern sie langfristig die Lebenszufriedenheit
ihrer Kinder. Das zeigt eine Studie der amerikanischen Soziolo-
gin Juliet Schor.[50]

Besonders schwierig gestaltet sich dieses Standhalten, wenn
Kinder sich zum Geburtstag oder zu Weihnachten ein digitales
Gerät wünschen. Denn Geburtstagsfeste sind einerseits eine
wunderbare Gelegenheit, das Kind in seiner Persönlichkeit
wahrzunehmen und wertzuschätzen. Die Beziehungen zur Familie und zu gleichaltrigen Freunden werden gefestigt, und
zwar durch gemeinsame Erlebnisse, die lange Zeit in Erinnerung bleiben. Andererseits bieten diese Feste die Gelegenheit,
sich in ungebremsten Konsum zu stürzen! Mit diesem Dilemma gehen Eltern sehr unterschiedlich um. Dadurch fällt die
Botschaft an die Kinder ganz verschieden aus: »Wir zeigen dir
unsere Zuneigung durch materielle Geschenke.« Oder: »Wir
zeigen dir unsere Zuneigung durch gemeinsame Erlebnisse und
geschenkte Zeit.«[51]

Gerne wird vergessen: Bücher und Kassetten sind ebenfalls
Medien! Sie sind als Geschenk immer eine Alternative zu DVDs
oder Spiel-Laptops. Daher sollten sich Eltern an einer modernen Medienpädagogik orientieren, die sich nicht allein auf
digitale Medien konzentriert. Für eine nachhaltige Medienbildung sind zwei Prinzipien wichtig:

1. **Analog vor digital:** Erst sollten Kinder Bücher in die Hand nehmen, dann Fotokameras, Hörmedien und CDs. Später kommen Filme und Computer an die Reihe – und erst am Schluss

Internet und Smartphone. Diese empfohlene Reihenfolge war auch das übereinstimmende Ergebnis, das bei einer Befragung zur Prävention von Medienrisiken herauskam, durchgeführt unter Experten.[52]

2. **Produzieren vor Konsumieren:** Es ist immer besser, ein Bild zu malen, als ein Bild nur anzuschauen. Es ist viel sinnvoller, ein kleines Hörspiel zu gestalten, als nur Kassetten zu hören. Genauso ist es für eine Karriere als Informatiker hilfreich, mathematische Grundlagen des Programmierens analog zu begreifen, statt Knöpfchen auf einem Apparat zu drücken, den noch kein Kind durchschaut. Diese Förderung ist zum Beispiel durch Schachspielen oder Brettspiele wie »Robo Rally« möglich, in der Tradition der »CS unplugged«-Projekte aus der Informatik-Didaktik.[53]

Ob Spiel-Laptop, Fernseher oder Tablet – diese Geräte fressen wertvolle Zeit, die Kinder in der realen Welt brauchen, um sich in der Realität zu verwurzeln (siehe auch Kapitel 3). Diese Zeiträuber sollten in Kinderzimmern keinen Platz haben.

Ideale Lösung

Rainer und Annegret sind sich schnell einig: Ein Barbie-Laptop als Geschenk ist nichts für eine 4-Jährige. Annegret will ihrer Mutter alle wissenschaftlichen Argumente an den Kopf werfen, um ihr zu beweisen, dass sie völlig falschliegt. Konfrontation pur! Rainer aber möchte Dorothee mit ins Boot holen, weil er glaubt, so leichter zum Ziel zu kommen.

Als beim Frühstück Omas Name fällt, springt Sophie vom Platz auf: »Kommt Oma zum Vorlesen? Wir sind mit dem Elefantenbuch noch nicht fertig.« Das hat Rainer im Ohr, als er etwas später seine Schwiegermutter anruft. Er fällt nicht mit der Tür ins Haus, sondern erzählt Dorothee erst einmal, wie ihr Enkel-

kind an ihr hängt: »Es war gar nicht leicht, Sophie beizubringen, dass Oma heute nicht aus dem Elefantenbuch vorliest.«
»Das freut mich ja sehr, aber was ist jetzt mit dem Spiel-Laptop?«, fragt Dorothee. »Na ja«, antwortet Rainer. »Wir finden es prima, dass du dir Gedanken um Sophies Bildung machst. Da ziehen wir an einem Strang, weil wir alle das Beste für sie wollen.« – »Dazu gehört auch moderne Technik«, erwidert Dorothee. »Stimmt«, antwortet Rainer, »aber nicht in jedem Alter. Außerdem passiert es gerade Eltern mit wenig Bildung, dass ihr Nachwuchs digitales Spielzeug im Kinderzimmer anhäuft.« Das sollte der bildungsbewussten Dorothee zu denken geben …

»Früher konnte man sagen: ›Mehr ist mehr‹«, so Rainer am Telefon, »denn mehr Bücher brachten wirklich mehr Bildung!« Heute erleben Annegret und Rainer das Gegenteil: »Weniger ist mehr!«, lautet ihr Motto. Weniger Kram, aber mehr Zeit für echte Erlebnisse in der Natur oder mit Freunden, was auch Bildungschancen bedeutet. Nicht auf bunte Plastik-Laptops komme es an, erklärt Rainer seiner Schwiegermutter, sondern auf die wertvolle Zeit, die sie Sophie schenken könne. Er erinnert sie an den Wasserspielplatz, auf dem das Kind so viel Spaß hatte. Eine der vielen Ideen von Oma Dorothee. Warum Konfrontation, wenn alle die Möglichkeit haben, aus einem Becken mit gemeinsamen Erfahrungen zu schöpfen? Doch die alte Dame macht sich immer noch Sorgen: Verliert Sophie nicht den Anschluss an die moderne Welt, wenn sie nicht frühzeitig Spiel-Laptops kennenlernt?
Rainer sieht das anders: »Klar«, sagt er zu seiner Schwiegermutter, »Medienerziehung ist nötig, aber bitte in der richtigen Reihenfolge.« Erst das Buch, dann Fotokamera und CDs, dann irgendwann Filme und Computer, schließlich Internet und Smartphone. Der Grund: Das typische Computer-Kind verliert schnell das Interesse an Büchern. Ein Buch macht nicht »piep,

piep«, das Kind bekommt keine Ranking-Punkte. Das Buch blinkt nicht bunt, es ist eben nur ein »langweiliges« Buch. »Es wäre schade, wenn das mit Sophie passiert, wo sie doch so gerne von dir vorgelesen bekommt«, sagt Rainer am Telefon. Ein Spiel-Laptop biete nur ein elektronisches Feuerwerk und rege keine Fantasiekräfte an, was ein gutes Buch jederzeit vermöge. Das erinnert Dorothee daran, wie aufmerksam ihr Enkelkind beim Vorlesen zuhört. Rainer baut ihr eine weitere Brücke: Er erklärt, dass Sophie zum Geburtstag von den Eltern eine kleine Werkbank geschenkt bekommt (»Weil Technik nicht nur etwas für Jungs ist, da hast du ganz recht«).

Und was schenkt Dorothee ihrem Enkelkind? »Ein spannendes Löwenbuch«, verkündet sie fröhlich am Telefon, »das lesen wir, wenn wir mit den Elefantengeschichten fertig sind.«

Weitere Lösungen

Tierbuch statt Laptop – das klingt fast zu schön, um wahr zu sein. Nicht in jeder Familie gelingt eine so gute Gesprächskultur. Nicht in jeder Familie kommt der »Trojaner« per Post, sodass sich vorher darüber verhandeln lässt. Die meisten Verwandten bringen die Geschenke direkt zur Geburtstagsfeier mit, dann fällt der Barbie-Laptop dem Kind plötzlich in die Hände.

Trotzdem existieren weitere Alternativen zur »TINA-Lösung«! Vielleicht nicht ganz so ideal, dafür aber praktikabel. Um Trojaner abzuwenden, gibt es hier eine Reihe von Tipps, wie Erwachsene mit digitalem Spielzeug geschickt umgehen können. Außerdem haben wir ein paar Ideen zusammengestellt, wie ein Kindergeburtstag mit weniger Konsum möglich wird.

Besonderes Spielangebot: Die geschenkte Spielkonsole wandert zurück zu den Großeltern, die sie jedoch nicht verkaufen, sondern behalten. Dort wird sie zu einem besonderen Spielangebot, wenn sie der Enkel alle paar Wochen besucht. Immerhin: Im Alltag zu Hause spielt die Konsole keine Rolle mehr. Ein paar Jahre später schildern allerdings die Großeltern folgendes Erlebnis: Als sie den Enkel zum Besuch einladen, fragt er zuerst, ob das neue Spiel installiert sei. Die Oma verneint das und schlägt vor, ins Schwimmbad zu gehen. Die Konsole sei gerade in Reparatur. Dann, antwortet der Enkel, solle ihm die Oma einfach Bescheid geben, wenn die Konsole wieder laufe. Oder wenn sie eine neue gekauft hätte. Dann käme er wieder zu Besuch. Davor aber nicht.

Produzieren zuerst: Eltern können Oma und Opa auch davon überzeugen, dass ein Kassettenrecorder mit Aufnahmefunktion sinnvoller als ein Spiel-Laptop ist. Das entspricht dem Prinzip der Medienerziehung: »Produzieren vor Konsumieren.«

Wunschliste: Andere Familien machen gute Erfahrungen damit, für Paten, Großeltern und gleichaltrige Freunde eine Wunschliste zu erstellen. Auf ihr werden nur Wünsche eingetragen, die direkt vom Kind kommen – UND den Eltern unbedenklich erscheinen.

Kindergeburtstag ohne Konsumterror – Geschenke

Materieller Konsum lässt sich durch Erlebnisse und menschliche Beziehungen ersetzen. Dieses Motto gilt besonders für Kindergeschenke: Eine DVD mit der »Eisprinzessin« wird gewünscht? Warum nicht das Kind zu einer Runde Schlittschuhfahren einladen? Eltern finden im Internet mit wenigen Suchbegriffen (»Geschenk«, »ohne Konsum«, »Kind«) viele Listen, die kreative Köpfe zusammengestellt haben. Sehr lohnend ist zum Beispiel der folgende Link: http://www.livelifegreen.de/geschenkideen-alternativ-ohne-konsum/ Auf dieser Website findet sich ein konsum-

freier Adventskalender für Geschenke. Das größte Geschenk ist Nummer 24 (»Exklusivzeit: Handy aus«):
Nichts ist so schön wie die 100-prozentige Aufmerksamkeit seines Gegenübers. Und nichts ist mittlerweile so rar geworden wie dies. Schenkt euren Lieben ein Wochenende ohne Störungen. Ohne Handy, Tablet und Fernseher. Aufmerksamkeit pur. Das ist mein persönliches Lieblingsgeschenk.

Kindergeburtstag ohne Konsumterror – Festplanung

Die Verlockung ist groß: Spielparadiese oder Kinos scheinen attraktive Ziele für einen Kindergeburtstag zu sein. Es lohnt sich, die Frage zu stellen: Was soll am 10. Geburtstag noch kommen, wenn die Kinder vorher alle Konsummöglichkeiten ausgereizt haben? Mit 3 Jahren ins Spielparadies, mit 4 ins Kino, mit 5 ins Abenteuer-Spaßbad, mit 6 ins Disneyland? Muss der »Kick« jedes Jahr noch teurer und spektakulärer ausfallen? Es geht auch anders:

- Geburtstagskind in die Planung mit einbeziehen
- Anzahl der Gäste begrenzen, um Überforderung zu vermeiden
- Faustregel: So viele Gäste, wie das Kind an Jahren wird
- Zwei getrennte kleinere Feste: eins für die Familie, eins für Freunde
- Alle Gäste stellen sich mit Namen vor und sagen kurz, woher sie das Geburtstagskind kennen. Variante: Was ich am Geburtstagskind besonders mag
- Statt Auspack-Rausch: Reihenfolge des Auspackens mit Flaschendrehen bestimmen
- Gemeinsames Essen am schön gedeckten Tisch statt Buffet
- Geburtstagslied(er) singen
- Zeitplan nicht überfrachten: Verplante Zeit und freie Zeit in Balance bringen

- Balance zwischen drinnen und draußen beachten. Größere Gruppen brauchen Platz zum Toben – zum Beispiel im Wald oder Park bei Schnitzeljagd oder Geo-Caching.

5. TV als Belohnung?
PC-Entzug als Strafe?

Kurzfristig höchst wirksam, langfristig höchst gefährlich

Eine Wüste aus Legosteinen

Die Zwillinge Mia und Benjamin spielen begeistert mit Legosteinen; in den letzten Tagen haben sie ihr geräumiges Kinderzimmer in ein chaotisches »Legoland« verwandelt. Die bunten Steine fliegen wild umher. Unter normalen Umständen wäre das völlig okay … Aber jetzt ist Mittwochnachmittag, in drei Stunden trifft der Besuch ein – für fünf Tage! Ein großes Open-Air-Konzert findet statt, alle bezahlbaren Unterkünfte sind ausgebucht. Daher war Paul, der Vater der Zwillinge, spontan bereit, die Verwandtschaft in der Dreizimmerwohnung aufzunehmen: den Onkel auf einer Liege im Wohnzimmer, die Cousins auf zwei Matratzen im Kinderzimmer.

Doch Papa Paul bereut dieses Angebot schon, als er sich verzweifelt in der unaufgeräumten Wohnung umschaut. Er fragt sich, wie er das alles schaffen soll: Kinderzimmer aufräumen, Lasagne kochen, Tisch decken, Einkäufe wegräumen, alle Zimmer saugen, Betten beziehen. Und das alles, BEVOR sein Bruder mit den Jungs auftaucht. Sonst muss er sich wieder die typischen Kommentare anhören: »Ja, du bist immer noch der gute alte Chaos-Paul!« Und er hat das ganze Programm als alleinerziehender Vater zu bewältigen, weil seine Frau vor drei Jahren gestorben ist.

Genug der trüben Gedanken, sagt sich Paul. Ran an die Arbeit!

Er stellt sich in die Küche und schnippelt das Gemüse für die Lasagnesoße. Er ruft laut ins Kinderzimmer: »Kinder, kommt mal schnell rüber!«

Es entwickelt sich folgendes Gespräch: »Wir spielen hier aber gerade so schön!« – »Räumt bitte endlich den ganzen Lego-kram in die Kisten.« – »Oaaaa, muss das jetzt sein?« – »Ja, das muss jetzt sein, in zwei Stunden kommen schon eure Cousins! Ich kann hier nicht alles alleine machen, ihr müsst mir helfen.« – »Na gut, aber nur, wenn wir nachher ›Madagascar‹ gucken dürfen!« – »Wie kommt ihr denn auf die Idee?« – »Wenn wir samstags das Zimmer aufräumen, dürfen wir immer einen Film gucken. Warum heute nicht?«

Paul wischt sich den Schweiß von der Stirn und überlegt, wie er jetzt reagieren kann.

TINA-Lösung: Wie es alle machen (sollen)

Eigentlich hat Paul keine Wahl. Wie soll er das alles ohne Hilfe schaffen? »Na gut«, sagt der Vater zu seinen Zwillingen: »Wenn das Lego bis 17.30 Uhr komplett weggeräumt ist, dürft ihr danach ›Madagascar‹ gucken.« Und um den Druck zu erhöhen, greift er zum Küchenwecker: »Den stelle ich auf eine halbe Stunde. Wenn's klingelt, müsst ihr fertig sein, sonst gibt's keinen Film.«

Mia und Benjamin stürzen sich mit Feuereifer auf die Steine aus Plastik – und Paul atmet auf. Jetzt kann er in Ruhe die Lasagne zubereiten und hört aus dem Kinderzimmer, wie die Legosteine in die Kisten prasseln. Als Paul zu den Kindern kommt, ist alles schon ordentlich verstaut. »Jetzt ›Madagascar‹! Das hast du versprochen!«, schallt es ihm einstimmig entgegen. So kehrt Ruhe ein: Die Zwillinge sitzen zufrieden auf dem Sofa, um ihren Film zu schauen; Paul hat genug Zeit, die Wohnung zu saugen, Staub zu wischen und die Einkäufe zu verstauen.

»Jetzt müssen wir nur noch die Matratzen holen und die Betten beziehen. Kommt mit!«, wendet sich Paul wieder an die Zwillinge. »Dürfen wir dann zur Belohnung ›Madagascar II‹ gucken?«, kommt sofort die Gegenfrage – und Paul denkt sich: »Leistung wird überall nur erbracht, wenn positive Anreize gesetzt werden. Warum sollte das bei Kindern anders sein?« Doch übertreiben will er diese Management-Technik auch nicht: »Für ›Madagascar II‹ ist keine Zeit mehr. Aber ihr dürft noch eine Folge ›Shaun das Schaf‹ gucken, wenn ihr die Matratzen tragen helft.« – »Aber es sind doch zwei Matratzen, dürfen wir dann zwei Folgen gucken?«, kontert Mia, die so ihr frühes Verhandlungsgeschick unter Beweis stellt. Paul seufzt: »Na gut, in Ordnung, jetzt aber los!«

Der Besuch kommt an, das Essen schmeckt, die Ordnung in der Wohnung wird gelobt. Nachdem der Tisch mit dem Abendessen abgedeckt ist, fällt Paul siedend heiß ein: Der Meerschweinchenkäfig ist dringend zu putzen. Dabei hat immer einer der Zwillinge zu helfen. Wer das machen soll, löst immer große Diskussionen aus. Mia? Benjamin?

Beide Zwillinge können wortreich ausführen, warum der jeweils andere längst wieder an der Reihe ist. Peinlich wäre es, wenn solches Gezeter jetzt ausbräche. Mitten vor den Augen des kritischen Bruders, der »ach so wohlerzogene« Kinder hat. Die Lösung: Paul holt seine Kinder in die Küche und stellt ihnen in Aussicht: »Wer heute den Stall mit mir sauber macht, bekommt eine Extrastunde Playstation am Wochenende« – und schon bricht ein Streit aus, wer den »lukrativen« Job machen darf ...

Wissenschaft und Argumente

Es funktioniert so gut ... Ob Smartphone-Entzug, Fernsehverbot oder Computerspiel-Zwangspause – Drohungen mit einem Medienverbot sind in Familien weit verbreitet, weil sie so gut wirken. Denn: Widerborstige Kinder fügen sich schnell und machen sofort, was Eltern von ihnen wollen. Kurzfristig! Genauso wirksam kann die Aussicht sein, einen Extrafilm zu schauen oder eine zusätzliche Stunde am PC zu verbringen. Der Erfolg solcher Erziehungsmaßnahmen zeigt sich oft sofort, der Schaden spielt häufig im Bewusstsein der Eltern keine Rolle.

TV-Verbote sind jedoch langfristig keine sinnvolle Erziehungsstrategie. Stattdessen könnte ein »Goldstandard« in der Erziehung so aussehen: Die Eltern erklären, was das Kind schon verstehen kann. Sie leben vor, was das Kind nachahmen kann. Das ideale Ergebnis: Strafe und Belohnung werden überflüssig! Im Alltag überfordert dieser Anspruch viele Eltern. Die Lage bleibt verzwickt: Medienverbote als Strafe sind schlecht, aber nicht das Schlechteste, wie zum Beispiel körperliche Züchtigung. Was tun?

Um dieser Frage nachzugehen, starten wir eine kleine Reise durch die Welt der Lernpsychologie: Skinner (1904–1990) war ein amerikanischer Psychologe, der mit seinen Experimenten die Grundlagen des Behaviorimus erarbeitet hat.[54] Er konstruierte einen Käfig (»Skinner-Box«), in dem zum Beispiel eine Ratte einen Hebel drückte, wodurch sie Futter bekam. Durch die Belohnung lernte sie, dass diese Aktivität positive Folgen hat. Das bestärkte sie in ihrem Verhalten, den Hebel oft zu bedienen.

Die Ergebnisse solcher Versuche wurden auf das menschliche Lernen übertragen. Menschen zeigen Verhaltensweisen, die denen von Skinners Ratten ähneln: In unserer Geschichte dient als äußerer Reiz der Film »Madagascar«, der die Kinder zum Aufräumen bewegt.

Immer geht es um die »operante Konditionierung nach Skinner«, wobei das Wort »operant« bedeutet: Der Mensch greift aktiv in ein Geschehen ein, und je öfter er für dieses gewünschte Verhalten belohnt wird, desto größer wird die Wahrscheinlichkeit, dass er sich wieder genauso verhält.

Vor diesem Hintergrund wird verständlich, warum seit Jahrtausenden Kinder belohnt und bestraft werden, um sie zu disziplinieren. Doch das Repertoire der Erziehung ist viel reichhaltiger, zumal der operanten Konditionierung klare Grenzen gesetzt sind.

Der Kognitivismus ist die zweite Station auf unserer Reise durch die Lernpsychologie. Die Kognitivisten entwickelten ganz andere Einsichten in den Lernprozess, als es die Behavioristen vorher für möglich hielten. Das Wort »Einsicht« lässt sich dabei wörtlich verstehen. Denn die Kognitivisten versuchten Einblicke zu gewinnen, wie Prozesse in der menschlichen Psyche ablaufen.

> Der Lernende wird gerade nicht als rein passives, von äußeren Reizen gesteuertes Wesen angesehen, was einen entscheidenden Unterschied zu den Annahmen des Behaviorismus darstellt. Stattdessen stellen kognitive Theorien den lernenden Menschen mit seinen eigenen, individuellen und internen Denk- und Verstehensprozessen in den Vordergrund.[55]

Dabei tritt die intrinsische Motivation neben die extrinsische Motivation. Wie die extrinsische Motivation von außen kommt, so ist die intrinsische Motivation in der Lage, Menschen von innen anzutreiben. Wissenschaftler stellten sich jetzt die entscheidende Frage: Welche Form der Motivation wirkt stärker? Es ist die intrinsische Motivation, die ein Verhalten auslöst, das im Lernprozess den größeren Nutzen bringt. Prof. Udo Rudolph stellt fest, »dass es nicht die intrinsische Motivation an sich ist, die das Lernen fördert, sondern damit einhergehende Verhaltensweisen«.[56] Zum Beispiel, neues Wissen in verschiedenen Situationen einzuüben.

Weiter erklärt Rudolph: Wer Lernfortschritte als Erfolg erlebt, hat höhere »Erfolgserwartungen« an die Zukunft – und vor allem wird er von seiner Fähigkeit überzeugter sein, Ereignisse in der Umwelt durch eigenes Handeln zu kontrollieren. Das nennt Prof. Albert Bandura »Selbstwirksamkeit«. Rudolph: »Eine hohe wahrgenommene Selbstwirksamkeit [...] wird wiederum die intrinsische Motivation des Lernenden stärken, da die Person ja die Ursachen des eigenen Handelns und der resultierenden Handlungsergebnisse in höherem Maße auf sich selbst zurückführt.«

Wer von innen motiviert lernt, erzielt bessere Ergebnisse. Doch die psychologische Forschung hat nicht nur diese Überlegenheit gezeigt. Nein, eine zu starke Motivation von außen kann die intrinsische Motivation sogar zerstören! »Eine Vielzahl von Studien [deutet darauf hin], dass eine bereits vorhandene hohe intrinsische Motivation durch externe Belohnungen (also durch eine Stärkung der extrinsischen Motivation) abgeschwächt oder gar ganz zum Verschwinden gebracht wird«, schreibt Rudolph.

Warum? Anfang der 1970er-Jahre führten Wissenschaftler ein Feldexperiment durch, um diese Frage zu beantworten.[57] Sie arbeiteten mit malfreudigen Kindern zwischen 3 und 5 Jahren. In Gruppe 1 sollten die Kinder weiterhin malen wie bisher – ohne Belohnung. In Gruppe 2 wurde den Kindern eine Belohnung versprochen und auch ausgehändigt, wenn sie wieder malen würden.

Ein paar Tage nach dieser Intervention ließen die Forscher die Kinder wieder malen, boten ihnen aber auch Alternativen zum Spielen an. Dabei ermittelten sie, wie wahrscheinlich die Kinder der zwei Gruppen erneut zu den Malsachen griffen. Das Resultat: Gruppe 1 zeigte weiter eine intrinsische Motivation zum Malen, ganz ohne Belohnung. In der zuvor belohnten Gruppe ging das Interesse am Malen signifikant zurück. »Dieser Effekt wird auch als ›korrumpierende Wirkung extrinsischer Motivation‹ bezeichnet«, erklärt Rudolph dieses Phänomen.

Zu viel Belohnungen entwerten auch ihre positive Wirkung: Wenn es für alltägliche Aufgaben kleine Geschenke gibt, kann sich beim Nachwuchs eine Konsumhaltung einstellen. »Was bekomme ich dafür?« wird dann zur Dauerfrage. Genauso wie in unserer kleinen Geschichte, in der Vater Paul den Zwillingen den Film »Madagascar« anbietet – als Anreiz für Mithilfe im Haushalt.

Stichwort »Madagascar«: Viele Eltern wollen den Medienkonsum ihrer Kinder reduzieren (siehe auch Kapitel 10, »Ideale Lösung« und »Weitere Lösungen«). Wenn sie aber Medien zur Belohnung oder Bestrafung nutzen, erreichen sie das Gegenteil. Beispiel Fernsehverbot: Der TV-Konsum steht in keinem Zusammenhang mit der eigentlichen Ursache, etwa dem nicht aufgeräumten Zimmer. Und: Durch ein Verbot wird der Wert des Fernsehens noch gesteigert, das Interesse der Kinder am Fernsehen nimmt zu.

Auf welche Abwege TV-Verbote führen, zeigt auch ein Blick auf das gut erforschte Feld der Essstörungen. Für sie gibt es mehr empirische Daten als zur Mediensucht, und es scheint plausibel zu sein, analoge Schlussfolgerungen zu ziehen. Ein Ausgangspunkt könnten positive oder negative Sanktionen der Eltern sein, die im Zusammenhang mit Essen stehen. Ein paar Beispiele: »Wenn ihr brav sitzen bleibt und keinen Lärm macht, bekommt ihr auch ein großes Stück Kuchen.« – »Jetzt iss endlich etwas vom Rosenkohl. Nur dann bekommst du deinen Nachtisch.« – »Wenn du nicht aufräumst, gibt es heute keine Cola!« Was geschieht in Kinderseelen, wenn sie bei Tisch solche Erfahrungen sammeln? Das beschreibt der Mediziner und Ernährungspsychologe Thomas Ellrott, Leiter des »Instituts für Ernährungspsychologie« (Universität Göttingen):

Essen als Belohnung oder Bestrafung einzusetzen, ist eine fatale Strategie. Denn es werden damit genau die falschen Signale gesendet. Essen wird von den Innenreizen Hunger und Sättigung entkoppelt, die natürliche Regulation wird gestört.[58]

Das Essen wird zum Instrument, mit dem Eltern strafen oder belohnen. Die Folge: Kinder entwickeln ein gestörtes Verhältnis zu Lebensmitteln, weil sie zum Beispiel lernen, schwierige Situationen durch Essen zu bewältigen (Trost durch Süßigkeiten). Sie verinnerlichen diese fragwürdige Strategie der Eltern – und greifen darauf zurück, wenn sie älter geworden sind. Eine ähnliche Fehlkoppelung ist zu befürchten, wenn Eltern Medien instrumentalisieren, um Kinder zu belohnen oder zu bestrafen. So entsteht eine falsche Wahrnehmung der Welt. TV und Co. bekommen für die Kinder eine Bedeutung, die entkoppelt ist von sinnvollen Funktionen: einen Film anschauen, weil mich der Inhalt interessiert, an den PC zu gehen, um eine Konzertkarte zu buchen, etc. Die natürliche Regulation wird gestört, weil Kinder assoziieren: »Bildschirm gleich Belohnung.«
Im schlimmsten Fall führt das dazu, dass sie sich immer mit einem »virtuellen Kick« ablenken wollen – und »sich etwas Gutes tun«, wenn im realen Leben gerade etwas schiefläuft (Eskapismus). Dies öffnet einem künftigen Suchtverhalten Tür und Tor (siehe auch Kapitel 9, »Wissenschaft und Argumente«).
Gibt es Alternativen? Lässt sich am Ende der Reise doch ein sicherer Hafen erreichen? Der Familientherapeut Jesper Juul zeigt uns im *ZEITmagazin* einen möglichen Kurs:

> Wenn Eltern bewusst erziehen, macht das sowieso kaum einen Eindruck auf Kinder – und wenn, dann einen schlechten. Die Erlebnisse machen Eindruck: wie Eltern miteinander umgehen, mit dem Kind, aber auch mit den Nachbarn, mit ihren eigenen Eltern, wie sie essen, wie sie einander lieben.

Diese Aussage knüpft an den bekannten Sachverhalt an: Kinder lernen durch Nachahmung! Prof. Albert Bandura nannte es auch »Modelllernen«: »Durch das Lernen am Modell ist der Mensch in der Lage, sich auch komplexe soziale Handlungen anzueignen.« Es finde statt, »wenn ein Individuum als Folge der Beobachtung des Verhaltens anderer Individuen sowie der darauffolgenden Konsequenzen sich neue Verhaltensweisen aneignet«.

Heißt das, Eltern müssen immer und überall in die Rolle des Vorbildes schlüpfen? Nein, sie müssen nicht auf ein Glas Wein beim »Tatort« verzichten … denn da liegen viele kleine Kinder längst im Bett (vgl. Kapitel 12).

Ideale Lösung

Paul ruft sich noch einmal seine Herkulesaufgaben in Erinnerung: aufräumen, Lasagne kochen, staubsaugen, putzen, Legos wegpacken, Matratzen hinpacken, Betten beziehen – alles, bevor der Besuch kommt … und während die Kinder herumwuseln. Das kann nicht klappen! Also macht er ein Fenster auf und atmet kurz durch: »Warum ist es so leicht für mich«, denkt er, »anderen Menschen zu zeigen, wie sie ihr Leben entstressen?« Sein Job ist es schließlich, ein betriebliches Gesundheitsmanagement einzuführen. Er selbst schafft es kaum, sich an die eigenen Ratschläge zu halten. Gerade heute früh hatte er einem Manager geraten: »Wenn du keine Zeit zu haben glaubst, nimm dir Zeit!«

So entscheidet Paul nach drei tiefen Atemzügen: Es reicht völlig aus, Spaghetti mit Gemüsesoße zu kochen, statt die aufwendige Lasagne zuzubereiten. Das spart mindestens eine halbe Stunde. Die Betten kann er in Anwesenheit der Gäste beziehen, falls die Zeit knapp wird. Auch auf die Gefahr hin, dass der Bruder ihn »Chaos-Paul« nennt. Da steht er doch mit seinen 42 Jahren längst drüber. Und: Statt die Wohnung auf Hochglanz zu bringen, ist es wirklich ausreichend, alle Räume kurz durchzusaugen.

Paul macht sich auf den Weg ins Kinderzimmer: »Mia, Benjamin, wir räumen jetzt zusammen die Legos auf.« – »Aber nur, wenn wir nachher ›Madagascar‹ gucken dürfen«, antwortet Mia. Das gefällt ihrem Vater überhaupt nicht: »Setzt euch mal kurz mit aufs Sofa! Zwei wichtige Sachen will ich euch erklären.« Die Kinder setzen sich, und Paul beginnt: »Erstens: Wir räumen immer samstags die Wohnung auf und putzen. Manchmal gucken wir dann am Nachmittag einen schönen Film. Manchmal gehen wir aber ins Schwimmbad, oder wir schauen am Sonntag einen Film. Es gibt auch Wochenenden, an denen wir gar nicht vor dem Fernseher sitzen. Um es klar zu sagen: Der Film ist nicht als Belohnung fürs Aufräumen gedacht!«
Mia und Benjamin machen große Augen – und ihr Vater fährt fort: »Zweitens: Warum räumen wir auf? Weil wir's gerne gemütlich haben und Platz brauchen, um neue Sachen zu spielen. Heute müssen die Legosteine weg! Wo sollen sonst die Matratzen für eure Cousins hin?« – »Na, aufs Lego drauf!«, meint Benjamin lachend. »Dann ist es wie bei der Prinzessin auf der Erbse, und sie können nachts nicht schlafen«, kichert Mia. Paul stimmt in das Gekicher ein, wird aber schnell wieder ernst: »Seit Wochen freut ihr euch auf eure Cousins. Wir packen jetzt zusammen an, und beim Beziehen der Betten können später die Cousins helfen, wenn sie da sind.« Paul fängt an, die ersten Legosteine aufzulesen und in einem hohen Bogen in die Kiste zu werfen. »Treffer!«, ruft er laut – und Benjamin kann nicht widerstehen, sich an dem Wurfwettbewerb zu beteiligen. Bald ist auch Mia mit von der Partie, wobei die Kinder kaum merken, wie Paul das Zimmer verlässt, um die Küche aufzuräumen und die Wohnung auf Vordermann zu bringen. Schließlich helfen die Kinder, die Matratzen in ihr Zimmer zu schleifen.

Plötzlich fallen Paul die Meerschweinchen ein: »Kinder, wer ist heute dran, mir beim Stall zu helfen?« – »Die Mia ist dran!« –»Nein, der Benjamin ist dran!« Bevor es ewig so weitergeht, entscheidet Paul: »Ruhe jetzt! Den Stall putze ich. Das nächste Mal macht aber wieder einer von euch mit! Deckt ihr bitte schon einmal den Tisch. In einer Viertelstunde kommt der Besuch.«

»Wie gut«, denkt sich Paul, »dass die Zwillinge von klein auf im Haushalt mitgeholfen haben.« Sie decken zwar nicht gerne den Tisch, aber durch die tägliche Übung ist das zu einer guten Gewohnheit geworden. Da gibt es keine nervigen Diskussionen. Manche Tätigkeit macht den Kindern sogar wirklich Freude. So schält Mia begeistert Kartoffeln. Als sie jünger war, musste sie rechtzeitig gebremst werden, damit sich die Kartoffeln nicht in Luft auflösten. Benjamin ist eher »technikaffin«: Er schlägt gerne Sahne mit dem Rührgerät und schwingt mit großer Begeisterung den Staubsauger. Während so Paul pädagogischen Gedanken nachhängt, hat er bereits den Stall mit Stroh und Streu ausgelegt. Da klingelt es an der Tür …

Weitere Lösungen

Nicht jeder Vater gibt Kurse in betrieblichem Gesundheitsmanagement und hat Zwillinge, die von klein auf gewohnt sind, den Tisch zu decken. Auch kann nicht jeder Mensch Stress abbauen, indem er auf Verzichtbares verzichtet: Spaghetti statt Lasagne. Schön wär's. In vielen Familien geht es mehr darum, ob überhaupt ein warmes Essen auf den Tisch kommt. Überall nehmen die Belastungen im Job zu. Da knarrt es kräftig im Gebälk, und viele Eltern kämpfen mit den Widrigkeiten des Alltags. Trotzdem gibt es viele gute Erfahrungen, wenn Familien kreativ mit dem Thema »Belohnung/Strafe« umgehen.

Radikalkur: Es ist nicht leicht, auf Belohnungen mit TV und Co. zu verzichten oder Bestrafungen durch Medienentzug einzustellen, wenn dieses Verhalten eingerissen ist. Aber es geht, zum Beispiel mit einer Radikalkur: Drei Wochen ohne Fernsehen für die ganze Familie. Dann ist es logisch, dass Fernsehen weder als Strafe noch als Belohnung funktioniert. Eine Familie mit drei Kindern sammelte damit gute Erfahrungen. Allerdings hatte sie sich entschieden, das Experiment in den Sommerferien zu wagen. So blieben den Eltern genug Zeit und Nerven, um die neue Situation gut zu gestalten.

Müsliriegel: Manchmal kommen Eltern nicht daran vorbei, ihre Kinder für ein bestimmtes Verhalten zu belohnen. Dabei kann eine Extrafolge der Lieblings-Hörkassette völlig ausreichen – das Kind bekommt quasi einen Müsliriegel statt eines zuckrigen Bonbons.

Zusammenhang: Nicht jede Belohnung ist schlecht, wenn ein Kausalzusammenhang besteht. Etwas Schönes wird möglich, nachdem ein Kind gewisse Mühen auf sich genommen hat. Außerdem gehören Handlung und Belohnung zusammen! Beispiel: »Weil ihr mir so fleißig bei der großen Wäsche geholfen habt, haben wir jetzt noch Zeit, zusammen ins Schwimmbad zu fahren.«

Feuer mit Feuer bekämpfen: Manche Mutter hat ihr Kind schon zum Nachdenken gebracht, indem sie sein Verhalten einfach nachahmte – und zwar extrem übertrieben. Beispiel: Die Tochter will den Müll nur hinunterbringen, wenn sie danach einen Film gucken darf. Darauf sagt die Mutter: »Ich koche heute nur, wenn ich am Abend zwei Stunden fernsehen darf.« Außerdem würde sie die Tochter erst zur Flötenstunde fahren, wenn sie dafür fünf Euro bekäme. Sobald Eltern mit ihren Kindern über diese »Erpressungsversuche« lachen, ist die Idee oft vom Tisch. Achtung: Diese Strategie empfiehlt sich nicht für Kinder unter 9 Jahren. Da kann der Schuss leicht nach hinten losgehen: Das Kind versteht keine Ironie – und der Nachahmungseffekt verschärft das ursprüngliche Problem.

Stimmiges Verhalten: Konsequentes Handeln und Wertschätzung sind etwas anderes als Strafe und Belohnung. Beispiel: Ein Jugendlicher hat am Tag zuvor den Fernseher nicht nach dem Ende der Serie ausgeschaltet, sondern sitzt zwei Stunden später immer noch vor der Flimmerkiste – trotz einer gegenteiligen Absprache mit den Eltern. Dann ist es eine stimmige Konsequenz, dass er heute die Serie nicht sehen darf. Ein Kind räumt sein Zimmer besonders schön auf. Stellt der Vater einen Blumenstrauß auf den Nachttisch, erlebt kaum ein Kind das als extrinsische Motivation, sondern als Würdigung mit der Botschaft: »Es freut mich, dass dir die Schönheit deines Zimmers wichtig ist.«

6. Kampf am Kühlregal

Wie Marketing geschickt die Schwächen unserer Kinder ausbeutet

Gesangseinlage im Supermarkt

Berenike und ihr 7-jähriger Bruder Valentin haben immer viel Spaß, wenn sie ein Wochenende bei den Großeltern verbringen: Oft geht es in den Zoo, wo Elefanten, Giraffen oder Bären zu bestaunen sind. »Bei Oma und Opa ist es sooooo schön«, erzählen die Kinder immer wieder. Keiner muss helfen, den Tisch zu decken oder den Müll rauszubringen. Ins Bett pünktlich um 19.30 Uhr? Das sehen die Großeltern deutlich lockerer, wie so vieles im Leben: Zu Hause gibt's kein Fernsehen für Valentin und Berenike, der Computer steht im Arbeitszimmer – und die Eltern schalten über Nacht ihre Smartphones aus. Ganz anders bei den Großeltern: Die schauen häufiger mal mit den Enkeln Kinderfilme. Immer wieder taucht Werbung auf, was ganz normal ist, wie die Großeltern finden. Auf den Smartphones dürfen die Kinder ab und zu lustige Spiele spielen.

Heute flimmert ein witziger Pudding-Spot über den Bildschirm, am Wochenende ist er ein paarmal zu sehen. Immer dieselbe Melodie, immer dieselbe gescheckte Kuh, immer derselbe Text: »Paula, die hat Flecken, die immer anders schmecken. Vanillegelb, schokobraun, haselnuss, man glaubt es kaum.« Dazu ein Rap-Rhythmus, der die Geschwister begeistert – bald singen sie voller Freude mit. Und als die Eltern ihre Kinder am Sonntagabend abholen, summen sie beide noch die Melodie aus dem Werbespot – ein echter Ohrwurm!

Szenenwechsel: Vater Matthias schiebt seinen Einkaufswagen

durch den Supermarkt, an der freien Hand Berenike. Der Weg führt vom Gemüse zum Kühlregal, wo Joghurt, Butter und Pudding auf ihre Käufer warten. Plötzlich überrascht Berenike ihren Vater mit einer Gesangseinlage: »Paula, die hat Flecken …« Der Vater freut sich, dass seine Tochter so schön singt … Dann merkt er, wie Berenike wie festgenagelt vor dem Kühlregal stehen bleibt. Wieder hört er sie das Lied anstimmen: »Paula, die hat Flecken, die immer anders schmecken …« Dabei zeigt das Kind auf eine bunte Verpackung, von der eine Comic-Kuh freundlich grüßt. »Paula« heißt der Pudding von Dr. Oetker, den viele Familien kennen.

Vater Matthias ist in Eile: »Berenike, das ist ein Werbesong. Der soll dich überreden, den Pudding zu kaufen. Auf solche Tricks der Werbeindustrie darfst du nicht reinfallen.« Statt zu antworten, fängt die Tochter wieder an zu singen, diesmal in Konzertlautstärke: »PAULA, DIE HAT FLECKEN!« – »Hör doch mal zu, Berenike …«, versucht es Matthias noch einmal … »DIE IMMER ANDERS SCHMECKEN!!«, dreht Berenike weiter auf. Schon blicken zwei Kunden genervt von ihren Einkaufslisten hoch … »VANILLEGELB! SCHOKO-BRAUN!!!« Zwei ältere Damen biegen um eine Regalecke, zeigen auf Berenike, und eine verkündet laut: »Unglaublich, was die Eltern von heute ihren Kinder so alles durchgehen lassen …« – »HASELNUSS, MAN GLAUBT ES KAUM!!!!« Wird Matthias den Pudding in den Einkaufswagen werfen?

TINA-Lösung: Wie es alle machen (sollen)

Wer kennt sie nicht, diese dramatischen Szenen im Supermarkt? Da rettet es den Familienfrieden, rasch dem drängenden Wunsch der Kinder nachzugeben. Warum sollte Berenikes Papa einen Riesenkrach riskieren? Wegen eines kleinen Puddings? Alles unter dem kritischen Blick anderer Kunden – verbunden mit dem sicheren Gefühl, in der Erziehung versagt zu haben. Es ist völlig verständlich, dass er nachgibt.

Hinzu kommt: Es ist sinnvoll, demokratisch auszuhandeln, was jeder in der Familie kaufen möchte. Wer ein schreiendes Kind auf dem Arm wegträgt, setzt sich dem Verdacht aus, keine demokratische Erziehungskultur zu pflegen. So hat Matthias gerade in einem Erziehungsratgeber gelesen: Eine demokratische Kultur auf Augenhöhe ist notwendig, damit Kinder zu mündigen Bürgern heranwachsen. Noch ein Gedanke kommt dem Vater in den Sinn: »Berenike hat so schön gesungen und kein Geschrei gemacht. Das will ich lieber belohnen als bestrafen.« Die neu erwachte Freude am Singen würde sonst im Keim erstickt. Eine frühe musikalische Erziehung ist doch so wichtig ... Ganz schnell landet der Pudding im Einkaufswagen. Alle freuen sich: Berenike bekommt ihren Pudding. Die alten Damen haben ihre Ruhe. Matthias hat die Musikalität seiner Tochter gefördert. Und am meisten freut sich der Werbefachmann, dem dieser geniale Song geglückt ist.

Testen Sie Ihre Werbekompetenz!

Was ist Werbung, was nicht? Hinter welchen dieser Botschaften steckt eine Marketingabsicht?

○ **A:** Toggolino Club – ein innovatives Lern- und Spieleportal für Kinder im Alter von 3 bis 7 Jahren. Über 100 Spiele, 40 davon auch auf Tablet oder Smartphone nutzbar. Ohne Lesekenntnisse spielbar!

○ **B:** Tiefsee-Oktolabor – soziale und ökologische Fähigkeiten schulen durch ausgiebige Entdeckungstouren und Hilfeaktionen in den Tiefen der Meere.

○ **C:** Hörspiele mit Oktonauten – die kleinen Helden retten Tiere in Not und werden so zum Vorbild für die kleinen Hörer.

○ **D**: Frühstücksbrettchen – für einen gesunden Start in den Tag mit Oktonauten-Abbildung, um Kinder zu motivieren.

○ **E**: »Kinderzeit AKTIV« – »Fachmagazin« für Pädagogen in Kindergarten und Grundschule. Mit vielen Malvorlagen (u. a. Oktonauten) für den direkten Einsatz in Kita und Schule.

Bitte ankreuzen. Die Auflösung finden Sie am Ende des Kapitels.

Wissenschaft und Argumente

Harte Zahlen[59]: 6- bis 13-jährige Kinder in Deutschland verfügten 2013 über fünf Milliarden Euro. Die gewaltige Summe verteilte sich auf diese Quellen:

- regelmäßige Geldzuflüsse (z. B. Taschengeld): 1,9 Milliarden Euro
- Geldgeschenke (z. B. Weihnachten, Ostern): 0,8 Milliarden Euro
- Sparguthaben auf der Bank: 2,3 Milliarden Euro

Selbst 4- bis 5-Jährige kamen auf eine Gesamtsumme von 0,7 Milliarden Euro. Um an dieses Geld heranzukommen, werden zuerst Millionen in die Fernsehwerbung investiert: Der Kindersender *SUPER RTL* erzielte 2016 Bruttowerbeeinnahmen von ca. 300 Millionen Euro, wobei rund 80 Prozent auf Werbung und 20 Prozent auf Merchandising entfielen. *SUPER RTL* wurde mit einem Anteil von 20,6 Prozent Marktführer im Segment Kinderfernsehen – knapp vor dem öffentlich-rechtlichen Kanal *KiKA* mit 19,7 Prozent.[60] Außerdem erwirtschaftete der Sender eine traumhafte Rendite: 20 bis 25 Prozent! Das *Handelsblatt* stellt dazu fest: »Die Werbeeinnahmen sprudeln bei Super RTL mehr denn je.«[61]

Da klingt unsere Geschichte zur Kuh »Paula« nicht mehr harmlos, zumal sie nur ein kleines Rädchen aus einer großen

Maschinerie ist, um Kinder zu manipulieren. Denn die Comic-figur wird als medialer Köder ausgeworfen, damit ihn gerade Kinder leicht schlucken. Ohne zu ahnen, dass sie einer raffi-nierten Werbestrategie zum Opfer fallen.

Wer das alles durchschauen will, erfährt von Marketingexper-ten, wie sie Familien ins Visier nehmen. Die Techniken werden in aller Offenheit diskutiert, z.B. 2011 auf der Fachtagung »Kinderwelten«, gemeinsam organisiert vom Vermarkter IP Deutschland und *SUPER RTL*. Ziel der Tagung: »IP und *SUPER RTL* forschen intensiv, damit ihre Werbung die beste Wir-kung erzielen kann.«[62] Die Experten geben also Ratschläge zu den besten Methoden, um Kinder zu manipulieren, deren kriti-scher Verstand noch nicht ausgebildet ist.

Genau das ist der Fall beim Pudding »Paula« von Dr. Oetker: Experten haben dem Kuh-Maskottchen im Begleitheft einen ganzen Beitrag gewidmet: »*Pester Power* – TV-Wirkungen am *Point of Sale*«.[63] Grundlage ist eine Studie zu der Frage, wie Werbung bei Kindern am besten wirkt. Dazu klären wir erst einmal zwei Begriffe:

Pester Power: Das englische Verb *to pester* lässt sich mit »unter Druck setzen, bedrängen« übersetzen. Pester Power ist also die Fähigkeit, andere Menschen unter Druck setzen zu können.

Point of Sale: Das ist der englische Marketingbegriff für den Ort, an dem Produkte angeboten und verkauft werden, zum Beispiel ein Kühlregal mit Milchprodukten.

Wie sich maximale *Pester Power* am *Point of Sale* erreichen lässt, beschrieben die Werbeexperten am Beispiel des Pud-ding-Werbespots im Fernsehen: »Für Paula wird eine aus kind-licher Sicht coole, moderne Lebenswelt inszeniert, in der Ele-mente der Rapkultur aufgegriffen werden«, so die Fachleute. Sie empfehlen weitere Bausteine, »die von Kindern in erwünschten Formen wiedergegeben werden können, zum Beispiel Gesang, Reim, Humor«.

Dann folgt der etwas rätselhafte Satz: »Aktivierung ist der Schlüssel zum positiven Pestern.« Denn für Werbeagenturen gibt es ein zentrales Problem: Wie lässt sich eine Brücke schlagen vom Anschauen eines Fernsehspots bis zur Kaufentscheidung, die erst einige Tage später kommen kann? Die Lösung: »Mit positiver, kindgerechter Aktivierung im Spot wird den Kindern ein Repertoire an Handlungen mitgegeben, auf das sie im Laden zurückgreifen können.« Der Rap als »Ohrwurm« dient also der »Aktivierung«, weil die kleinen Zuschauer Melodie und Text leicht erfassen und auswendig lernen. Dann entfaltet sich am Kühlregal die volle Pester Power.

Die Werber unterscheiden zwei Varianten, von denen Berenike die zweite gewählt hat.

Negative Pester Power: »Quengeln und nerven« (Produkte selbstständig in den Wagen legen, stur vor dem Regal stehen bleiben, betteln, nörgeln, jammern, eingeschnappt sein, erpressen), »Terror« (weinen, sich auf den Boden werfen, schreien, bis der Kopf rot anläuft).

Positive Pester Power: »Charming« (spontane Liebeserklärungen, liebevoll bestechen, ankuscheln, bezirzen) oder »intellektuell« (diskutieren, argumentieren, verhandeln, Eltern gegeneinander ausspielen).

Diese *Pester Power* hat es in sich, wie bereits die Marketingexpertin Lucy Hughes in einem Film berichtet[64]: Ein Viertel aller Besuche in Freizeitparks wären nicht erfolgt, wenn die Kinder nicht auf den Nörgelfaktor gesetzt hätten. Nörgeln wirkt enorm verkaufsfördernd! Dabei unterscheiden die Werber mehrere Gruppen von Eltern, unter anderen die »Konfliktbelasteten«: Sie sind in vielen Fällen alleinerziehend oder geschieden und empfinden oft starke Schuldgefühle gegenüber ihren Kindern. Diese Gefühle sind das strategische Ziel der Werber, wenn sie die Kinder per TV-Spot als »Nörgler« instrumentalisieren. Eine perfide Vorgehensweise? Dazu Hughes: »Is it ethical? I'm just doing my job.«

Und wie reagieren Kinder, wenn die Werber »einfach nur ihren Job machen«? Gefragt wurden in der Pudding-Studie 956 Kinder: »Hast du schon einmal – alleine oder mit deinen Freunden – Dinge nachgemacht, die du in so einem Werbefilm gesehen hast?« Bei den 6- bis 7-Jährigen hatten 41 Prozent das Lied von Paula gesungen. Auch in höheren Altersgruppen entwickelt sich positive *Pester Power:* »Selbst ein Viertel der 11- und 12-Jährigen singt noch den Paula-Song vor dem Kühlregal, wenn dies hilft, den Fleckenpudding in den Einkaufswagen zu befördern«, so die Autoren der Studie.

Götz Hamann schreibt dazu in der *ZEIT:* »Also geben [die Werber] Milliarden Euro aus, um sich im kindlichen Bewusstsein festzusetzen – wer Böses denkt, könnte es Verführung Minderjähriger und kollektiven Geschmacksdrill nennen.«[65]

Das bezeichnet die Werbewirtschaft heute als »Markentreue«. Wer als Kind bereits auf bestimmte Marken »gedrillt« wird, kauft sie ein Leben lang. Bleibt nur die Entscheidung: Abschalten! Kinder gehören nicht vor Fernsehgeräte. Aus zwei einfachen Gründen:

1. Das Medium selbst ist nicht für Kinder geeignet, weil es wertvolle Lebenszeit stiehlt und kindliche Gehirne überfordern kann (siehe Kapitel 1).
2. Neben fragwürdigen Inhalten übt auch das Werbefernsehen einen schädlichen Einfluss aus, weil es wehrlose Menschen in seinen Bann zieht, um kommerzielle Ziele durchzusetzen.

Das sieht natürlich der Verband Privater Rundfunk und Tele-kommunikation (VPRT) ganz anders: »Weil Werbung allge-genwärtig ist, lässt sie sich nicht durch Werbeverbote in einzel-nen Medien aus dem Alltag der Kinder ausblenden.« Viel effizienter sei es, »Kinder frühzeitig über Sinn und Zweck der Werbung aufzuklären.« Der Verband fordert, »neue Wege zum frühestmöglichen Aufbau von Medien- und Werbekompetenz bei Kindern zu erschließen«.[66]

Medien- und Werbekompetenz für 3- bis 5-Jährige? Dieser Forderung stellen Roland Rosenstock und Burkhard Fuhs den Stand der Forschung gegenüber, wie er bei dieser Altersgruppe zu finden ist[67]:

1. Unterscheidung von Inhalt und Werbung: »Unterscheidung zwischen Spot und Programm wird nicht oder nur mit Hilfe erkannt; die Bezeichnung ›Werbung‹ spielt keine Rolle.« Absicht, Ziel: »Intention wird nicht erfasst: Kinder wissen nicht, wer Werbung in Auftrag gibt, tragen aber Konsum-wünsche an Eltern heran, versuchen den Kauf zu beeinflus-sen; vergleichen sich mit anderen Kindern; Lieblingsfiguren entscheidend.«
2. Glaubwürdigkeit: »Keine Einschätzung von Glaubwürdig-keit; Kaufwünsche sind deutlich werbegeprägt.«

Mit steigendem Alter wächst die Distanz zur TV-Werbung, aber auch über die 11- bis 12-Jährigen heißt es in dem Text: »Intention wird verstanden; Kinder sehen sich selbst als Adres-saten; Gruppe hält sich aber für immun, unterschätzt Einfluss auf eigene Kaufentscheidung.« Doch diese Haltung erinnert an den Wettlauf zwischen Hase und Igel: Glaubt der Hase, als Ers-ter durchs Ziel zu gehen, schlägt ihn doch der Igel mit seinen Tricks. Was die Resistenz gegen Werbung zusätzlich erschwert:

»Durch die crossmediale Vermarktung von Erfolgsserien und Marken fällt es Kindern (und Erwachsenen) immer schwerer, Werbung zu erkennen. Werbung ist immer weniger von anderen Kommunikationsformen zu unterscheiden«, so Rosenstock und Fuhs. Alles ist Werbung!

Stichwort crossmediale Vermarktung: Eine Werbebotschaft wird auf verschiedenen Kanälen in Umlauf gebracht, die sich gegenseitig stützen und verstärken. Welche zentrale Rolle dabei digitale Medien spielen, wird deutlich, wenn wir den Spuren der Kinderserie »Oktonauten« Schritt für Schritt folgen[68]:

1. **Fernsehen:** Die Serie läuft seit Herbst 2011 bei *SUPER RTL*. Eisbär Käpt'n Barnius, Kater Kwasi, Pinguin Peso & Co. erleben Abenteuer im Ozean.

2. **Smartphone/Tablet:** Apple iTunes verkauft die Serie für Smartphones und Tablets, zum Beispiel »Die Oktonauten und der verirrte Seestern« für 5,99 Euro. Ideal für lange Autofahrten …

3. **Fernsehen:** Das Stierjunge Toggolino tritt auf, ein Maskottchen für die *SUPER RTL*-Vorschulwelt.

4. **Internet:** Auf dem Spieleportal toggolino.de tauchen die »Oktonauten« auch auf – mit einem Querverweis auf ihren Sendeplatz in der *SUPER RTL*-Vorschulwelt.

5. **Print:** Nach TV, Computer und Smartphone sind die »Oktonauten« nun auch Teil der Zeitschrift *Toggolino* von *SUPER RTL*.

6. **Gimmick:** Als Beigabe zur Zeitschrift erhält man eine Klickkamera made in China und ein Lizenzprodukt von *SUPER RTL*. Durch einen Pseudo-Sucher können Fans der »Oktonauten« so lange klicken, bis unscharf ein Bild ihrer Helden auftaucht.

7. **Onlineshop:** Wer bei Amazon.de »Oktonauten« als Suchbegriff eingibt, bekommt 1272 Produktvorschläge: Oktonau-

ten Guppy-A Einsatzboote, Lernwecker, Brettchen fürs Frühstück, Tiefsee-Oktolabore, Kuschelkissen, Trinkflaschen, DVDs, Brotdosen, Leselampen …

Das alles läuft auf ein modernes »Content-Marketing« hinaus, das Markus Mattscheck in dieser Weise definiert[69]:

> Content-Marketing bezeichnet eine Kommunikationsstrategie, um mittels nutzwertiger, aber nicht werblicher Informationen die Bekanntheit bei der gewünschten Zielgruppe zu steigern, das Image zu verbessern oder neue Kunden zu gewinnen. Dabei soll der potenzielle Kunde nicht gleich zum Kauf eines Produktes gedrängt werden. (…)

Doch damit nicht genug: Werbeagenturen schicken trojanische Pferde los – etwa in Kindergärten. Fallbeispiel: die Agentur KB&B, die nach eigenen Worten Kinder- und Familienmarketing betreibt. Auf ihrer Website machten die Werber bis vor Kurzem kein Geheimnis aus ihrer Vorgehensweise – ein Zeichen, wie selbstverständlich es geworden ist, Wege der Kindermanipulation zu gehen.
Diese Agentur arbeitet auch für *SUPER RTL,* auf ihrer alten Website hieß es: »On top und direkt in der Zielgruppe: Durch die exklusiven Zugänge von KB&B in KinderzeitAKTIV steigerte die Spezialagentur die Bekanntheit der Charaktere bei über 39.000 Kindern.« KinderzeitAKTIV heißt eine Rubrik in der Zeitschrift *Kinderzeit* (www.kinderzeit.de), die sich passend zur Serie »Die Oktonauten« als U-Boot bezeichnen ließe. Motive der Kinderserie lassen sich als Malvorlage im PDF-Format runterladen. So begegnen die Kleinen ihren »Fernsehstars« auch im Kindergarten, wenn Erzieher diesen »selbstlosen« Service nutzen. Die Werber schreiben klipp und klar, dass sie die »awarness« der Kinder für die »Oktonauten« steigern wol-

len – ein Angriff auf das »Bewusstsein« von kleinen Menschen, die sich nicht wehren können. Denn: »Awarness« bedeutet auf Englisch »Bewusstsein«. Doch einem Relaunch der Website sind alle Hinweise zum Opfer gefallen, die Einblicke in die Arbeitsweise der Agentur geben. Zu viel Offenheit schadet wohl dem Geschäft …

Es wird immer deutlicher: Die Frage hat sich erledigt, ob Kinder (und Erwachsene!) in der Lage sind, Werbung zu identifizieren. Alle Grenzen werden bewusst aufgeweicht, wie unsere Beispiele zeigen. Durch ein crossmediales Marketing, das Erwachsene kaum durchschauen und Kinder in ein Netz der Manipulation einspinnt. Daher muss die erste Reaktion der Eltern sein, ihre Kinder vor dieser negativen Beeinflussung zu bewahren. Doch auf Dauer reicht reiner Schutz nicht aus. Mit steigendem Alter brauchen die Kinder Anregungen, um Teile der Werbemaschine immer besser zu hinterfragen.

Ideale Lösung

Zurück ans Kühlregal im Supermarkt: Natürlich freut sich Matthias über den spontanen Gesang seiner Tochter. »Das hört sich gut an«, lobt er Berenike, »du kannst wirklich schön singen.« – »Kriege ich jetzt Paula?«, fragt die 5-Jährige schelmisch zurück und lächelt zuckersüß. Da schaut sich Matthias die Puddingpackung näher an: 125 Gramm enthalten 17,6 Gramm Zucker. Schnell noch ein Check übers Smartphone, eine bildhafte Erklärung findet Matthias bei der österreichischen Zeitschrift Konsument[70] : »Das bedeutet, dass mit einem Becher Pudding rund sechs Stück Würfelzucker mitgefuttert werden!« Weiter heißt es auf der Website: »Für eine gesunde Zwischenmahlzeit oder Pause ist der Zuckergehalt (…) viel zu hoch.« »Oje«, denkt der Vater, »wie komme ich aus dieser Nummer wieder raus?« Er entscheidet sich für klare Kante: »Berenike, den Pudding kaufe ich nicht, der ist teuer und schlecht für die Zähne. Ende der Diskussion.« Schon verfinstert sich die Miene der Tochter. »Will aber Flecken, die immer anders schmecken!«, stößt sie trotzig hervor. »Also gut, Berenike! Wie schmecken diese Flecken?« – »Vanillegelb, schokobraun, haselnuss, man glaubt es kaum«, singt die Tochter erneut vor. »Gut«, antwortet der Vater, »dann kochen wir zu Hause einen Riesen-Fleckenpudding für uns alle!« Schnell sammelt er Zutaten wie Milch und Puddingpulver mit dem Geschmack von Schokolade und Vanille zusammen. »Geht statt Haselnuss auch Karamell?«, fragt er Berenike. »Diese Sorte ist auch hellbraun.« Kein Problem für die Tochter, die völlig überrascht ist.

Schon im Auto fangen die beiden an zu singen, genauso wie später beim Puddingkochen: »Unser Pudding, der hat Flecken, die immer anders schmecken! Vanillegelb, schokobraun, karamell, man glaubt es kaum!« Kurze Zeit später hilft Berenike ihrem Vater, mit einem Löffel die Schoko- und Karamellflecken auf dem Vanillepudding zu verteilen. Sie ist glücklich, denn der Pudding schmeckt! Auch wenn der Zuckergehalt nur halb so hoch ist wie beim Paula-Pudding. Schon ist der Streit im Supermarkt vergessen.

Nach dem Essen erfährt Matthias, woher seine Tochter den Pudding-Song kennt: Er war oft im Fernsehen zu hören, als die Kinder letztes Wochenende die Großeltern besuchten. Bei ihnen durften sie die Serie »Die Oktonauten« schauen. »Muss das sein?«, überlegt Matthias und ist sich mit seiner Frau schnell einig, zumal er ihr von der Szene im Supermarkt berichtet hatte. Jetzt steht ein Anruf bei den Großeltern an, Matthias greift zum Telefon. Die ersten Takte des Gesprächs sind sehr freundlich, der Großvater freut sich auf den nächsten Besuch der Enkelkinder. »Ich habe gehört, dass ihr wieder in den Zoo gehen wollt«, sagt Matthias. »Valentin und Berenike lieben Tiere!«

Dann kommt der Vater aufs Fernsehen zu sprechen und schildert die nervige Szene vorm Kühlregal. »Die Werbung im Kinderfernsehen sieht harmlos aus, weckt aber künstliche Konsumwünsche, die kein Kind von selbst hat«, argumentiert er gegenüber dem skeptischen Großvater. »Du hättest sehen sollen, wie sehr Berenike auf den Paula-Pudding fixiert war.« – »Dann sollten die Kinder lernen, mit TV-Werbung kritisch umzugehen«, wendet der Großvater ein. »Nein«, reagiert Matthias entschieden, »Kinder in Berenikes Alter sind zu klein, um genug Distanz aufzubauen. Außerdem ist das ganze Kinderfernsehen eine einzige Werbesendung, um unsinnige Produkte zu verkaufen.« Er erklärt dem Großvater am Beispiel der »Oktonauten«, wie crossmediales Marketing funktioniert.

»Das war mir nicht klar, wie anders die Werbung von heute wirkt im Vergleich zu der Zeit, als du ein kleiner Junge gewesen bist«, sagt der Großvater am Ende des Gesprächs. »Wir lassen die Flimmerkiste in Zukunft aus, wenn die Enkel zu Besuch kommen.«

Weitere Lösungen

Kein TV zu Hause, kein TV bei den Großeltern – sicher die optimale Lösung, um kleine Kinder vor dem schädlichen Einfluss der Werbung zu bewahren. Aber was geschieht, sobald die Kinder älter werden? Wie verhalten sich Eltern, wenn die Großeltern, der Onkel oder Freunde nicht mitziehen? Da gibt es neben dem totalen Verzicht weitere Wege, um die Wirkung der Werbung wenigstens zu dämpfen. Hier ein paar Vorschläge.

Abstand halten: Kommt es zu einer Szene wie in unserem Supermarkt, kann es bereits hilfreich sein, Abstand zwischen das schreiende Kind und das begehrte Produkt zu bringen. Je kleiner es ist, desto mehr gilt die alte Regel »Aus den Augen, aus dem Sinn«. Etwas Ablenkung ist ebenfalls nützlich, oder der Kauf eines Produktes, das die Eltern sinnvoll finden (»Wenn wir ins Schwimmbad fahren, brauchen wir einen aufblasbaren Ball«).

Taschengeld ausgeben: Wenn ältere Kinder Werbung aufgeschnappt haben, können ihre Eltern klarstellen: »Wir bezahlen das nicht. Aber wenn es dir wichtig ist, kannst du es von deinem Taschengeld kaufen.« Darauf zeigt sich, WIE wichtig den Kindern dieser Konsumwunsch ist. Im günstigsten Fall lernen sie, das knappe Taschengeld sinnvoller zu verwenden. Heilsam ist es auch, wenn das Produkt gar nicht den hohen Erwartungen entsprochen hat, zum Beispiel ein Spielzeug nach wenigen Tagen kaputt ist.

Werbung verballhornen: Songs aus Werbespots verschwinden kaum aus dem Kopf. Dort überdauern sie Jahrzehnte … Fast jeder, der Anfang der 1980er-Jahre vor dem Fernseher saß, wird sich erinnern: »Schönes Haar ist dir gegeben, lass es leben, mit Gard.« Diesen ungeliebten Gästen machen wir durch Verballhornung das Leben schwer, indem wir lachen und singen: »… lass es kleben, mit Quark«, wie es Otto Waalkes auf der Bühne vorgemacht hat.
»Eimerkauf ist Vertrauenssache« – seit 40 Jahren. Einfach bei YouTube die Begriffe »Otto« und »Eimer« eingeben, um mit Galax3000 die Resistenz gegen Werbung zu trainieren. Besonders geeignet für Kinder ab 10 Jahren.

Warentester spielen: Wer Werbung entzaubern will, spielt mit Kindern zu Hause oder in der Schule Hobby-Warentester: Auszurechnen ist, wie viel Euro 100 Gramm der teuren Marken-Chips im Vergleich zur günstigen No-Name-Variante kosten. Lässt sich im Blindtest der Geschmack überhaupt unterscheiden? Und wenn ja, lohnt es sich, dafür viel mehr Geld auszugeben? Oft sind Kinder überrascht, wie gering der Inhalt in einer teuren Mogelpackung ist.

Notlösung: Wenn ohne »Deutschland sucht den Superstar« die Welt zusammenbricht, können Eltern die Sendung aufzeichnen – und alle Werbeblöcke durch Vorspulen überspringen.

Auflösung des Quiz am Anfang des Kapitels: A, B, C, D und E. Alles ist Werbung!

7. Star Wars – frei ab 6 Jahren?

Kinder im falschen Film:
Brutale Eindrücke verarbeiten – mithilfe der Eltern

Angriff der Klonkrieger

Simon zieht sein Lichtschwert. Er stürzt aus dem Auto und stürmt ins Haus: »Klonkrieger, Klonkrieger, ich rette Amidala!« Mit seinem imaginären Schwert kämpft er sich den Weg ins Kinderzimmer frei. Seine Mutter Martina wundert sich, dass ihr Sohn so aufgekratzt ist. »Simon«, ruft sie ihm hinterher, »habt ihr bei Frederic ›Star Wars‹ gespielt?« – »Nee, viel besser!«, antwortet er. »Wir haben Episode II geguckt!« – »Haben das die Eltern von Frederic erlaubt?« – »Na klar«, antwortet Simon, »ich habe einfach gesagt, dass ich den ersten Teil schon bei uns gesehen habe.«
Das gefällt Martina überhaupt nicht. Sie weiß, dass Episode I ab 6 Jahren freigegeben ist, Episode II und III aber erst ab 12 Jahren. »Simon, das konntest du nicht wissen, aber die ›Star Wars‹-Fortsetzungen sind nur etwas für ältere Kinder«, sagt sie. »Du bist erst 6. Ich will nicht, dass du so viel Gewalt erlebst!« Darauf motzt Simon: »Ich fand das aber gar nicht so gruselig. Ich bin doch kein Baby mehr, ich bin jetzt Schulkind!« Nebenbei lässt er durchblicken, dass er sich mit Frederic schon verabredet hat, bald Episode III anzuschauen. Beide wollen dringend wissen, wie die spannende Geschichte weitergeht. »Was machen jetzt die vielen Klonkrieger?«, fragt Simon seine Mutter, die ihn voller Unverständnis anschaut. »Die sind ein-

fach in die Raumschiffe marschiert. Und was ist mit dem Darth Sidious und dem anderen Bösen, dem Darth Tyranus? Ich muss das jetzt wissen!«, verkündet der 6-Jährige voller Überzeugung. Wie macht Simons Mutter das Beste aus der Situation? Zumal sie als Alleinerziehende viele Entscheidungen wirklich alleine treffen muss?

TINA-Lösung: Wie es alle machen (sollen)

Martina erinnert sich an die eigene Kindheit. Viele ihrer Freunde spielten mit »Star Wars«-Figuren aus Plastik: Luke Skywalker, Chewbacca, R2-D2 und Prinzessin Leia. Der Siegeszug der Filmreihe begann 1978 – und der Werbeexperte Mariusz Jan Demner sagte dazu der österreichischen Zeitschrift *TREND*: »Star Wars verbindet Generationen. Eltern zeigten es ihren Kindern, und die geben es heute den ihren weiter. So ist das Ganze zu einem Stück ›Alltagskultur‹ geworden.«[71]
Alltagskultur, das stimmt wirklich, denkt Martina, die das Interview gelesen hat. Sie ist damals mit den Eltern ins Kino gegangen, um mit Luke Skywalker mitzufiebern und sich vor Darth Vader zu fürchten. Ja, dieser Film war schon fast wie »Kitt« zwischen den Generationen – und sie könnte davon ihrem Sohn etwas abgeben.
Martina fragt sich: Sind die formellen Kriterien der Freiwilligen Selbstkontrolle (FSK) wirklich ernst zu nehmen? Warum sind Episode I und IV ab 6 Jahren freigegeben, während das bei den anderen Teilen nicht der Fall ist? Zeigen diese Filme tatsächlich mehr Gewalt? Konsequenz ihrer Überlegungen: Wenn Episode I und IV eine Freigabe ab 6 Jahren haben, kann Simon ruhig die anderen Filme sehen, oder? Frederics Eltern scheinen auch nichts dagegen zu haben. Außerdem ist klar: Die Kinder haben bereits »Star Wars« bei Frederic geschaut, da lässt sich die Zeit nicht zurückdrehen. Jetzt brennt Simon darauf, den

nächsten Film zu sehen, weil das Ende von Episode II so spannend und offen war.

Ein Erlebnis aus den letzten Tagen bestätigt sie in ihren Gedanken: Seit dem Besuch bei Frederic wacht Simon nachts auf, kriecht zu ihr ins Bett und fragt: »Was machen jetzt die Klonkrieger?« Simon soll doch wieder durchschlafen ... Dafür muss er wissen, wie sich die Geschichte bei »Star Wars« entwickelt. Denn: Martina will ihren Sohn auf keinen Fall zur Unehrlichkeit zwingen. Wahrscheinlich würde er heimlich bei Freunden Episode III schauen, wenn sie das verbietet. Da nimmt sie die Sache lieber selbst in die Hand, statt sie einfach laufen zu lassen. Simon wird drei Wochen später 7 Jahre alt, und Martina stellt mit ihm einen »Star Wars«-Geburtstag auf die Beine: Alle Jungs der ersten Klasse sind eingeladen; sie essen »Star Wars«-Kuchen, schauen Episode III – wo alle Jedis die Jedi-Lehrlinge sowie die Jedi-Kinder niedergemetzelt werden. »Keine Sorge!«, versichert Martina den etwas erschrockenen Kindern. »Wenn ihr Episode IV, V und VI seht, merkt ihr schnell, dass am Ende alles gut ausgeht.« Simon ist begeistert, seine Freunde sind es ebenfalls ... Einer flüstert ihm sogar zu: »Deine Mama, die ist echt ganz schön cool.« Das hört auch Martina mit – und ist glücklich. Gegen Mitternacht sinkt sie geschafft ins Bett. Sie hat die Party schließlich ganz allein gestemmt. Doch ein paar Stunden später steht Simon in ihrem Schlafzimmer und heult: »Mama, sie sind hinter mir her. Ich hab so Angst, die Klonkrieger wollen mich foltern.«

Martina bekommt kaum die Augen auf und murmelt: »Ach bitte, Simon, lass mich einfach schlafen.« – »Aber die Klonkrieger ...« – »Jetzt weißt du doch, wie es mit ›Star Wars‹ weitergeht. Du hast alles bekommen, was du wolltest.« – »Ja, aber Mama, ich hab so Angst!« – »Mensch, Simon, du hast selber gesagt, du bist kein Baby mehr. Dann sei bitte keins mehr – und geh zurück in dein Bett!«

Wissenschaft und Argumente

Der Arbeitsausschuss der Freiwilligen Selbstkontrolle der Filmwirtschaft (FSK) traf 2002 eine Entscheidung, die Simon gefallen hätte: Der Film »Star Wars Episode II – Angriff der Klonkrieger« wurde für Kinder ab 6 Jahren freigegeben. Ihn hatte Simon bei seinem Freund Frederic gesehen. Diesen Beschluss kippte aber die nächste Instanz, der Hauptausschuss. Er kennzeichnete das Hollywood-Werk als »freigegeben ab 12 Jahren« – wogegen die Spitzenorganisation der Filmwirtschaft (SPIO) Sturm lief, im Einvernehmen mit Twentieth Century Fox. Die Filmlobby wollte wieder eine Freigabe ab 6 Jahren erreichen, was natürlich die Zahl der Zuschauer deutlich erhöht hätte. Schließlich landete die Angelegenheit auf der höchsten FSK-Ebene, dem Appellationsausschuss. Ergebnis: Der Film erhielt endgültig eine Altersfreigabe ab 12 Jahren.

Bemerkenswert sind einige der Argumente, die der Appellationsausschuss gefunden hat, um seine Entscheidung zu untermauern:[72] Es gibt in diesem Film »etwa 35 Minuten andauernde teilweise unübersichtliche Schlacht- und Kampfszenen«, die in einer »zumeist rasanten Schnittfolge« auf die Zuschauer einstürzen. Diese Szenen sind geeignet, »die 6- und 7-Jährigen zu ängstigen«. In einer dieser Szenen entgeht Senatorin Amidala knapp dem Tod, »in einem ›Gießtopf‹ durch kochendes ›Eisenerz‹ bedroht«. Kritisch wurden auch die Szenen »unmittelbar nach dem Tode des Kopfgeldjägers während der Kämpfe in der Arena« gesehen, in denen »sein kleiner Sohn verzweifelt den abgeschlagenen Kopf seines Vaters in die Hand nimmt«.

Die Richtschnur zu diesen Überlegungen findet sich im Jugendschutzgesetz (§ 14 Abs. 1): »Filme sowie Film- und Spielprogramme, die geeignet sind, die Entwicklung von Kindern und Jugendlichen oder ihre Erziehung zu einer eigenverantwortlichen und gemeinschaftsfähigen Persönlichkeit zu beeinträchtigen, dürfen nicht für ihre Altersstufe freigegeben werden.« Um diese Beeinträchtigung der Persönlichkeit zu erfassen, orientiert sich die FSK an der kognitiven Entwicklung der Kinder (siehe auch Kapitel 1, »Wissenschaft und Argumente«): Ungefähr bis zum 6. Lebensjahr identifizieren sie sich stark mit den Figuren und dem Verlauf einer Handlung. »Ihre Wahrnehmung ist vorwiegend episodisch ausgerichtet, kognitive und strukturierende Fähigkeiten sind noch kaum ausgebildet«, schreibt die FSK.[73]

Wenn filmische Stilmittel die Spannung steigern, kann das zu großen Ängsten führen – etwa bei düsteren Szenarien, schnellen Schnittfolgen oder drastischen Geräuschen. »Eine schnelle und positive Auflösung problematischer Situationen ist daher sehr wichtig«, so die FSK. Die Gefahren für kleine Kinder schätzte die Organisation im Laufe der Zeit sehr unterschiedlich ein[74]: 1957 wurden bis heute gültige Alterskategorien festgelegt (6/12/16/18 Jahre). »Freigegeben ab 6 Jahren« war also die unterste Alterskategorie, was bedeutet: Damals waren die Experten der Meinung, Kinder unter 6 Jahren hätten im Kino prinzipiell nichts verloren.

Doch 1985 verständigte sich die FSK auf eine weitere Alterskategorie: »FSK ab 0 freigegeben«. Dabei ist interessant: Eine Freigabe »ab 0« gibt es im System Pan-European Game Information (PEGI) überhaupt nicht. Seit 2003 informiert es Eltern europaweit über Computerspiele. In diesem System ist »ab 3 Jahren« die unterste Alterskategorie.

Die Altersgrenzen für Computerspiele und Filme lassen sich gut in einem Atemzug diskutieren, wenn es um vernünftige Vorgaben geht. Der Grund: Neben der FSK hat sich eine zweite Organisation etabliert, die Unterhaltungssoftware-Selbstkontrolle (USK). Sie versteht sich als freiwillige Selbstkontrolle der Computerspielwirtschaft und wurde 1994 gründet. Hinter ihr stehen der Bundesverband Interaktive Unterhaltungssoftware

(BIU) und der Bundesverband der deutschen Games-Branche (GAME). Weiter unten werden wir die Arbeit der USK genauer unter die Lupe nehmen.

Auch in Deutschland scheint sich langsam der Gedanke (wieder) durchzusetzen: Der Schutz kleiner Kinder gegenüber Medienrisiken geht vor, egal ob durch Computerspiele oder Filme ausgelöst. Erst weit dahinter sollte das Interesse der Medienindustrie kommen, maximale Profite zu erzielen. So berichtet die Zeitung *Der Westen,* dass Suchtexperten wie Hans-Jürgen Rumpf bereits fordern[75]: »Die Einstufung ›ab 0‹, also ohne Altersbeschränkung, muss abgeschafft werden. Es gibt keine Onlinespiele, die für Kleinkinder unbedenklich sind.« Daher seine klare Aussage: »Bei unter 3-Jährigen sollte es gar keine Freigabe geben.« Dieselbe Forderung ließe sich auch für 4- und 5-Jährge durchaus begründen. Negative Wirkungen durch Bildschirmmedien sind auch in dieser Altersgruppe gut belegt, positive Effekte dagegen kaum (siehe auch Kapitel 1, »Wissenschaft und Argumente«).

Zur Forderung, Altersfreigaben strenger zu regeln, passen auch die Ergebnisse einer Studie, die sich mit »guten Vorbildern« beschäftigt hat, Stichwort »Superhelden-Gewalt«.[76] Die Wissenschaftler fragten Eltern, wie sie die Helden ihrer Kinder bewerten: Spiderman, Ironman, Captain America, Thor oder Superman.

Nur 12 Prozent vermuteten einen negativen Einfluss, was mit dem gewalttätigen Handeln der Superhelden begründet wurde. Weder negativ noch positiv sei der Einfluss – so lautete die Einschätzung einer Mehrheit der Eltern. Und: Etwa ein Drittel war überzeugt, dass Filmhelden einen positiven Einfluss auf ihre Kinder hätten, wenn diese sich mit ihnen identifizierten. 75 Prozent dieser Gruppe nannte als Grund, Superhelden seien gute Rollenvorbilder. Beispielsweise sagte eine Mutter:

Sie repräsentieren das Beste an der Menschheit, sie verteidigen und beschützen die Schwachen, sie setzen ihre Talente ein, um anderen zu helfen, sie kämpfen für eine Sache und nicht für ihr Ego.

Das klingt nach einem idealen Vorbild! Wenn sich also Kinder mit Superman oder Captain America identifizieren, sollten sie eigentlich schwächere Altersgenossen im Kindergarten oder Freundeskreis in Schutz nehmen – und allgemein ein prosoziales Verhalten zeigen. Sollten! Die Studie konnte aber nachweisen: Das Gegenteil ist der Fall. Tatsächlich zeigten Kindergartenkinder umso mehr körperliche Gewalt (und weniger prosoziales Verhalten), je mehr Superhelden-Filme sie schauten – und je mehr sie sich mit den Helden identifizierten. Die Ursache: Erwachsene sehen in Superman vielleicht einen Beschützer der Schwachen. Kinder aber deuten sein Handeln in einer einfacheren Weise: Der gute Zweck rechtfertigt Gewalt als Mittel. So könnte sich das aus Sicht der Kinder begründen lassen: »Superman ist ein Held. Er haut ordentlich drauf. Bei ihm ist das in Ordnung, er wird sogar dafür gefeiert. Also ist das bei mir auch in Ordnung, wenn ich zuschlage, um meine guten Ziele zu erreichen.«

Zurück zum FSK- und USK-System: Es zeigt in unseren Augen eine große Schwäche: Die Kontrollgremien beschränken sich bei der Alterseinstufung darauf, nur die INHALTE von Filmen oder Spielen zu prüfen. Dieses Defizit kritisierte schon vor vier Jahren einer der Autoren (Paula Bleckmann). In einer Veröffentlichung mit Thomas Mößle forderte sie, endlich in der Medienwirkungsforschung nicht nur die Zeit (Nutzungsdauer) und die Inhalte (u. a. Werbung, Gewalt, Pornografie) zu erfassen, sondern auch die Form: Kommen suchtfördernde Spielmerkmale in Computerspielen zum Einsatz (vgl. ausführlich

Kapitel 9)? Gibt es schnelle Schnitte, abrupte Szenenwechsel, grelle visuelle Effekte? Laute, aggressive Musik?[77]

Eine Studie von Angeline S. Lillard und Jennifer Peterson von der University of Virginia[78] ist hilfreich. Wir können heute schon begründen, dass für die Alterseinstufung dringend die Frage zu stellen ist: »Wie wird etwas gezeigt?« Das ist genauso wichtig wie die Frage nach den Inhalten. Die Forscherinnen haben drei Gruppen mit jeweils 20 Kindern gebildet. Gruppe 1 bekam einen schnell geschnittenen Trickfilm (»SpongeBob«) zu sehen, Gruppe 2 ein langsam geschnittenes TV-Bildungsprogramm für Kinder. Gruppe 3 bekam einfach Material zum Malen. Danach gab es verschiedene Tests, um die Wirkungen auf die exekutiven Funktionen der Kinder zu messen. Dazu gehörte der klassische Marshmallow-Test zum Belohnungsaufschub, der »Turm von Hanoi« zum logischen Denken und zwei weitere Tests.

Ergebnis: Die »SpongeBob«-Kinder schnitten beim Test ihrer exekutiven Funktionen signifikant schlechter ab. Zum Beispiel gelang es ihnen deutlich weniger, auf eine schnelle Belohnung zu verzichten, um sich am Ende des Experiments einen Vorteil zu sichern (Impulskontrolle). Etwas bessere Ergebnisse erzielten die Kinder, die den langsamen Film angesehen hatten. Am besten schnitten die Kinder ab, die gemalt hatten.

Beschäftigen wir uns wieder mit der Alterseinstufung der FSK. Zwischen 6 und 12 Jahren sind Kinder schon viel besser als vorher in der Lage, Sinneseindrücke zu verarbeiten. Aber sie bauen noch zu wenig Distanz zum Filmgeschehen auf. Etwa mit 9 Jahren beginnen Kinder, Fiktion und Realität zu unterscheiden, was eine distanzierende Wahrnehmung möglich macht. Daher ist der Sprung innerhalb dieser Altersgruppe umstritten (6 auf 12 Jahre): »Bei jüngeren Kindern steht noch immer die emotionale, episodische Impression im Vordergrund«, schreibt die FSK. »Ein 6-jähriges Kind taucht noch ganz in die Filmhandlung ein, leidet und fürchtet mit den Identifikationsfiguren.«

Gerade in dieser Altersgruppe besteht ein großer Unterschied: Es kommt stark darauf an, ob Kinder Filmerlebnisse allein verarbeiten müssen, was sie schnell überfordert – oder ob sie eine erwachsene Bezugsperson dabei unterstützt. Der Erwachsene ist in der Lage, mit dem Kind die Filminhalte einzuordnen, zu verstehen und sich gemeinsam davon zu distanzieren. Diese Erkenntnisse führten zu einer neuen gesetzlichen Regel, der Parental Guidance (PG): Kinder ab 6 Jahren dürfen in Begleitung der Eltern auch Filme sehen, die erst ab 12 Jahren freigegeben sind. Das Prinzip ist richtig: 6-Jährige sollten nicht ohne Erwachsene aufregende Filme schauen! Aber die Umsetzung der PG ist in unseren Augen völlig unzureichend. Wir empfehlen eine PG ab 6 Jahren: Eltern sollten ihre 6-jährigen Kinder KEINE Filme ab 12 Jahren schauen lassen, auch nicht in Begleitung. Vielmehr sollten sie bei Filmen »ab 6« in aller Regel dabei sein. Da ist es egal, ob der Film im Kino, auf DVD oder im Fernsehen angeschaut wird.

Die nächste Stufe in den FSK-Freigaben lautet »ab 12«: Auf der einen Seite gehen Kinder in der beginnenden Pubertät mit Filminhalten rationaler um, auf der anderen Seite beginnt gerade eine Phase der Selbstfindung. Das heißt: Die Kinder entwickeln zum Teil Tendenzen, sich mit Filmfiguren zu identifizieren, die durch »antisoziales, destruktives oder gewalttätiges Verhalten« auffallen, so die FSK.

Die weiteren Altersstufen vernachlässigen wir an dieser Stelle, weil der Fokus im Buch auf Kindern bis etwa zum 15. Lebensjahr liegt.

Trotz dieser Regeln kamen nicht nur Eltern, sondern auch Experten in den vergangenen Jahren wiederholt zu dem Schluss: Die Altersfreigaben für Filme und Computerspiele sind zum

Teil deutlich zu niedrig. So ging es ebenfalls den Redakteuren der *Frankfurter Allgemeinen Sonntagszeitung (FAS)*, als sie 100 Filme unter die Lupe nahmen, versehen mit einer FSK-Freigabe ab 12 Jahren.[79] Dabei kamen sie zu der Einschätzung: »In fast jedem zweiten Film fanden sich Inhalte, die wir als für 12 Jahre alte Kinder, oft auch für ältere Kinder und Jugendliche schädlich eingestuft haben.« Ihr Resümee fällt daher deutlich aus: »Wer seine Kinder Filme schauen lässt, auf denen ›FSK 12‹ steht, muss damit rechnen, dass darin Szenen mit expliziter Gewalt gegen Menschen, gut sicht- und hörbarem Sex oder obszöner Sprache vorkommen.«

Auch für Computerspiele wurden die Alterseinstufungen extern überprüft: Ein Forscherteam spielte eine Auswahl von 62 Computerspielen durch, wobei sie die Eignung für Kinder und Jugendliche bewerteten. Ihre Ergebnisse sind genauso ernüchternd wie beim FSK-Check, den die *FAS* vorgenommen hatte: Nur bei einem Drittel der Spiele hielten sie die Alterseinstufung für passend, bei einem weiteren knappen Drittel entstanden deutliche Zweifel, und für das letzte Drittel stellten sie fest: Die Alterseinstufungen lassen sich nur als falsch bewerten, weil sie viel zu niedrig angesetzt sind. Außerdem kommen die Forscher zu dem Schluss[80]:

> Sehr problematisch erscheint zudem, dass [die USK-Prüfer] nach eigenen Angaben teilweise für die Herstellerfirmen als Produktionsberater dabei behilflich sind, die Spiele so zu gestalten, dass diese die vom Hersteller angestrebte USK-Alterseinstufung erreichen können.

Das betrifft zum Beispiel das Umfärben von Pixel-Blut: Mit wenigen Klicks kann ein Computerspiel so umprogrammiert werden, dass grünes statt rotes Blut fließt. Dann sind die getöteten Gegner keine Menschen, sondern Aliens, und das Spiel kann eine ganze Alterskategorie niedriger eingestuft werden. Im Zentrum der Kritik steht jedoch die Bindungswirkung, also alle manipulativen Methoden der Game-Designer, um Spieler intensiv und dauerhaft an ein Spiel zu binden[81] (siehe Kapitel 9). Als Praxis-Tipp leiten wir aus diesen Überlegungen die Faustformel ab: **FSK/USK + 3 Jahre**.

Ideale Lösung

Martina macht sich Sorgen. Kommt Simon mit der Gewalt klar, die heute in Episode II auf ihn eingestürmt ist? Er leidet so leicht unter Albträumen … Martina erinnert sich nicht mehr an die gesamte Handlung, weshalb sie kurz bei Wikipedia nachgeschaut hat.

Nach dem Abendessen setzt sie sich zu Simon ans Bett. »Tut mir leid, dass ich so gemeckert habe. Ich bin froh, dass du mir von dem Film erzählt hast. Du bist auf keinen Fall schuld! Frederics Mutter hätte euch das nicht erlauben sollen.« Simon wirkt erleichtert. Martina fährt fort: »Vielleicht wusste Frederics Mutter nicht, dass ein Dorf voller Sandleute umgebracht wird, was ich in dem Film so traurig finde.« Dieser Teil bewegt auch Simon stark: »Mama, warum hat das Anakin gemacht?« – »Das finde ich überhaupt nicht richtig, er durfte das nicht«, antwortet Martina. Doch Simon gibt sich nicht zufrieden: »Warum hat er aber die Sandleute getötet? Anakin ist doch der Gute im Film.«

Martina fühlt sich durch diese Frage gleich doppelt bestätigt: Der Film hat Simon klar überfordert. Mit dem moralischen Bruch kommt er nicht klar, es gibt in seiner Welt Helden und Schurken, aber nichts dazwischen. Außerdem war für seine Kinderseele der Gewaltexzess bei den Sandleuten zu viel. Jetzt hat sie die Aufgabe, ungeeignete Inhalte für ihr Kind verdaulich zu machen: »Anakin war traurig, weil seine Mutter gestorben ist. Doch er wurde auch wütend – und konnte seine Wut nicht mehr zähmen.« – »Ist er deshalb später böse?«, fragt Simon. »Frederic sagt, Anakin wird einmal zu Darth Vader. Habe ich ihm aber nicht geglaubt.«

»Das ist echt nicht einfach«, antwortet Martina. »Anakin wird wirklich später Darth Vader mit der schwarzen Maske. Du weißt ja, der röchelt so komisch: CHR CHR CHR.« – »Ja klar, den kenne ich schon«, meint Simon und ahmt das bedrohliche Geröchel nach. Martina weiter: »Dieser Typ hat von Anfang an beide Seiten in sich: Das Gute und das Böse.« – »Das geht?«, wundert sich ihr Sohn.

Jetzt wird's richtig kompliziert, denkt Martina – und startet den Versuch, ihren Sohn mit einem Thema vertraut zu machen, das manche Erwachsene nicht durchschauen ... Gut, dass solche Filme selbst die lasche FSK erst für höhere Altersgruppen freigibt. »Anakin wird später böse, weil er seine dunklen Gefühle nicht beherrschen kann«, erklärt sie ihrem Sohn. Es sei ja normal, manchmal richtig wütend zu werden. So wie Simon selbst, als ihm ein Freund sein Lieblingsauto weggenommen hat. »Es ist auch okay, einmal traurig zu sein«, so Martina, »aber es geht gar nicht, anderen Menschen deshalb wehzutun.« Genau das habe Anakin getan, als er die Sandleute umgebracht habe.

Doch Simon lässt das Thema nicht los: »Die alten Jedis sagen doch immer, dass die Macht in Anakin besonders stark ist. Warum soll er jetzt so schwach sein, wie du sagst?« – »Ja, das stimmt«, gibt ihm Martina recht. »Er hat besonders viel Macht und Stärke. Aber die kann er nur für die gute Seite der Macht einsetzen, wenn er nicht von seiner Wut beherrscht wird.« Er schaffe es nicht, seine schrecklichen Gefühle zu überwinden und die Sandleute am Leben zu lassen. »Am stärksten und mutigsten musst du sein, wenn du dich für den Frieden einsetzt.« Ob Simon das alles versteht? Dieser Gedanke führt Martina zu einer wichtigen Frage: »Simon, ich glaube, da sollte man schon etwas älter sein, um das zu kapieren. Was meinst du? Würdest du deinem 4-jährigen Cousin erlauben, ›Star Wars‹ zu schauen?« – »Nein«, sagt Simon. »Der bekommt sicher Albträume, weil er nichts versteht.« – »Wie alt sollten Kinder für solche Filme sein?«, hakt Martina nach. »Vielleicht so 8 oder 9 Jahre«, meint ihr Sohn, »nach dem ersten Film habe ich auch schlecht geschlafen.« Und so kommt er selbst zu der Erkenntnis: »Da kann ich auch auf Episode III etwas warten, das ist okay.« Martina freut sich und wünscht ihrem Sohn eine gute Nacht: »Wenn du Angst hast, kannst du immer zu mir kommen. Übrigens: Ganz am Ende geht ›Star Wars‹ gut aus, weil Anakin doch nicht ganz böse wird …«

Das war die erste Herausforderung des Abends, die zweite folgt auf dem Fuß: ein Telefongespräch mit Frederics Mutter! Das hatte Martina ihrem Sohn noch angekündigt, um nicht hinter seinem Rücken zu handeln: »Ich werde ihr sagen, dass du dort nicht Episode III schauen sollst. Dann kannst du gerne Frederic besuchen – und ich muss mir keine Sorgen machen.« Als Simon schläft, ruft Martina die Mutter seines Freundes an. Sie plaudern über das Schulfest und den Lehrerwechsel in der Klasse, bis Martina das »Star Wars«-Erlebnis der Söhne anspricht. »Hast du das mitbekommen?«, fragt sie die andere Mutter. »Ja, so halb, ich hatte Termine«, antwortet sie. Aber Simon habe gesagt, er dürfe Episode II gucken. »Was für ein Schlaumeier«, reagiert Martina und berichtet über die Albträume von Simon und die verschiedenen Altersfreigaben bei »Star Wars«. »Hast du die Szene gesehen, in der ein Kind den abgeschlagenen Kopf seines Vaters in der Hand hält?«, fragt Martina. »Die Szene kannte ich nicht«, antwortet ihre Gesprächspartnerin entsetzt, »sonst hätte ich den Kindern den Film niemals erlaubt! Wir müssen in Zukunft viel besser aufpassen.« Diese Überlegungen bringen sie auf eine Idee: »Eigentlich sitzen unsere

Kinder viel zu viel vor der Glotze«, sagt die andere Mutter zu Martina. »Wenn sie sich gegenseitig besuchen, ist eigentlich immer jemand zum Spielen da. Dann brauchen sie keine Filme!«
Die Mutter erzählt Martina von ihrer Idee, den Fernseher aus dem Wohn- ins Arbeitszimmer zu stellen: »Dann hat Frederic keinen Zugang mehr, wenn ich auswärts Termine habe.« Martina ist begeistert, fragt sich aber, ob die Jungs die Lösung »Von 100 auf 0« akzeptieren. Warum sollten sie nicht einmal im Monat einen guten Film schauen? Sonst könnten sie das ja heimlich machen … »Prima«, sagt Frederics Mutter, »wir schauen einmal, ob sie selbst mit dem Wunsch kommen.«
Und wer hätte das gedacht: Erst einige Wochen später fragen Frederic und Simon zum ersten Mal, ob sie einen Film schauen dürfen – freigegeben »ab 6 Jahren«!

Weitere Lösungen

Engelsgeduld, Freundschaften mit anderen Eltern – und dazu noch gute Kenntnisse in Jedi-Philosophie? Hohe Anforderungen, die Martina zu bewältigen hat, um aus einer schwierigen Situation das Beste zu machen. Schließlich musste ihr Sohn bereits den Massenmord im Dorf der Sandleute ertragen. Hier einige weitere bewährte Ideen, um mit dem Thema Altersgrenzen gut umzugehen.

»Star Wars«-Fieber: Alte Holzdegen vom Fasching bekommen einen neonblauen, neonroten und neongrünen Anstrich. Fertig sind die Lichtschwerter für die Söhne. So gibt es keinen Ärger, weil die Kinder die Filme nicht sehen dürfen. Im Gegenteil: Das Fechten mit Lichtschwertern steht im Mittelpunkt – natürlich gibt es Regeln gegen Verletzungen. Alle Freunde wollen ebenfalls solche Jedi-Waffen haben, an der Werkbank herrscht Hochbetrieb.

Keine einfachen Verbote: Wer Altersbeschränkungen besonders »streng« verwirklichen will, setzt am besten aufs Gespräch mit dem Nachwuchs (s. o. Kinderschutzformel: FSK/USK + 3 Jahre). Um gut informiert zu sein, sollten sich Eltern vorher den Film ansehen oder das Computerspiel testen – mindestens aber den Trailer oder Ausschnitte schauen (YouTube!). Zwei Botschaften kommen beim Kind an: Den Eltern sind seine Wünsche wichtig, sie sind bereit, sich damit zu beschäftigen. Und: Es gibt keine pauschale Ablehnung, die Eltern erklären ihre Entscheidung.

Computerspiele mit Glücksspielcharakter: Einem 7-Jährigen lässt sich leicht erklären, warum er zum Beispiel kein Online-Roulette spielen darf – selbst wenn dabei kein echtes Geld im Spiel ist, und selbst wenn die Altersfreigabe »ab 0 Jahren« lautet: »Es geht nicht nur um zu viel Gewalt, sondern auch um die Gefahr, süchtig zu werden. Dann hängst du stunden- und tagelang vor dem Computer – und du hast dann keine Zeit mehr, mit Freunden richtig zu spielen.«

DVDs statt Fernsehen: Ein klassischer Tipp, der in einigen Kapiteln zu finden ist. So haben Erwachsene viel mehr Einfluss, ob Kinder die FSK-Regeln einhalten. Und: Es wird Werbung vermieden.

Alternativen: »Harry Potter«, »Die wilden Kerle«, »Star Wars«, »Herr der Ringe« oder »Prinzessin Lillifee« … Da funktioniert in vielen Familien ein Kompromiss: Buch, Hör- oder Brettspiel sowie Tauschkarten sind schon in jüngeren Jahren erlaubt, der Film oder das Computerspiel erst später.

Martha, 6 Jahre

8. Kita und Grundschule im Digitalfieber

Ein Stück in drei Akten. Wie Eltern sich wehren und nachhaltige Medienbildung fördern

Prolog – was zuvor geschah …

Die Schultüte ist fast leer, und bei Martha bleibt in lebhafter Erinnerung, wie aufregend die Feier zur Einschulung verlaufen ist … Trotzdem kehrt allmählich Alltag ein … So holt jetzt der Vater jeden Mittag die Tochter von der Schule ab. Am ersten »echten« Schultag ging alles glatt, am zweiten musste das Kind weinen, weil es im Pausenhof geschubst wurde und sich das Knie aufgeschlagen hatte. Heute ist der dritte Schultag.

Kaum haben Vater und Tochter den Schulhof verlassen, sprudelt es aus Martha heraus: »Papa, heute musste ich gar nicht weinen. Und das Essen hab ich auch gemocht: Es gab Spaghetti mit Tomatensoße.« Der Vater nimmt Martha den schweren Ranzen ab, und das Kind erzählt weiter: »Die Ranzen bleiben nur bis zu den Herbstferien so schwer. Danach werden sie leichter. Das hat die Lehrerin gesagt. Wenn wir Glück haben! Wahrscheinlich bekommen wir Tablets …« Martha ist vor Begeisterung nicht mehr zu stoppen: »Das wird toll: Jeder kriegt ein eigenes … und wir dürfen uns die Farbe aussuchen … Und wir kriegen auch ein Wehlahn, das hat die Lehrerin erklärt. Ohne funktionieren die Tablets nicht.«

Kaum ist der Redefluss versiegt, fragt der Vater nach: »Wirklich, WLAN und Tablets? Davon wusste ich noch gar nichts.« Und Martha erklärt: »Die Schule hat gerade erst ein Geschenk erhalten, und jetzt können sie endlich Tablets kaufen. Da freu ich mich schon drauf! Wir dürfen dann zum Lernen Spiele machen. So hat es die Lehrerin erklärt.« Marthas Augen funkeln vor Vergnügen.

Am späten Nachmittag geht der Vater auf die Website der Grundschule. Und tatsächlich: Ein unbekannter Spender hat den Förderverein der Schule großzügig bedacht. Ein großes finanzielles Geschenk – damit fängt in unserem Stück alles an … Wird die Grundschule digital?

1. Akt – 1. Szene

Personen: Robert Weigel (IT-Sicherheitsexperte); Regine Weigel, seine Frau (Montessori-Lehrerin); Mark Müller (Journalist); Gertraud Münster (Mitglied im Förderverein; Juristin)

Ein Weinkeller im Badischen, ein Tisch für vier Personen. Der erste Schoppen ist getrunken. Das Gespräch ist bereits im Gange …

Regine Weigel: Na, dann lasst uns mal gemeinsam überlegen, was wir dagegen tun können. Ich fasse mal unser bisheriges Gespräch zusammen. Wir vier sind uns einig: keine Tablets für die Grundschüler! Gertraud, kannst du uns etwas dazu sagen, wie das der Förderverein sieht?

Gertraud Münster: Der Förderverein hat noch nicht entschieden, wohin das Geld fließen soll. Ich habe hier die Liste mitgebracht, auf der wir seit Jahren Vorschläge sammeln.

Mark Müller (nimmt Gertraud das Blatt aus der Hand, fängt an zu lesen): Neue Bücher für die Bibliothek, eine Boulder-Wand für den Schulhof, Materialien für mehr Bewegung in den Pausen, also Springseile, Stelzen oder Bälle, Fortsetzung des interkulturellen Theaterprojekts. Klingt doch gut!

Gertraud Münster: Das schon! Leider gibt es bei uns eine knappe Mehrheit für WLAN und die Anschaffung der Schul-Tablets. Rektor Schmelz hat die Werbetrommel dafür gerührt. Der Mann hat eine goldene Zunge. Er hat den Förderverein vor zwei Jahren auch schon beschwatzt, ein Smartboard anzuschaffen. Das steht jetzt nutzlos herum. Für uns ist wichtig: Viele der Lehrkräfte sind von diesen digitalen Ideen nicht begeistert.

Regine Weigel: Soso! Ein Schulleiter gegen sein Kollegium. Der alte Mann will wohl Spuren hinterlassen, indem er der Schule schnell ein digitales Profil verpasst, bevor er in Rente geht. Aber nicht auf Kosten unserer Kinder! Nächste Woche trifft sich wieder der Förderverein, oder, Gertraud? Die Zeit drängt! Auf in den Kampf gegen die Tablet-Klassen!

Robert Weigel (wendet sich seiner Frau zu): Jetzt bist du etwas zu scharf und zu schnell, liebe Regine. Wir müssen das geschickt angehen … einfach nur gegen Tablet-Klassen sein? Das wird uns nur wieder als rückschrittlich und technikfeindlich ausgelegt. Erinnere dich: Der Streit um die digitale Kita ist übel ausgegangen …

Mark Müller: Was für ein Streit? War das etwas mit Martha?

Regine Weigel: Ja, das war eine blöde Geschichte. Wir hatten uns dafür eingesetzt, dass Marthas Kindergarten digitalfrei bleibt. Die Leitung wollte WLAN, Tablets mit Spielen, eine sogenannte Sprachlernsoftware … das volle Programm.

Robert Weigel: Ein paar Eltern haben protestiert, mit wilden Sprüchen auf Transparenten vor der Kita, zum Beispiel: »Nein zur Digital-Kita! Wir lassen unsere Kinder nicht verstrahlen!« Und dazu ein Foto von einem Hirntumor.

Regine Weigel: Der Schuss ging vollständig nach hinten los. Die Lokalpresse ist über uns hergefallen. Die haben immer wieder die dummen Slogans vom Anfang zitiert. Und später haben sie kaum über unsere guten Argumente berichtet. So hatten wir in der Öffentlichkeit schnell unseren Stempel weg: fortschritts-feindliche Wutbürger, rückwärtsgewandte Spinner …

Robert Weigel (tippt auf seinem Smartphone herum): Hier eine Kostprobe von damals – eine Schlagzeile im *Badensischen Boten:* »Wutbürger gegen Tablets in der Kita – Übervorsichtige Eltern gefährden die digitale Zukunft unserer Kinder«. Uns haben sie damals gar nicht gefragt, was die Gründe sind. Aber die Kita-Leiterin wurde ausgiebig zitiert, wie sie sich über eine kleine Gruppe von Eltern mit irrationalen Ängsten ärgert.

Robert Weigel reicht das Smartphone weiter, Mark Müller liest den Bericht.

Mark Müller: Eine komplett einseitige Berichterstattung. Manchmal schäme ich mich als Journalist regelrecht für meine Kollegen. Sich so zum Büttel zu machen … Aber: Wir müssen mit solchen Berichten wieder rechnen. Rektor Schmelz ist im Städtchen gut verdrahtet. Auch den *BB*-Chefredakteur Schön trifft er oft beim Stammtisch, hier im Weinkeller. Wir müssen diesmal schneller sein. Deshalb empfehle ich: Die Initiative braucht eine eigene Website!

Regine Weigel: Genau. Wir haben ja noch das ganze Material von damals. Das ergänzen wir durch aktuelle Recherchen. Und dann machen wir das der Öffentlichkeit zugänglich. Außerdem wäre es prima, wenn Mark im Namen unserer Initiative eine Pressemitteilung schreibt. Robert, Schatz, du kannst doch recht schnell mit Wordpress eine solche Seite ins Netz stellen, oder?

Robert Weigel: Ja klar, das wäre kein Problem.

Gertraud Münster: Moment, ich finde das Strahlungsthema schon wichtig. Da gibt es inzwischen viele Studien, die zeigen, dass die Grenzwerte viel zu hoch sind. Ich kenne da ein paar engagierte Leute vom Verein »Diagnose Funk«, die diese Diskussion sehr sachlich führen.

Robert Weigel: Du magst ja recht haben, aber Strahlung kann zum Verlierer-Thema werden. Wie wir erlebt haben …
Mark Müller: Wie ist der Streit eigentlich ausgegangen?
Regine Weigel: Die Kita wurde digital, aber ohne uns. Wir haben Martha in den Waldkindergarten geschickt …

1. Akt – 2. Szene

Personen: Robert Weigel, Regine Weigel, am Telefon Dorothee Hermann (Klassenlehrerin von Martha)

Ein Abend im Wohnzimmer der Weigels. Regine Weigel telefoniert mit der Klassenlehrerin. Ihr Mann sitzt am PC und recherchiert.

Dorothee Hermann: Ich dachte mir schon, dass Sie mich anrufen wegen der Tablets. Ich sehe digitale Medien in der Grundschule persönlich auch sehr kritisch. Mich ärgert es, dass Rektor Schmelz mir gegenüber den Eindruck erweckt hat, die Entscheidung sei längst gefallen. Von Ihnen höre ich jetzt das Gegenteil. Hätte ich das gewusst, hätte ich meinen Schülern nichts davon erzählt …
Regine Weigel: Ja, so ein Hype reißt die Menschen leicht mit. Und euphorische Positionen werden nicht mehr geprüft. Da gibt's das Buch *Die digitale Bildungsrevolution* von Dräger und Müller-Eiselt …«
Dorothee Hermann: Kenn ich, wurde uns auf einer Fortbildung empfohlen. Leider viel zu technikgläubig! Aber die Diagnose der Probleme in unserem Bildungssystem ist doch interessant: zu viel passives Eintrichtern, zu wenig spielerisches Lernen, zu viel Lernzwang durch Noten, zu wenig Motivation durch Freude an der Sache, zu viel Frontalunterricht, zu wenig Binnendifferenzierung …

Regine Weigel: Bekannte Probleme. Aber wie lautet Drägers einzige Therapie? Alles digitalisieren! Das Witzige ist: Genau für diese Probleme versuchen wir ja seit Jahrzehnten mit einer modernen Montessori-Pädagogik Lösungen zu finden. Mit gutem Erfolg. Von wegen Alternativlosigkeit.

Dorothee Hermann: Sie haben ganz recht, es gibt viele gute pädagogische Ansätze, die ohne Bildschirm auskommen. Aber wir können die digitalen Medien nicht völlig aus der Schule raushalten, sie gehören zur Lebenswelt der Kinder, sagt Rektor Schmelz ständig. Was meinen Sie?

Regine Weigel: Das sehe ich auch so. Als Lehrende können wir die Kinder mit ihren Medienerlebnissen nicht allein lassen. Wir sollten sie bei der Verarbeitung unterstützen. Vor einiger Zeit hatten viele meiner Erstklässler »Harry Potter« im Kino gesehen. Einige hat das überfordert – bis hin zu schlaflosen Nächten. Wir haben im Unterricht viel darüber gesprochen. Vor allem habe ich mit den Schülern ein Zauber-Projekt gemacht. Die Schüler haben Tricks gelernt und sich selbst Zaubersprüche ausgedacht. Sie wirkten danach viel aufgeräumter – und ausgeschlafener!

Dorothee Hermann: Von unruhigen Schülern kann ich ein Lied singen. Bei mir sind einige gar nicht in der Lage, auch nur zehn Minuten ruhig zu sitzen, besonders am Montag. Ich habe mir schon oft gedacht, es wäre in Zukunft besser, die erste halbe Stunde auf dem Schulhof zu verbringen. Deshalb wäre ich auch unbedingt dafür, aus der Spende die Kletterwand und Pausen-Spielgeräte zu finanzieren.

Regine Weigel: Prima! Dann unterstützen Sie also unsere Idee, etwas Sinnvolles für das viele Geld zu kaufen, statt der Tablets?

Dorothee Hermann (zurückhaltend): »Mh, da muss ich um Ihr Verständnis bitten. Ich bin neu im Kollegium, da will ich mich nicht sofort mit dem Rektor anlegen. Sie kennen das ja … Aber wir sollten uns einmal treffen, um Erfahrungen auszutauschen.

Gerade Montessori interessiert mich sehr. Dann sage ich mal für heute Auf Wiederhören.
Regine Weigel: Auf Wiederhören.

Regine Weigel geht zu ihrem Mann, der mit zwei Blättern in der Hand winkt.

Robert Weigel: Zwei E-Mails: eine gute und eine schlechte Nachricht. Wir können nächste Woche beim Förderverein unsere Position vortragen …
Regine Weigel: Sehr gut. Da würde ich mit Gertraud hingehen. Sie muss ja sowieso dabei sein. Und die schlechte Nachricht?
Robert Weigel: Meine Bitte um einen Termin beim Rektor war ein Fehlschlag. Schmelz erklärt in seiner Mail: Ein Gespräch habe keinen Sinn, denn die Entscheidung sei zwar formal noch nicht gefallen, das Ergebnis stehe aber schon fest: Der Bildungsplan schreibe die Einrichtung von WLAN und Digitalmedien bereits vor.
Regine Weigel: Wenn das stimmt, können wir gleich einpacken …
Robert Weigel (schelmisch grinsend): Das müssen wir nicht! Ich habe doch einen Schulfreund im Kultusministerium, und der hat meine Mail an die zuständige Stelle weitergeleitet. Aus der Antwortmail geht klar hervor: Rektor Schmelz hat Unsinn erzählt. Lies selbst:[82]
Regine Weigel: Dann wird die Sache jetzt ernst. Wir müssen uns auf diese Termine gut vorbereiten. Zeit für ein zweites Treffen mit Gertraud und Mark in der Weinstube, meinst du nicht auch?

1. Akt – 3. Szene

Am nächsten Abend ein Treffen der engagierten Eltern in der Weinstube.

Robert Weigel: Schaut euch diese Mail an.

Er legt die Antwort des Kultusministeriums zum Thema » WLAN und digitale Medien in Grundschulen« auf den Tisch.

Robert Weigel: Das habe ich dem Rektor gleich weitergeleitet. Und siehe da: Ich habe einen Termin bei ihm bekommen. Gleich für Anfang nächster Woche. An der Sitzung des Fördervereins können wir übrigens teilnehmen. Regine und Gertraud werden von uns dabei sein.

Regine Weigel: Genau. Inzwischen habe ich mit der Klassenlehrerin, Frau Hermann, telefoniert. Viele Lehrer sehen die Tablets auch kritisch, es ist vor allem der Rektor, der das Tablet-Projekt durchziehen will. Ich denke, wir haben eine gute Chance, das Projekt noch zu kippen.

Robert Weigel: Wichtig ist aber, dass wir nicht wieder als ängstliche Technikverweigerer rüberkommen. Ich habe etwas entdeckt, das uns sehr nützlich sein kann: Es geht darum, wie man Schülern ein Grundverständnis für Computerwissenschaften vermittelt. Schaut euch das mal an! *Er breitet Papiere auf dem Tisch aus.* Das kommt aus Neuseeland! Die nennen das Projekt »CS unplugged – computing science without a computer«.[83]

Mark Müller: Computerwissenschaft ohne Computer? Wie soll das funktionieren?

Robert Weigel: Das sind lauter gute Unterrichtsideen, die das analytische Denken fördern und Grundlagen der Computertechnik erklären. Alles ganz analog, ohne jedes elektronische Gerät. An der Tafel, mit Kopiervorlagen oder mit Bewegungsspielen auf dem Schulhof.

Die Runde stöbert eine Weile in den Papieren – mit wachsender Begeisterung.

Gertraud Münster: Das passt ganz prima zu dem, was ich zusammengestellt habe. Das Prinzip ist ähnlich wie bei deinem Computerprojekt ohne Computer. Analog kommt vor digital, Produzieren kommt vor Konsumieren. Ich habe entsprechende Unterrichtsprojekte gesucht und eine Liste erstellt. Schaut mal: Cyanotypie, Daumenkino, Laterna Magica, Papptheater, Kamishibai, Comic-Kurzgeschichten auf Dias, Stop-Motion-Knet-Trickfilme.

Regine Weigel: Das meiste sagt mir etwas, aber manches kenne ich überhaupt nicht.

Gertraud Münster: Wir können ja für die Website unserer Initiative zu jedem Stichwort noch ein paar Fotos und Links dazustellen.

Mark Müller: So machen wir es. Aber mir fehlt noch etwas auf der Liste: Was ist mit Zeitungsprojekten? Und mit diesen Besuchen beim Radiosender? Das machen die Drittklässler an unserer Schule seit Jahren. Es ist wichtig, dass wir nicht nur auf Defizite hinweisen, sondern sagen können: Hier an der Schule läuft bei der aktiven Medienarbeit schon vieles vorbildlich, einiges könnte noch hinzukommen.

Robert Weigel: Wir treten dem Rektor ganz klar mit der Aussage entgegen: »Wir sagen nicht Nein zu Computern. Wir sagen: Ja, aber richtig!« Dazu gehört für mich, die Grundschule bildschirmfrei zu halten, damit Kinder Lernerfahrungen machen, die ihrem Alter entsprechen.

Regine Weigel: Stopp! Mit solchen Weichei-Aussagen brauchen wir dem Rektor nicht zu kommen. Wir brauchen aussagekräftige Quellen. Guckt euch diesen Text mal an! Die Deutsche Mathematiker-Vereinigung sagt: »Nach Erfahrung der überwältigenden Mehrheit der Mathematikerinnen und Mathematiker weltweit sind Tafel, Papier und das direkte Unterrichtsgespräch meist viel besser [als digitale Medien] geeignet.«[84]

Robert Weigel: Das ist eine echte Klatsche für die Fans digitaler Bildung! Ich habe noch viel mehr Munition gefunden: BLIKK-Studie, OECD-Studie ….

Gertraud Münster: … und vergiss nicht die ICILS-Studie. Die hat Rektor Schmelz im Förderverein gleich als Erstes genannt: Sie weist nach, dass deutsche Schüler schlecht mit Computern umgehen können. Und dass deutsche Lehrer daran schuld sind, weil sie zu wenig Computer im Unterricht einsetzen. Das behauptet Rektor Schmelz. Inzwischen weiß ich's besser! Schaut mal hier …

Gertraud gibt ein eng bedrucktes DIN-A4-Blatt herum, das die anderen drei schweigend lesen.

ICILS 2013[85] Factsheet

Zentrale Erkenntnis: Die Forderung nach mehr PC-Einsatz in der Schule lässt sich durch ICILS empirisch nicht belegen – im Gegenteil:

• Die ICILS-Studie misst die Medienkompetenz (CIL = Computer and Information Literacy) von Achtklässlern im internationalen Vergleich. Deutschland liegt unter 20 teilnehmenden Ländern im vorderen Mittelfeld, wir hinken also gar nicht hinterher.

• Deutsche Achtklässlerinnen weisen in ihrer Medienbiografie weniger Bildschirmerfahrung und speziell weniger Computererfahrung auf.[86] Sie haben laut ICILS-Studie auch eine geringere Selbsteinschätzung ihrer Computerkompetenz. Dennoch haben die Wissenschaftler signifikant höhere tatsächliche Kompetenzwerte gemessen als bei ihren männlichen Altersgenossen! Dieses Ergebnis widerspricht direkt der Annahme, solche Kompetenzen würden durch frühe und ausgedehnte Anwendung »geübt«.

- Im internationalen Vergleich liegen die Werte der deutschen Schüler deutlich über den Werten aus einigen anderen Ländern, in denen die Schüler sowohl zu Hause wie im Unterricht schon seit längerer Zeit und in größerem Umfang den Computer und das Internet nutzen.

- Schüler aus bücherreichen Haushalten erreichen viermal häufiger die höchste Stufe (5) auf der CIL-Skala als Schüler aus bücherarmen Haushalten. Es ließe sich also aus der Studie die Forderung ableiten: Mehr Büchereinsatz im Unterricht zur Förderung hoher computerbezogener Kompetenzen. Das ist verkürzt gedacht: Tatsächlich ist der Bildungsgrad der Eltern vermutlich der erklärende Faktor. Haben die Eltern hohe Bildungsabschlüsse, gibt es für die Kinder zu Hause viel Buch und wenig Bildschirm. Diese Kinder weisen dann als Achtklässler hohe CIL-Werte auf.

- In der Studie fehlt das Thema Digitalrisiken vollständig. Auf problematische Aspekte der Bildschirmmediennutzung wird nicht eingegangen. Auf den 328 Seiten des deutschen Berichtsbandes werden nicht ein einziges Mal die folgenden Begriffe genannt: »Abhängigkeit«, »Sucht«, »exzessiv«, »ausufernd«, »Pornografie«, »Gewalt« oder »Übergewicht«. ICILS erfasst technische Kompetenzen. Hohe technische Kompetenzen sind aber kein Selbstzweck. Sie erweisen sich in einigen Studien als Risikofaktoren für Internetsucht und für Kontakt mit problematischen Inhalten (Gewalt, Pornografie) (Leung und Lee, 2011).

Gertraud Münster: Ihr seht: Es lohnt sich, Studienergebnisse genau zu lesen! Die Presse hat aber damals lauter Schlagzeilen gebracht, die Rektor Schmelz gefallen hätten, so nach dem Motto: Wir brauchen mehr PCs an deutschen Schulen! So ein Blödsinn!
Robert Weigel: Vorsicht, Gertraud! Hier in unserer Runde will dich ja niemand missverstehen. Aber sobald du mit einer Pauschalaussage in die Öffentlichkeit gehst, wird sie dir um die

Ohren gehauen. Wir müssen das relativieren: Für ältere Schüler finden wir es wichtig, dass die Schulen eine gute digitale Infrastruktur haben. Aber nicht für Grundschüler! ... Das Factsheet nehme ich auf jeden Fall mit zum Gespräch mit Rektor Schmelz. Der wird Augen machen ...

Regine Weigel: Wo hast du das überhaupt her, Gertraud? Dürfen wir das auf unsere Website stellen?

Gertraud Münster: Kennt ihr das Präventionsprogramm ECHT DABEI – Gesund groß werden im digitalen Zeitalter? Unsere Kinderärztin ist dort Multiplikatorin. Sie hat mir das Factsheet gegeben. ECHT DABEI lässt sich für Kindergärten und Grundschulen buchen. Sie haben sich auf die Fahnen geschrieben: Wir bringen Mediensuchtprävention und Medienkompetenzförderung zusammen.

Gertraud Münster legt einen Screenshot der Website von ECHT DABEI *auf den Tisch.*

Abb. 2: ECHT DABEI-Screenshot

Robert Weigel: Das hört sich sehr gut an. Meinst du, wir könnten dieses Programm an unsere Schule holen?

Gertraud Münster: Das meine ich auf jeden Fall! Die Kinderärztin hat gesagt, dass sie gerne an die Schule kommt, wenn es gewünscht ist. Für die Schulen ist das Angebot kostenlos, weil es Betriebskrankenkassen finanzieren. Gut! Dann müssten wir nicht einmal auf das Spendengeld zurückgreifen! Die Kinderärztin hat mir auch einige Tipps zur aktiven Medienarbeit gegeben. Die hatte sie auch von ECHT DABEI. Allerdings habe ich bei meinen Recherchen im Internet immer wieder gelesen: Kitas und Grundschulen rühmen sich, »aktive Medienarbeit« mit Tablets zu machen. Was haltet ihr davon?

Regine Weigel: Für ältere Kinder ist das vielleicht geeignet. Für Kita und Grundschule halte ich das für Quatsch! Ein Tablet ist letztlich eine Black Box. Das Kind drückt zwar einen Knopf, aber es versteht nicht, was im Inneren passiert.

Robert Weigel: Du hast völlig recht. Das verstehe ja selbst ich als Informatiker nicht! Unter nachhaltiger Medienbildung stelle ich mir wirklich etwas anderes vor!

Gertraud Münster: Robert! Ich glaube, du hast gerade einen Namen für unsere Initiative erfunden. Was meint ihr? Initiative für nachhaltige Medienbildung? *(Alle nicken begeistert.)* Dann lasst uns anstoßen auf die soeben gegründete Initiative für nachhaltige Medienbildung, kurz INM!

Die Gläser der vier stoßen laut klingend aneinander.

2. Akt – 1. Szene

Personen: Regine Weigel, Gertraud Münster und Ernst Meinel (Ingenieur mit Sohn in der ersten Klasse), zwei weitere Mitglieder des Vorstands im Förderverein.

Eine Woche später. Die Sitzung des Fördervereins findet im Musikraum der Grundschule statt.

Ernst Meinel: Wir müssen unsere Kinder fit für die digitale Zukunft machen! Es ist unsinnig und unverantwortlich, dass Sie sich dagegen sperren!

Regine Weigel: Da muss ein Missverständnis vorliegen. Wir sind nicht dagegen. Wir haben als Eltern gerade die Initiative für nachhaltige Medienbildung gegründet. Wir hatten Sie ja gebeten, sich unsere Website anzusehen – zur Vorbereitung auf unser heutiges Treffen. Ich weiß, das war etwas kurzfristig ...

Ernst Meinel: Mir war meine Zeit zu schade. Diesen technikfeindlichen Quatsch brauche ich mir gar nicht anzuschauen!

Regine Weigel: Also, für alle, die keine Zeit zum Lesen gefunden haben. Unser Fazit ist: Das Spendengeld sollte nicht für Tablets in der Schule verbraucht werden, sondern für andere Projekte. Wir unterstützen daher viele der Ideen auf der vorliegenden Liste: Sie tragen langfristig mehr zur digitalen Bildung bei als die Tablets. Ein kritisches Buch bringt das auf den Punkt: »Eine Kindheit ohne Computer ist der beste Start ins digitale Zeitalter«.[87]

Ernst Meinel: Digitale Medien sind aber heute die Lebenswirklichkeit der Kinder. Überall Bildschirme, überall Computer! Die Schule muss dieses Thema unbedingt aufgreifen und den Kindern zeigen, wie sie aktiv und konstruktiv mit digitalen Medien umgehen! Ich lasse nicht zu, dass Sie das verhindern!

Regine Weigel: Wieder ein Missverständnis. Wir scheinen im Grunde ähnliche Haltungen zu vertreten. Wir von der Initiative für nachhaltige Medienbildung legen besonders großen Wert darauf, dass die Kinder von heute die Geräte nicht nur bedienen können, sondern auch selbst Medienprodukte gestalten lernen. Eben nicht konsumieren, sondern produzieren, das meinten Sie doch, oder?

Ernst Meinel (räuspert sich): »Ja, das meine ich: Aktiv gestalten ist besser als passiv konsumieren.

Regine Weigel: Knöpfchen zu drücken müssen Kinder nicht früh lernen. Fragen Sie mal die führenden IT-Firmen der Welt. Mein Mann ist in der Branche tätig, und er erlebt das bei den jungen Mitarbeitern immer wieder. Die haben sich als Kinder an Software gewöhnt, die komplett veraltet ist, wenn sie in den Beruf einsteigen. Das ist für viele Jobs in der IT-Branche ein Nachteil: Da kommt es auf die Kreativität der Mitarbeiter an, sie müssen um die Ecke denken und bei der Sache bleiben können. Klar, diese Menschen müssen auch programmieren, und dafür brauchen sie Grundlagen der Mathematik.

Sie gibt als Handout das Statement der Mathematiker-Vereinigung in die Runde.

Ernst Meinel: Und wie alt sind diese Mathelehrer, die lieber bei Tafel und Kreide bleiben wollen? Die werden alle schon an die 50 sein und einfach keine Lust haben, sich fortzubilden. Also bleiben sie lieber in der Steinzeit. Sie kennen vielleicht die Geschichte von den Zeitreisenden[88]: Chirurgen und Lehrer aus dem 19. Jahrhundert werden zuerst in einen OP-Saal des 21. Jahrhunderts katapultiert. Die Ärzte kommen aus dem Staunen nicht heraus, sie verstehen in keiner Weise, was da passiert. Dann landet die Gruppe in einem heutigen Klassenzimmer: Schulbänke in Reih und Glied, Tafel, Kreide – und ein Lehrer vor 30 Kindern. Nach einem kurzen Gespräch sehen sich alle Lehrer in der Lage, morgen den Unterricht zu übernehmen. Jammerschade ist das! Alles bleibt beim Alten: Dabei müssten wir so dringend etwas gegen Bildungsungleichheit tun. Dafür brauchen wir die Möglichkeit, schwächere Schüler individuell mit digitalen Medien zu fördern.

Regine Weigel: Ich würde ihnen gerne etwas über meine Erfahrung als Lehrerin berichten. Stichwort Montessori-Materialien, Vokabel-Boxen, LÜK-Kästen oder TimeTEX-Pappcomputer. Binnendifferenzierung analog. Mir ist schon klar: Das Lobby-Geschrei ist so laut, dass kaum einer über diese Alternativen zum Hightech-Hype nachdenkt. Warum auch? Für Digitalprojekte gibt es haufenweise öffentliche Fördergelder. Dabei nimmt auch die OECD deutlich Stellung zu unserem Thema – hier ein Bericht von 2015 mit dem Titel: »Students, Computers and Learning: Making the Connection«.[89]

Ernst Meinel: Eben: Making the Connection. Wir sollten endlich die Potenziale der Digitalisierung fürs Lernen nutzen!

Regine Weigel: Da muss ich Sie leider enttäuschen. Die Studie zeigt etwas anderes. Die Wissenschaftler verknüpften die PISA-Ergebnisse der Länder mit Daten zum Grad der Digitalisierung in Schulen. Das Ergebnis: Die Noten in Mathematik sind am besten, wenn Länder Computer eher wenig in Schulen einsetzen. Für Länder mit digitalisierten Schulen gilt: Die Leseleistungen der Schüler haben zwischen 2000 und 2012 abgenommen.

Hier ein weiteres Handout, wichtig ist der erste Satz.

Die schichtspezifischen Unterschiede in der Fähigkeit, digitale Medien zum Lernen zu nutzen, sind großenteils, wenn nicht gar vollständig durch Unterschiede in traditionellen Basiskompetenzen erklärbar. Eine Förderung von Grundkenntnissen in Rechnen und Schreiben trägt mehr zur Angleichung von Bildungschancen bei als die Ausweitung und Subventionierung von Zugang zu Hightech-Geräten und -Dienstleistungen.

Gertraud Münster: Wie wir an unserer intensiven Diskussion erkennen, ist die Sachlage nicht so eindeutig! Zumindest längst nicht so eindeutig, wie es uns Rektor Schmelz auf der letzten Sitzung dargestellt hat. Wir sollten unsere Diskussion in die

Schulöffentlichkeit tragen – durch eine Podiumsdiskussion. Pro und Kontra digitaler Bildung müssen diskutiert werden. Titel der Veranstaltung: »Tablets in der Grundschule: Hoffnung oder Hype?« Ich beantrage, dass wir die Entscheidung vertagen, bis diese Veranstaltung stattgefunden hat.

So endet die Sitzung des Fördervereins: Die Mehrheit stimmt einem Streitgespräch zu. Gertraud Münster und Ernst Meinel sagen zu, sich um Termine, Räumlichkeiten und Referenten zu kümmern.

2. Akt – 2. Szene

Personen: Robert Weigel und Rektor Manfred Schmelz

Manfred Schmelz (leise zu sich selbst sprechend): Erst fällt mir das Kultusministerium in den Rücken … und jetzt gibt es auch noch dieses dumme Streitgespräch, das diese Aufrührer um die Familie Weigel angezettelt haben … *(Es klopft.)*
Manfred Schmelz: Herein! Setzen Sie sich, Herr Weigel. Schön, dass Sie sich Zeit nehmen. Ich will nichts unversucht lassen. Vielleicht rücken Sie ja doch noch von Ihrem elitären Standpunkt ab.
Robert Weigel: Elitär? Das müssen Sie mir erklären!
Manfred Schmelz: Wir können und wollen die Pädagogik an dieser Schule nicht nur an Akademikertöchterchen wie Ihrer Martha Eloisia ausrichten! *(Der Rektor schießt einen vorwurfsvollen Blick ab.)* Was ist mit Kevin und Chantal? Oder mit Said und Fatma? Wir sorgen dafür, dass auch Schüler Tablets bekommen, deren Eltern sich das nicht leisten können. Sonst werden diese jungen Menschen digital abgehängt. Klar: SIE bringen das alles Ihrer Tochter zu Hause bei. Sie sind ja auch Informatiker. Für Sie ist das ein Kinderspiel!

Robert Weigel: Sie irren sich erheblich! Punkt eins: Martha hat keine eigenen elektronischen Geräte. Punkt zwei: Sie war bisher vielleicht zwei- bis dreimal am PC, um mit mir eine Busverbindung nachzuschauen. Punkt drei: Ganz anders sieht es in den Familien aus, von denen meine Schwester aus ihrer Arbeit als sozialpädagogische Familienhelferin berichtet: Kein Geld, wenig Bildung. Aber haufenweise Bildschirme im Kinderzimmer. Und im Flüchtlingsheim sieht es zu meiner Überraschung auch nicht viel anders aus: Im Aufenthaltsraum thront ein großer Fernseher, alle haben Smartphones – und die Kinder sind ständig einer digitalen Reizüberflutung ausgesetzt. Gehen Sie mal hin und schauen Sie sich selbst um!

Manfred Schmelz (rutscht unruhig auf dem Sessel hin und her): Was Sie nicht sagen. Einzelfälle gibt es immer. Das lässt sich doch nicht verallgemeinern.

Robert Weigel: Die Wissenschaft ist schon viel weiter. Eine Studie aus Berlin hat gezeigt, dass Akademikerkinder sehr viel seltener über eigene Bildschirmgeräte verfügen: Sie haben dreimal weniger Fernseher, viermal weniger Spielkonsolen.[90] Auch an unserer Schule sind die Akademikerkinder nicht die Ersten, die mit einem eigenen Smartphone in die Schule kommen, oder?

Manfred Schmelz: Da haben Sie schon recht. Ich sehe das auch kritisch, wenn diese Geräte im Elternhaus immer früher in Kinderhände geraten. Eben deswegen ist es unsere Pflicht, in der Schule den guten Umgang möglichst früh zu vermitteln.

Robert Weigel: Sehen Sie, da wird mir ganz angst und bange, wenn ich mir vorstelle, welche Botschaft ein Tablet-Projekt an die Eltern vermittelt, mit denen meine Schwester arbeitet. Oder an die aus dem Flüchtlingsheim. Die werden denken: »Am Tablet lernt mein Kind, super! Es ist völlig okay, wenn das Kind noch mehr Zeit an einem Rechner verbringt, egal ob am PC, Tablet oder Smartphone.« Sie kaufen dem Kind am Ende ein Tablet für zu Hause! Denn das ist ja gut für die Bildung. Furchtbar! Für eine sowieso gefährdete Schullaufbahn kann das eine Katastrophe sein.

Manfred Schmelz: Sie meinen also, ich gieße mit dem Tablet-Projekt Öl ins Feuer? So habe ich das noch nie gesehen …

Robert Weigel: Ja, ich denke tatsächlich, Sie laufen große Gefahr, mit Ihrem Projekt die Ungleichheit zu verschärfen, die Sie bekämpfen möchten. Schade, denn Ihren Zielen stimmt unsere Initiative absolut zu. Kinder sollten langfristig fit für den Computer gemacht werden. Die Bildungsschere muss geschlossen werden. Da sind wir uns einig. Nur über den Weg scheinen wir doch sehr unterschiedliche Ansichten zu haben. Bisher fand ich den pädagogischen Ansatz zum Schließen der sozialen Schere an Ihrer Grundschule ganz vorbildlich.

Manfred Schmelz: Die Kollegen machen eine sehr gute Arbeit. Lesepatenschaften, Bewegungsförderung oder »Rechnen in Bewegung«.

Robert Weigel: Es kommt eben auf die reale Welterfahrung an, besonders in diesem Alter. Dazu zählen auch die interkulturellen Theaterprojekte, die an Ihrer Schule stattfinden.

Manfred Schmelz: Reale Welterfahrung! Jetzt behaupten Sie wieder, es gäbe bei dieser Frage nur ein Entweder-oder. Die Tablets sollen das reale Leben doch nicht ersetzen, sondern nur ergänzen.

Robert Weigel: Wenn Sie sich da mal nicht täuschen! Schauen Sie sich doch die aktuellen Zahlen der KIM-Studie 2016 an. Die sprechen eine klare Sprache. *(Er legt einen Ausdruck auf den Schreibtisch.)*

KIM-Studie 2016

Bildschirmnutzung pro Tag

6- bis 7-Jährige:	119 Minuten
8- bis 9-Jährige:	157 Minuten
10- bis 11-Jährige:	198 Minuten
12- bis 13-Jährige:	261 Minuten

+119 Prozent

Abb. 3: KIM-Studie 2016

Wie Sie hier sehen, sitzen schon 6- bis 7-Jährige zwei Stunden pro Tag vor einem Bildschirm. Was mich besonders erschreckt hat: Diese Zeit wird in den folgenden Jahren mehr als verdoppelt. Dazu hat die Wissenschaft die »Zeitverdrängungshypothese« entwickelt. Es lässt sich einfach nicht leugnen: Bildschirme fressen wertvolle Lebenszeit, die Kinder eigentlich bräuchten, um sich gesund zu entwickeln. Zu wenig Zeit fürs echte Leben ist auch der Hauptgrund für die vielen negativen Konsequenzen: Übergewicht, Schlafstörungen, Empathieverlust, schlechtere Noten bis hin zur Internetsucht.

Manfred Schmelz: Genau diese alarmistischen Botschaften sorgen dafür, dass Deutschland abgehängt wird. Schon jetzt hinken wir im internationalen Vergleich bei der digitalen Bildung weit hinterher. Und damit das nicht so bleibt, handeln wir an dieser Grundschule. Schauen Sie! *(Rektor Schmelz zeigt auf die Pinnwand im Hintergrund. Dort hängen drei vergilbte Zeitungsausschnitte mit Schlagzeilen zur ICILS-Studie 2013:)*

- »Peinliches Studienergebnis für Deutschland« *(DIE ZEIT)*
- »Ein Drittel der Schüler ist abgehängt« *(Süddeutsche Zeitung)*
- »Deutschland ist digital nur Mittelfeld? Kein Wunder!« *(STERN)*

Manfred Schmelz: Und jetzt entschuldigen Sie mich bitte, ich habe einen Termin.

Robert Weigel: Hier habe ich noch ein Dokument für Sie, damit wir auf einer ähnlichen sachlichen Grundlage sprechen: unser Factsheet zur ICILS-Studie *(er händigt dem Rektor das Blatt aus)*. Ein Blick in Ihr Bücherregal zeigt mir, dass Sie bestens versorgt sind mit Material, das die Chancen und Potenziale digitaler Medien im Unterricht anpreist. Das ist genau das, was eine Mainstream-Google-Recherche mit den Suchbegriffen »Tablet« und »Grundschule« liefert. Viel schwerer zu finden sind valide Evaluationsstudien. Deshalb haben wir uns die Mühe gemacht, selbst Studien zusammenzusuchen. Diese Quellen zeigen, dass der Hightech-Einsatz an Schulen und Hochschulen oft nicht hält, was er verspricht. Ich freue mich auf unsere Podiumsdiskussion, schön, dass Sie sich beteiligen. Auf Wiedersehen!

Hightech für die Bildung – Hype oder Hoffnung?

Armstrong, A. / Casement, C. (2000): The Child and the Machine: How Computers Put Our Children's Education at Risk. Robins Lane Press, Beltsville

Beland, L.-P. / Murphy, R.: Ill Communication: Technology, Distraction & Student Performance, 2016

Carter, S. P. / Greenberg, K. / Walker, M. (2016): The Impact of Computer Usage on Academic Performance: Evidence from a Randomized Trial at the United States Military Academy

Fried, C. B. (2008): In-class laptop use and its effects on student learning. In: Computers & Education 50, S. 906–914

Fryer, R. (2013): Information and Student Achievement: Evidence from a cellular phone experiment. NBER Working Paper No. 19113

Kucirkova, N. (2014): iPads in early education: separating assumptions and evidence. In: Educational Psychology 5, S. 715

Mueller, P. A./Oppenheimer, D. M. (2014): The pen is mightier than the keyboard: advantages of longhand over laptop note taking. In: Psychological Science 25, S. 1159–1168

Schaumburg, H./Prasse, D./Tschackert, K./Blömeke, S. (2007): Lernen in Notebookklassen. Endbericht zur Evaluation des Projekts »1000 mal 1000: Notebooks im Schulranzen«. Analysen und Ergebnisse, S. 142. http://www.willigis-online.de/wpcontent/uploads/2013/07/n21erkenntnisse.pdf

Shapley, K./Sheehan, D./Maloney, C./Karanikas-Walker, F. (2009): Evaluation of the Texas Technology Immersion Pilot. Final Outcomes for a Four-Year Study (2004–05 to 2007–08). https://etcjournal.files.wordpress.com/2010/07/etxtip_final.pdf

Wenglinsky, H. (1998): Does It Compute? The Relationship Between Educational Technology and Student Achievement in Mathematics. Princeton, NJ: Policy Information Center, Research Division, Educational Testing Service. https://www.ets.org/research/policy_research_reports/publications/report/1998/cne u

Cellular Phone Experiment. National Bureau of Economic Research. http://www.nber.org/papers/w19113 (Abruf 8.11.2015)

Gottwald, A./Vallendor, M./Müller, L./Kammerl, R. (2010): Hamburger Netbook-Projekt Sekundarstufen-Schulen. Projektbericht, Dokumentation, Evaluation. Schuljahr 2009/10. Hamburg: Behörde für Schule und Berufsbildung

3. Akt – 1. Szene

Personen: Manfred Schmelz (Rektor), Dr. Mechthild Spiel (Lernsoftware-Designerin), Henry Glass (»augmented reality«-Experte), Robert Weigel (IT-Fachmann), Dr. Maria Mitten-Wald (Kinderärztin) als Diskussionsteilnehmer; Christian Linden (Moderator und Vorsitzender des Fördervereins)

Die Podiumsdiskussion findet bis auf wenige normale Abschnitte im hektischen »Zeitraffer-Tempo« statt. Wir springen mitten hinein ...

Dr. Mechthild Spiel: ... Produzieren statt konsumieren ist unser Motto.
Robert Weigel: Ja, aber das geht besser analog. Statt ödem Frontalunterricht ist hier jeder Schüler einzeln gefordert. Es gibt vielfach nachgewiesene Lernerfolge ...«
Dr. Mitten-Wald: Hier haben wir 15 Studien zusammengestellt ... keine oder negative Effekte ... bitte nennen Sie Ihre Quellen.
Manfred Schmelz: Wollen Sie sich der Zukunft verschließen, wollen Sie etwa zurück in die Steinzeit?
Dr. Mechthild Spiel: Der Einsatz von digitaler Technik an Grundschulen wird kommen – so sicher wie das Amen in der Kirche! Das ist ja inzwischen auch in den Bildungsplänen festgeschrieben.
Robert Weigel: Das Kultusministerium ist da anderer Ansicht, wie wir durch eine E-Mail erfahren haben.
Dr. Mechthild Spiel: Sie können die Vorreiter sein oder die Nachhut. In jedem Falle kommt diese Entwicklung. Sie ist alternativlos.
Robert Weigel: Alternativlos? Auf dieses Stichwort habe ich gewartet. Liebe Frau Spiel, kann es sein, dass Sie hier gewisse Interessenkonflikte haben? Sie verdienen an der Entwicklung, die

Sie als alternativlos bezeichnen. Hören Sie einfach, was das Bündnis für humane Bildung zum Thema »Alternativlosigkeit« zu sagen hat. Ich könnte es nicht besser ausdrücken: »Statt der einseitigen Fixierung auf Digitaltechnik muss der Mensch wieder im Mittelpunkt stehen. Mit der Vielfalt seiner Lern- und Bildungsprozesse. Geben wir unseren Kindern eine Chance auf eine humane und demokratische Zukunft. Alternativen gibt es immer – auch und gerade zum digitalen Hype der Gegenwart.«[91]

Henry Glass: Programmieren lernen muss im Lehrplan der Grundschulen Pflicht werden. Die USA machen das vor. Zum Beispiel mit der Computerspielschule »Quest to Learn«. Da lernen Kinder im Brennpunktviertel spielerisch und mit Freude. Und die Evaluationsstudie zeigt: Die Lernerfolge sind riesig!

Robert Weigel: Tja, wenn das nur die Realität in Tabletklassen wäre. Kennen Sie das MOLE-Projekt[92] in Hessen?

Henry Glass und Dr. Spiel zucken die Schultern.

Robert Weigel: Die wollten zeigen, was bestenfalls herauskommt, wenn Kinder mit Tablets arbeiten. Also die perfekte Tabletschule. Aus ganz Hessen wurden sechs Schulen ausgewählt. Kollegium und Eltern mussten hinter der Idee stehen. Die Lehrer hatten eine Konzeption vorzulegen, außerdem mussten sie bereit sein, an Projekttreffen und Fortbildungen teilzunehmen …

Manfred Schmelz: Ja, und von Vorteil war auch, dass die Schulen die Tablets nicht selbst zu warten hatten. Auch die gewünschte Software wurde gleich installiert, bei Problemen gab es sofort Hilfe.

Robert Weigel: Danke, Herr Schmelz. So ist es. Was kam aber bei dem Projekt heraus? Aus Dutzenden von Bewerbern wurden sechs »perfekte« Schulen ausgewählt, davon blieben am

Ende nur zwei übrig, die nach Ansicht der Wissenschaftler wirklich vorbildlich gearbeitet haben, mit »aktiver Medienarbeit«. Die vier übrigen Projektschulen machten nach Ansicht der Wissenschaftler mit den Tablets Sachen, die mehr schaden als nützen. Ein bisschen Antolin, das ist ein sogenanntes Leseförderprogramm, ein bisschen digitales Vokabellernen, Rechentraining mit Mathe-Apps. Aktive Medienarbeit? Fehlanzeige.

Henry Glass: Das sind Anfangsschwierigkeiten. In den USA machen es die Schulen längst besser. Kein Wunder, dass Sie abgehängt sind in der digitalen Bildung.

Robert Weigel: Unsere Initiative fordert: Vorbeugung gegen Digitalrisiken ernst nehmen. Mediensuchtprävention und Medienkompetenzförderung zusammenbringen.

Dr. Mechthild Spiel: Genau deshalb ist Medienerziehung an der Grundschule so wichtig. Die Schüler lernen, ihr Medienverhalten kritisch zu hinterfragen und zu reflektieren.

Robert Weigel: Im Grundschulalter? Wir wissen, dass hohe kritische Reflexionsfähigkeit bei digitalen Medien vor allem mit zwei Faktoren zusammenhängt: mit einem hohen Bildungsgrad im Elternhaus und mit niedrigen Bildschirmzeiten! Weniger Bildschirmzeit, mehr Reflexionsfähigkeit. Das schreibt sogar ein dänisches Technologie-Institut.[93]

Christian Linden: Vielen Dank Ihnen allen fürs Kommen. Vielen Dank den Referenten. Wir sind gespannt darauf, wie sich der Förderverein entscheidet. Auf Wiedersehen!

Applaus.

3. Akt – 2. Szene

Personen: Robert Weigel, Manfred Schmelz. Im Büro des Rektors.

Robert Weigel: Danke für Ihre Einladung. Das war eine heftige Auseinandersetzung letzte Woche! Wie war Ihr Eindruck von der Podiumsdiskussion?

Manfred Schmelz: Der Auftritt von Frau Spiel hat mich nicht überzeugt. Auch die Erfahrungen im MOLE-Projekt sind bedenkenswert. Wir müssen einfach besser sein als die Mehrheit der Schulen. Wir wissen, wo die Fallstricke liegen. Ich bin überzeugt: Wir werden mit den Tablets *best practice* hinbekommen!

Robert Weigel: Da habe ich immer noch große Zweifel. Ich habe mich übrigens inzwischen über »Quest to Learn« informiert. Diese Computerspielschule, die Herr Glass so gelobt hat. Möchten Sie darüber etwas hören?

Manfred Schmelz: Nur zu!

Robert Weigel: Lesen Sie dazu dieses Buch: *»Quest to Learn: Developing the School for Digital Kids«. (Er legt ein Buch aus der Uni-Bibliothek auf den Tisch.)*
Ein typisches Beispiel für eine Evaluationsstudie mit geringer Qualität. Im Klartext: Es gab keine »alternative treatment control group«. Zu Deutsch: Es wurden Millionen in die »Quest to Learn«-Schule gebuttert. Andere Schulen bekamen nichts, obwohl sie zum Vergleich des Lernerfolgs herangezogen wurden. Das bedeutet: Es gab nur eine »non-treatment control group«. Also auf der einen Seite ein Riesenaufwand, verglichen mit – nichts. Stellen Sie sich das so vor: Die Lehrer bekommen ihr Deputat saftig reduziert, damit sie an Digitalschulungen teilnehmen können. Jeder Lehrer hat noch einen Softwareentwickler an der Seite, der adaptive Spielerlebnisse für die Schüler programmiert. Was das kostet! Wahrscheinlich mehr als die PCs. Die sind auch vom Feinsten. Die Schule ist räumlich super

ausgestattet. Und die Lehrer sind natürlich motiviert bis in die Haarspitzen: Also mich wundert es überhaupt nicht, dass die Schüler da gut lernen. Doch das Geld hätte besser investiert werden können, etwa in gute Bildung ohne Computer.

Manfred Schmelz: Jetzt haben Sie es wieder gesagt: ohne Computer! Sie reden wie meine Lehrkräfte. Obwohl die Kollegen zum Teil viel jünger sind als ich, erlebe ich einen großen Unwillen, sich in neue Themenfelder einzuarbeiten. So bleibt das Smartboard weitgehend ungenutzt – wegen der vielen Berührungsängste gegenüber moderner Technologie. Da hilft nur eins: Fortbildung, Fortbildung, Fortbildung!

Robert Weigel: Wenn tatsächlich Unwissenheit der Grund für die Ablehnung wäre, würden Fortbildungen helfen. Keine Frage. Aber woher wissen Sie, dass die Kollegen aus Angst so ablehnend sind? Es gibt eine Befragung unter Pädagogen, die das Gegenteil vermuten lässt[94]: Diese Berufsgruppe stand dem frühen Einsatz von Computern umso abwehrender gegenüber, je mehr Ahnung sie selber von Computern hatten. Das heißt: Wer selbst Filme schneiden oder programmieren konnte, hielt Digital-Kitas für eine besonders schlechte Idee.

Manfred Schmelz: Dann geht es Ihnen als ITler genauso? Viel Ahnung und viel Kritik?

Robert Weigel: Ja, so ist es. Aber bei aller Kritik: Ich sehe auch die großen Potenziale, die das Lernen mit digitalen Medien mit sich bringt.

Manfred Schmelz: Ein plötzlicher Sinneswandel? So kenne ich Sie überhaupt nicht.

Robert Weigel: Nein, kein Sinneswandel. Eine Frage der Altersgruppe. Ich arbeite seit Jahren im Bereich IT-Sicherheit für Unternehmen. Und in diesem Kontext habe ich mehrere Onlineschulungen für unsere Produkte mitentwickelt. Da gibt es für Erwachsene viele gute Ansätze.

Manfred Schmelz: Und für Grundschüler auch. Ich werde dem

Förderverein nach wie vor die Anschaffung von Tablets empfehlen.

Robert Weigel: Könnten Sie sich vorstellen, das Programm
ECHT DABEI an Ihre Schule zu holen? Frau Mitten-Wald haben Sie ja kennengelernt. Dann macht sie als Ärztin Ihr Kollegium fit, um Digitalrisiken vorbeugen zu können …

Manfred Schmelz: … und ich sorge dafür, dass wir die Digital-
chancen richtig nutzen. Das scheint mir gut zusammenzu-
passen … Ich muss jetzt los. Ich melde mich bei Ihnen!

Epilog

Am Ende der vielen Diskussionen sieht die Entscheidung im
Förderkreis so aus: Das Theaterprojekt und der Bewegungs-
parcours werden finanziert sowie die Schulbibliothek neu ausgestattet.

Das Kollegium nimmt an der ECHT DABEI-Fortbildung teil
und ist in weiten Teilen davon begeistert. Nach der Fortbildung
arbeitet das Kollegium ein Medienkonzept aus. Als Basis werden wie bisher Sprach- und Bewegungsförderung großgeschrie-
ben. Erste und zweite Klasse bleiben vollständig digitalfrei. Die
dritte Klasse nutzt für ein zweiwöchiges Hörspielprojekt ein
mobiles Tonstudio, das sie vom Kreismedienzentrum leihen.

Das Zeitungsprojekt in Kooperation mit der lokalen Tageszeitung wird fortgesetzt. Die Viertklässler schreiben zu Hause die
Texte und tippen sie in der Schule ab. Dabei arbeiten immer
zwei Schüler zusammen an einem Tablet – oder abwechselnd.
Die nötigen Geräte stellt das Kreismedienzentrum ebenfalls für
drei Wochen zur Verfügung. Damit wird der Grundsatz »Produzieren vor Konsumieren« berücksichtig. Ebenfalls bleibt ein
Grundsatz unangetastet, den das Kollegium nach der Fortbildung vereinbart hat: Es gibt an dieser Schule keine Hausaufgaben am PC.

Weitere Lösungen

Aber was passiert, wenn die Schule Ihrer Kinder nicht digitalfrei ist? Hier einige Vorschläge, wie sich der Umgang mit Medien für die Schule so gestalten lässt, dass Chancen genutzt und Risiken vermindert werden.

WhatsApp-Zwang?: Mitnichten. Dürfen Schulen ihre Schüler »verpflichten«, WhatsApp zu nutzen, indem sie Schulaufgaben, Vertretungspläne etc. auf diesem Weg verschicken? Nein. Es gibt von Bundesland zu Bundesland leicht abweichende Regelungen. In Baden-Württemberg, Rheinland-Pfalz und dem Saarland ist es generell verboten, dass Lehrer diesen Messenger-Dienst zur Kommunikation mit den Schülern einsetzen.[95] Auch in den anderen Bundesländern müssen es sich Eltern nicht gefallen lassen, wenn Schulen einen WhatsApp-Gruppendruck erzeugen – und damit ein Zwang zur Smartphone-Anschaffung entsteht: Bis zu einem Alter von 14 Jahren darf in keinem Bundesland WhatsApp für Schulzwecke genutzt werden, ohne dass die Eltern zustimmen.

Gemeinsam am Rechner: Kennen Sie das? »Ich muss nur schnell für die Hausaufgaben ins Internet«, sagt Ihr Kind. Und Stunden später sitzt es immer noch vorm Rechner. Was hilft, wenn die Schule auf Internet, PowerPoint etc. besteht? Manche Eltern setzen sich neben ihr Kind an den Rechner. So haben sie den Fortschritt der Arbeit im Auge und können eingreifen, wenn ihr Kind sich im Internet verzettelt.

Technische Hilfsmittel einsetzen: Das Kind muss für die Hausaufgaben ins Netz? Und Sie haben keine Zeit, sich danebenzusetzen? Dann fragen Sie, wie viel Zeit das Kind ungefähr benötigt. Eine Stunde? Dann nutzen Sie die Zeitbegrenzungssoftware im PC, um die Surfzeit auf eine Stunde zu programmieren. Danach wird die Verbindung automatisch gekappt. Der positive Langzeiteffekt: Das Kind lernt effizient zu recherchieren. Diese Art von Training wäre auch für so manchen Erwachsenen zu empfehlen. Auch wichtig: Filtersoftware, die Kinder vor ungeeigneten Inhalten im Internet bewahrt (Whitelist oder Blacklist, siehe auch www.klicksafe.de).

9. Zocken, Gamen, Daddeln

Wie Computerspielfirmen Suchtrisiken fördern – und Eltern sie verringern

»Ich will ›Farmerama‹ spielen!«

Die Eltern hören gerade entspannt Musik, als ihr Sohn Yannick ins Wohnzimmer kommt: »Du, Papa! Kannst du mir mal helfen mit dem blöden Tablet?« Yannick wirkt ziemlich genervt. »Worum geht's denn?«, fragt der Vater, und sein Sohn berichtet: »Bei Samuel war das alles ganz leicht. Aber bei meinem Tablet funktioniert es nicht. Ich kann das Spiel einfach nicht runterladen.« – »Welches Spiel denn?«, fragt der Vater. »Das ist so ein Bauernhofspiel«, erklärt ihm sein Sohn, »das haben wir gestern auf Samuels Tablet ausprobiert.«

Da wird auch Yannicks Mutter hellhörig. Sie schaut den beiden über die Schulter. Yannick tippt auf das Browser-Symbol: »Bei Samuel habe ich hier einfach gedrückt, dann kam Google, und ich habe den Namen eingetippt. Aber auf dem Tablet hier passiert nichts! Ich komme ja nicht einmal in dieses Google.« Enttäuscht wirft der 8-Jährige das Tablet zwischen die Sofakissen, sein Blick richtet sich voller Anklage auf die Eltern.

Der Vater reagiert zuerst und erklärt Yannick, dass seine Eltern auf diesem Tablet zwei Benutzeraccounts eingerichtet haben. »Äkaunts?«, fragt der Sohn verständnislos. »Ja«, sagt der Vater, »Accounts. Das sind Zugänge fürs Tablet: Einer ist für uns Eltern – mit Internet. Und einer für dich – ohne Internet. So kannst du überhaupt kein Spiel aus dem Internet herunterladen!« Das wusste Yannick nicht. Was ihm aber klar war: Er hatte immer seinen Eltern Bescheid zu sagen, wenn er ein Buch auf dem Tablet fertig gelesen hatte. Dann haben die Eltern für Nachschub gesorgt. Der Vater erklärt seinem Sohn, dass sie für ein Online-Computerspiel zuerst seinen Account ändern müssten ...

Doch da fährt schon die Mutter dazwischen: »Was ist das überhaupt für ein Spiel?« – »Och, Mama, jetzt reg dich nicht schon wieder so auf! Alles, alles, alles, was ich bis jetzt spielen wollte, hast du mir verboten!« Frustriert fährt er fort: »Du sagst immer: Das ist ein Ballerspiel, das ist ein Suchtspiel, das ist ein böses Online-Gildenspiel ... Aber ›Farmerama‹ ist nicht so!« – »Wirklich?«, die Mutter bleibt skeptisch. »Das ist echt ultraharmlos!«, versichert Yannick. »Es ist ein Bauernhofspiel.« Doch die Mutter hakt nach: »Was machen die Spieler auf diesem Bauernhof?« Und ihr Sohn erklärt: »Wir sind Bauern. Wir müssen pflügen, pflanzen und gießen. Später können wir auch Tiere haben. Echt, Mama! Das spielt sogar die Mutter meines Freundes. Schau es dir selbst an! Einfach ultraharmlos!«

Lassen sich da ernsthaft Einwände erheben? Werden Yannicks Eltern ihrem Sohn erlauben, endlich in die Welt der Computerspiele einzusteigen? Mit einem »ultraharmlosen« Spiel?

TINA-Lösung: Wie es alle machen (sollen)

Klarer Fall. Endlich mal ein Spiel, das Eltern bedenkenlos erlauben können. Bisher warf Yannick seiner Mutter immer vor: »Du bist ja sowieso ›Anti-Games‹!« Doch die Skepsis der Mutter hatte einen guten Grund: Ihr jüngerer Bruder hatte jahrelang exzessiv am Computer gespielt. Ob dieser Onkel von Yannick süchtig war, wusste keiner so genau. Aber: Er hat die Schule geschwänzt, blieb sitzen und gab eine Weile alle anderen Hobbys auf. Diese extreme Spielphase des Schwagers hatte auch Yannicks Vater miterlebt. Heute hat der Onkel sein Leben wieder im Griff, aber Yannicks Eltern sind bei diesem Thema besonders vorsichtig: Ihrem Sohn soll das alles nicht passieren. Am Abend schauen sich die Eltern auf YouTube an, wie das Spiel »Farmerama« abläuft. Dabei tauschen sie sich über Computerspiele aus: »Irgendwann müssen wir auch einmal Ja sagen und nicht immer nur Nein.« – »Stimmt. Und dieses Spiel sieht wirklich ziemlich harmlos aus.« – »Ja. Etwas ist besonders gut: Die Kinder müssen lernen zu warten. Ich habe neulich gelesen, dass schnelle Spiele das Belohnungssystem im Gehirn der Kinder ruinieren, weil es sofort Punkte oder höhere Levels gibt, und zwar für jede kleine Leistung. Im Artikel wurde das *instant gratification* genannt. Wer solche Spiele spielt, verlernt regelrecht den Bedürfnis- oder Belohnungsaufschub. Aber bei diesem Bauernhofspiel gibt es nicht sofort eine Belohnung. Da brauchen die Kinder echt Geduld. Das kann Stunden dauern, bis die Pflanzen endlich gereift sind, um geerntet zu werden.« – »Du hast recht. Und das Spiel ist auch eine gute Leseförderung.« – »Außerdem lernen die Kinder anscheinend, ziemlich komplexe Abläufe zu planen.« – »Ach, schau mal, diese süßen Tiere, um die sich die Spieler zu kümmern haben! Und die Karotten oder das Getreide dafür musst du vorher selbst anbauen.« – »Tolle Idee! Ich finde es immer so schade, dass Yannick wegen seiner Allergien kein Haustier haben kann. Dabei ist er so tierlieb. Dann kann er sich wenigstens im Spiel um Tiere kümmern. So lernen Kinder auch, Verantwortung zu übernehmen.« Es spricht also alles dafür, das Spiel für Yannick auf dem Tablet zu installieren. Trotzdem suchen die Eltern im Internet weiter, ob sie Tipps zu Computerspielen finden. Im Ratgeber *Richtig spielen!* ist in der Rubrik »Computerspiel und Sucht« zu lesen:[97]

Eine erhöhte Suchtgefährdung ist vor allem dann vorhanden, wenn der Erziehungsauftrag in verschiedenen Bereichen nicht verantwortungsbewusst wahrgenommen wird. [...] Als Tipp für den Medienalltag in einer Familie ist es wünschenswert, digitale Spiele bei Interesse eines Familienmitgliedes in den Alltag zu integrieren und zusammen als Familie zu erleben.

Also können Yannicks Eltern auf zwei Wegen einer Sucht vorbeugen: Verantwortungsvoll erziehen und gemeinsam in der Familie Computerspiele spielen *(gamen)*. »Das Spiel ›Farmerama‹ scheint mir dafür aber nicht geeignet zu sein«, stellt der Vater fest. »Da hat jeder seinen eigenen Bauernhof, keiner spielt richtig zusammen.« Welche Spiele kommen also in Frage? Wenn sie richtig gegeneinander spielen würden, wäre das für Yannick mit seinen 8 Jahren frustrierend. Denn: Er wäre wohl selten auf der Siegerstraße. Oder Mama und Papa müssten immer bewusst schlechter spielen, damit der Sohn eine Chance hat. Das wäre aber für die Eltern langweilig. Fragen über Fragen – und das Googeln geht weiter …

Bald finden die Eltern ein Spiel, das alle Probleme viel besser löst, da es miteinander und nicht gegeneinander gespielt wird. Außerdem macht es der asymmetrische Multiplayer-Modus möglich, dass die Spieler verschiedene Rollen im Spiel einnehmen – abhängig von ihren Fähigkeiten. Der eine schlüpft in die Rolle der Hauptfigur und versucht, am Gegner vorbei zum Ziel zu gelangen. Der andere lenkt die gegnerische Seite ab, indem er deren Figuren kitzelt.

Da staunt der Vater: »Bei diesem Spiel sitzt kein einsamer, süchtiger Zocker alleine vorm Bildschirm!« Und seine Frau freut sich: »Hier können ganze Familien gemeinsam Spaß haben. Lass uns das ausprobieren!« Beide merken: Sie müssen ihre ablehnende Haltung zu Computerspielen überdenken. Deshalb laden sie noch an diesem Abend »Farmerama« auf Yannicks Tablet und das Familienspiel auf den PC.

Die große Überraschung: Als die Familie die Spiele testet, haben alle so viel Spaß wie schon lange nicht mehr. Und: Yannick übertrifft sogar nach kurzer Zeit seine Eltern. Vor lauter Spielfreude vergessen sie das Abendessen! Das erste Level im Jump-and-Run-Spiel ist abgeschlossen – und Yannick spornt seine Eltern voller Begeisterung an: »Kommt, lasst uns schauen, ob wir das nächste Level auch schaffen! Gemeinsam bekommen wir das sicher hin!« Alle sind begeistert – und die Familie verabredet sich für den nächsten Abend, um am Computer weitere Levels zu erkämpfen.

Auch der Alltag verändert sich positiv: Haben die Eltern keine Zeit, kann Yannick auch alleine gamen. Mit dem Tablet hat er sich in wenigen Wochen einen großen Bauernhof aufgebaut – mit Feldern und vielen Tieren. Und noch etwas läuft richtig gut: Die Eltern hatten in anderen Familien erlebt, wie sich deren Kinder nicht mehr vom Computerspiel lösen konnten und immer weniger ansprechbar wurden. Das passiert überhaupt nicht bei Yannick: Er unterbricht fast immer schnell und bereitwillig sein Spiel, wenn die Eltern ihn rufen. Außerdem gibt es für sie einen sehr praktischen Aspekt: Yannick reagiert nicht mehr sauer, wenn die Eltern später von der Arbeit nach Hause kommen. Alle sind zufrieden. Aber etwas macht den Eltern Sorge: Yannick wirkt in den letzten Wochen so unausgeschlafen …

Wissenschaft und Argumente

In einem Punkt haben Yannicks Eltern recht: Heute wird es kaum möglich sein, zu Computerspielen immer nur Nein zu sagen. 74 Prozent der Kinder zwischen 6 und 13 Jahren spielen heute in Deutschland mindestens gelegentlich Computerspiele[98].

Das stößt Eltern auf entscheidende Fragen: Ab welchem Alter darf mein Kind Computerspiele spielen? Welche? Mit wem? Online oder offline? Und was kann ich unternehmen, um mein Kind vor Risiken zu schützen?

Das Bauernhofspiel »Farmerama« ist auf den ersten Blick harmlos. Daher steht es beispielhaft für ein Missverständnis, dem Eltern oft unterliegen – und das bei unseren Vorträgen immer wieder zu hören ist: Eltern haben Angst vor den »bösen Computerspielen«, die beispielsweise gewalttätige, ausländerfeindliche oder frauenverachtende Inhalte haben. Solche Ängste sind nicht unbegründet[99]. Doch dieses Kapitel rückt das Risiko ausufernden Konsums bis zur Sucht in den Fokus. Dabei ist es wichtig, vor den besonders gut gemachten Computerspielen zu warnen – und nicht alleine die »bösen« Spiele ins Auge zu fassen. Der Grund: Je besser ein Spiel gemacht ist, je ausgefeilter es den Spielenden an sich zu binden versteht, desto höher ist auch das Suchtrisiko. Weiter unten werden wir am Beispiel »Farmerama« und anderen Spielen zeigen, wie einige hochriskante Merkmale von »guten« Computerspielen aussehen.

Vorweg einige Informationen zum Thema Computerspielsucht. Ausgangspunkt ist das sogenannte »Suchtdreieck«. Zu einer Sucht tragen alle drei »Ecken« bei:

1. Mediale Faktoren (»Suchtmittel« Computerspiel)
2. Soziale Faktoren (Umfeld)
3. Individuelle Faktoren (Persönlichkeit)

Zum Zusammenspiel der drei Faktoren: In keinem Fall verursacht ein »Suchtspiel« allein die Sucht. Für Eltern ist es wichtig, aufmerksam für Risiken zu werden, die in allen drei Bereichen bestehen. Dann können sie ihr Kind bestmöglich schützen, indem sie im familiären Rahmen eine gelingende Mediensuchtprävention praktizieren. Dafür empfehlen wir auf keinen Fall die »TINA-Lösung«: Yannicks Eltern schaffen es, sich zuerst »Farmerama« gekonnt schönzureden. Dann schlagen sie zusätzlich vor, ein Computerspiel als ganze Familie auszuprobieren. Alles Quatsch? Nein, so einfach ist es nicht. In ihren Aussagen steckt immer ein Körnchen Wahrheit – verpackt in viel Unwissenheit, Bequemlichkeit, Rechtfertigungsstrategie und Selbstbetrug.

Erstaunlich: Mit ähnlichen Strategien beschönigen Computerspielsüchtige ihr Spielverhalten, sie begründen also, warum ihr Umgang mit Spielen trotz aller Probleme gut ist. Diese Strategien haben Ähnlichkeiten mit Aussagen, die Computerspielhersteller treffen – und viele Wissenschaftler aus der Medienpädagogik und Mediensozialisationsforschung. Wir nennen das »Neutralisierungsstrategien«.[100]

Zurück zu den eigentlich Betroffenen: Kinder lassen sich viel leichter an die Welt des Zockens und Daddelns fesseln, wenn das Spiel den Spielenden (und ihren Eltern) ein gutes Gefühl gibt. Das »gute Gefühl« entsteht besonders dann, wenn die Spielenden etwas zu bekommen glauben, was sie im echten Leben vermissen. Das klingt vielleicht banal, aber genau diese Idee steckt im Kern eines gängigen Erklärungsmodells für Computerspielsucht. 2010 bis 2015 gab es am Kriminologischen Forschungsinstitut Niedersachsen (KFN) ein interdisziplinäres Forschungsprojekt: »Computerspiel- und Internetabhängigkeit – Diagnostik, Epidemiologie, Ätiopathogenese, Therapie und Prävention«. Paula Bleckmann arbeitete in diesem Forscherteam mit. Sie und ihre Kollegin Dr. Nadine Jukschat führten in der Summe mehr als hundert Stunden biografische Interviews, und zwar mit mehr als 40 Betroffenen. Die Forscherinnen verdichteten das Material zu diesem Erklärungsmodell: Beim Gamen versuchen Menschen oft, unerfüllte Sehnsüchte in drei Bereichen zu stillen: Sehnsucht nach Zugehörigkeit zu anderen Menschen, Autonomie und Anerkennung für Leistungen.

Genau auf diese Mischung zielen manipulative Strategien von Games-Herstellern ab. In der »TINA-Lösung« wird deutlich:

Eine Marketingstrategie wird Yannicks Eltern als gut gemeinter Erziehungstipp verkauft. Sollten Eltern wirklich mit den Kindern am Bildschirm daddeln, um das Suchtrisiko zu mindern? Unsinn! Je jünger das Kind ist, desto eindeutiger ist eine solche Empfehlung zu verwerfen. Denn: Kindern geht es langfristig umso besser, je mehr sie gemeinsam mit den Eltern Spaß haben und je geringer dabei der Anteil »Spaß vorm Bildschirm« ist. Erleben Kinder eine positive Gemeinschaftsbildung mit Eltern oder Geschwistern vor allem vor dem Bildschirm, fördert das eher die Suchtentwicklung. Entsprechend berichten wiederholt Computerspielsüchtige in biografischen Interviews, dass sie sich an ein solches ambivalentes Familienleben erinnern: viel Stress und Streit in der Familie, aber Spaß und Entspannung beim gemeinsamen Gamen[101].

Wie sieht aber das erste Körnchen Wahrheit aus, das sich in der Empfehlung verbirgt, gemeinsam mit Kindern zu spielen? Ganz klar: Kinder wollen spielen! Sie brauchen dazu viele Gelegenheiten – mit Geschwistern, Freunden oder Eltern. Dazu gehörte schon immer, in Fantasiewelten abzutauchen, andere Rollen auszuprobieren, eigene Geschichtenfäden zu weben sowie innere Bilder auszubilden und zu verwirklichen. Aber Achtung: Diese Varianten des Spiels sind auf keinen Fall mit Computerspielen gleichzusetzen. Es gibt zwar Gemeinsamkeiten, aber die Unterschiede dominieren: An PC und Konsole entstehen keine inneren Bilder, keine eigenen Fantasiewelten. Nein, das Gegenteil ist der Fall: Bilder aus dem Bildschirm dringen in die Kinder ein und setzen sich im Kopf fest. Außerdem wird der Ablauf der Geschichte nicht mit anderen Kindern ausgehandelt, sondern durch das Programm vorgegeben. Andere Rollen agieren die Computerspieler nicht selbst aus, indem sie mit dem ganzen Körper in Bewegung sind. Nein! In einer bewegungsarmen Sitzposition werden Spielfiguren per Knopfdruck auf dem Bildschirm »bewegt«. Deshalb kann echtes Spiel die drei oben genannten Sehnsüchte stillen: Zugehörigkeit, Autonomie und Anerkennung. Dagegen bringt Computerspielen nur eine virtuelle Scheinbefriedigung.

Nun das zweite Körnchen Wahrheit: Ja, Eltern von Jugendlichen sollten sich für die Games interessieren, mit denen sich ihr Kind stundenlang beschäftigt. Wenn bereits eine Suchtgefährdung gegeben ist, kann es gewinnbringend für den Therapieverlauf sein, Bereitschaft zum Gespräch über die Spielwelten zu zeigen – oder auch einmal mitzuspielen.[102]

Computerspielsucht und andere digitale Süchte

Die Frage ist einige Jahrzehnte alt: Kann es gerechtfertigt sein, im Zusammenhang mit der Nutzung digitaler Medien von einem Suchtverhalten zu sprechen? Einen guten Überblick, besonders auch zu Therapiemöglichkeiten, bietet das Buch *Digital Junkies* von Bert te Wildt.[103]

Bisher wurde in die internationalen Diagnosekataloge nur die Computerspielsucht unter dem Namen *Internet Gaming Disorder (IGD)* im DSM-V als Forschungsdiagnose aufgenommen. Das geschah 2013. Da Patienten mit anderen sogenannten *Cyber Disorders* (digitalen Süchten) in der Therapiepraxis ebenfalls immer häufiger auftauchen, sind auch *Social Networking Addiction* und die Sucht nach Internetpornografie Kandidaten für die Aufnahme.

Um die Diagnose *IGD* zu stellen, müssen fünf von neun Suchtkriterien erfüllt sein[104]. Die Kriterien sind eng angelehnt an die Merkmale, an denen sich seit Jahrzehnten andere Süchte wie Drogen- oder Alkoholsucht erkennen lassen:

1. Gedankliche Vereinnahmung
2. Entzugserscheinungen
3. Toleranzentwicklung

4. Kontrollverlust
5. Verhaltensbezogene Einengung
6. Fortsetzung trotz psychosozialer Probleme
7. Lügen/Verheimlichen
8. Dysfunktionale Gefühlsregulation
9. Gefährdungen/Verluste

Das Suchtdreieck – Person, Umfeld und Game

Das Suchtdreieck hatten wir schon am Anfang erwähnt. Seine Risikofaktoren tauchen in drei Bereichen auf, wobei wir nur kurz auf die sozialen und individuellen Faktoren eingehen und unseren Scheinwerfer besonders auf die medialen Faktoren richten (»Suchtmittel« Computerspiel). Yannicks Eltern konnten im Ratgeber *Richtig spielen!* lesen: Ein erhöhtes Suchtrisiko entstehe vor allem, »wenn der Erziehungsauftrag in verschiedenen Bereichen nicht verantwortungsbewusst wahrgenommen wird«.[105] Das halten wir für eine Nebelkerze der Computerspielhersteller, um von der eigenen Verantwortung abzulenken und den schwarzen Peter den Eltern zuzuschieben.

Zu den sozialen Faktoren: Das soziale Umfeld spielt eine große Rolle für die Suchtgefährdung. Das Risiko erhöht sich bei familiären Problemen, Schwierigkeiten in Freundschaft und Partnerschaft, Erfahrungen der Ausgrenzung sowie Problemen in Ausbildung oder Schule.

Zu den individuellen Faktoren: Das Suchtrisiko ist höher, wenn bestimmte Eigenschaften der Persönlichkeit vorliegen, etwa Ängstlichkeit, Impulsivität, Neigung zur Prokrastination (»Aufschieberitis«), depressive Verstimmungen oder Konzentrationsstörungen.[106]

Zu den medialen Faktoren: Aus unserer Sicht spielt das »Suchtmittel« Computerspiel eine wichtige Rolle. Leider hinken die Computerspielforscher den Spielentwicklern immer hinterher.

Dennoch gibt es interessante Ergebnisse: Das oben erwähnte Forscherteam am KFN hat suchtfördernde Eigenschaften des Online-Rollenspiels »World of Warcraft« (»WoW«) beschrieben, in dem es der Frage nachging: Welche Eigenschaften des Online-Rollenspiels tragen dazu bei, dass 2010 jeder fünfte (!) »WoW«-Spieler als süchtig oder suchtgefährdet eingestuft werden musste?[107] Auf dieser Grundlage stellte das Forscherteam eine Forderung auf, die bis heute nicht erfüllt wurde: Bei der Alterseinstufung von Computerspielen sollte die Unterhaltungssoftware-Selbstkontrolle (USK) auf jeden Fall berücksichtigen, welches Suchtpotenzial ein Spiel hat – und nicht nur die »entwicklungsbeeinträchtigenden Inhalte«. Online-Rollenspiele sollten nach Ansicht der Forscher grundsätzlich keine Freigabe unter 16 Jahren erhalten.[108]

Es kommen immer wieder neue Spiele auf den Markt, die Spieler[109] in ihren Bann ziehen – sei es über längere Zeiträume, sei es nur kurze Zeit als »Strohfeuer«, an dem sich Tausende von Spielern »wärmen«. Die Genres der Computerspiele sind sehr unterschiedlich, ihre Titel lauten zum Beispiel »Counterstrike«, »Call of Duty«, »Dota«, »League of Legends«, »OGame« etc. Sie alle weisen Eigenschaften auf, die eine Suchtentwicklung fördern können. Auch das Bauernhofspiel »Farmerama«[110] birgt ungeahnte Gefahren, die der 8-jährige Yannick nicht erkennen kann. Sein kindliches Urteil lautet »ultraharmlos«. Harmlos? Ganz und gar nicht, wie sich an vielen suchtfördernden Merkmalen feststellen lässt. Dabei steht »Farmerama« nur exemplarisch für viele weitere Computerspiele mit ähnlichen Eigenschaften:

1. **Echtzeitspiel:** Die Rede ist auch vom »Tamagotchi-Effekt«. Das Spiel läuft im Internet weiter, auch wenn es der Spieler auf dem eigenen Rechner geschlossen hat. Zum Beispiel pflanzen die »Farmerama«-Spieler durch Anklicken Getreide in der

Spielwelt, und dann heißt es warten. Mit jedem höheren Level werden die Reifezeiten länger und länger, von wenigen Minuten zu Beginn bis zu zwei ganzen Tagen.

Wer seine Gaming-Pflichten vernachlässigt, wird bestraft: Nach einer bestimmten Zeit verdorren die Pflanzen. Dieses suchtfördernde Merkmal taucht in vielen Browsergames auf. In anderen Spielen wie »OGame« entfaltet es noch eine deutlich stärkere Wirksamkeit. Da kann es passieren, dass in »Abwesenheit« des Spielers ein Gegner seine Flotte angreift und zerstört. Manche Spieler »lösen« dieses Problem, indem sie sich nachts den Wecker stellen, um im Spiel »kurz nach dem Rechten zu sehen« – oder die Raumschiffe anderer schlafender Mitspieler zu kapern.

2. Unendlichkeit der Spielwelt: Das Spiel »Farmerama« hat kein Ende, es lässt sich endlos weiterspielen. Wenn die Abläufe bekannt sind, gibt es immer wieder neue Zusatzfeatures. Beim Bauernhofspiel sind diese Neuerungen nicht allzu aufregend. Bei anderen Onlinespielen trägt die Unendlichkeit der Spielwelt stärker zum Suchtrisiko bei. Dort kommt wöchentlich oder zu besonderen Terminen wie Ostern oder Weihnachten spannender neuer »Content« auf den Markt. Die Folge: Viele Spieler aus den Interviews des KFN-Teams nahmen dafür extra Urlaubstage oder schwänzten die Schule. Sie wollten unbedingt die Ersten sein, die den »neuen Drachen« besiegen.

3. Gruppendruck: »›Farmerama‹ zwingt den Spieler, ›Nachbarn‹ anzuwerben, für deren Präsenz er verantwortlich gemacht wird«, schreibt Regine Pfeiffer in ihrem lesenswerten Artikel, der sich mit suchtfördernden Merkmalen von Computerspielen beschäftigt[111]. So entsteht eine fragwürdige Spielergemeinschaft. Weiter heißt es in diesem Text: »Auf Level 17 wird die ›Wilde Wiese‹ freigeschaltet, die [ein Spieler] ohne die Anwesenheit von 12 Mitspielern nicht bearbeiten kann. ›Bigpoint‹ stellt ihm ein Formular zur Verfügung, in das er private

E-Mail-Adressen (!) oder die Namen von Farmern aus dem Spielforum eingibt.«

Wenn nur ein Spieler zu wenig im Browsergame aktiv ist, folgt die Strafe auf dem Fuß: Die eigene »wilde Wiese« verwandelt sich wieder in Brachland! Das geschieht auch mit allen Wiesen der Mitspieler, die der erste Spieler als »Nachbarn« angegeben hatte. Klar, dass eine solche »Verwandlung« einen Rückschlag im Spielverlauf darstellen würde. Daher ist es möglich, direkt aus dem Spiel heraus »Nachbarn« an ihre Teilnahme zu »erinnern« – mit wenigen Mausklicks.

Stellen Sie sich vor: Der kleine Yannick fährt übers Wochenende zu den Großeltern. Kaum zurück, findet er eine »Mahnung« im Postfach, geschrieben von seinem Freund: »Yannick! Spiel endlich wieder mit!!!!! Sonst gehen meine Felder kaputt!!!!! Das willst du mir doch nicht antun!!!!!« Gruppendruck pur.

4. Item-Käufe: Damit ist der Kauf von virtuellen Gegenständen gemeint, die den Spielverlauf positiv beeinflussen können (englisch: *item* für »Gegenstand«). Mit echtem Geld erwerben die Spieler diese Items. Zu Recht warnt die Verbraucherzentrale NRW vor dieser Abzocke der Kinder. Dazu bietet die Organisation detaillierte Informationen an: »Free to p(l)ay – Tücken kostenloser Spiele-Apps«[112]. Der Leser erfährt, wie in zehn umsatzstarken F2P-Games die Spieler zum Geldausgeben genötigt werden (F2P ist die Abkürzung für »free to play«).

Dafür testeten die Verbraucherschützer eine Woche lang, wie sich die aktuellen Folgen einiger Spielserien spielen lassen: »Candy Crush«, »Castle Clash«, »Clash of Clans«, »Clash of Kings«, »Clash Royale«, »Gardenscapes«, »Hay Day«, »Mobile Strike«, »Pokemon Go« und »Summoners War«. Viele Spiele bieten etwa kleine Belohnungen an, die ein Spieler täglich einsammeln muss, weil sie sonst verfallen. Und wenn die App schon mal geöffnet ist, kann der Suchtkandidat noch ein Stündchen spielen … Wer echtes Geld investiert, vermeidet auch »nervige« Wartezeiten, um das nächste Level zu erreichen.

Zurück zu »Farmerama«: Die Spieler beschleunigen erheblich ihre Arbeit als virtuelle Bauern, indem sie im Item-Shop Mähdrescher, Stallknechte oder Superdünger kaufen. Wollen aber Eltern die Item-Käufe der Kinder im Blick behalten, legen ihnen die Spieleentwickler Steine in den Weg: Auf der Überblick-Seite zu den Item-Käufen gibt es das Angebot, eigene Spuren zu löschen: »Wenn du deine zuletzt verwendeten Zahlungsmethoden löschen möchtest, klicke bitte hier auf ›Löschen‹.« Pfeiffer kommentiert: »Welchen anderen Zweck sollte dies Löschungsangebot haben, als es Kindern zu ermöglichen, ihre Ausgaben der elterlichen Kontrolle zu entziehen?«

Wer reales Geld in einem Browserspiel ausgibt, unterliegt einer doppelten Gefahr, in eine Sucht abzurutschen:

- Der Spieler stellt im Kopf eine Kosten-Nutzen-Rechnung an: Bereits investiertem Geld rennt er hinterher, ganz nach dem Motto: »Jetzt habe ich schon so viel bezahlt, das muss sich auch lohnen.« Ein Aufhören kommt nicht mehr infrage.
- Junge, wenig zahlungskräftige Spieler steigern ihre Spielzeiten, um mit anderen (oft: älteren) Spielern konkurrenzfähig zu bleiben. Die älteren Spieler geben viel mehr Geld aus, um eine »pay2win«-Strategie zu fahren.

5. Glücksspiel: Schließlich haben Spieler bei »Farmerama« die Möglichkeit, täglich ihr Glück am »Farmwheel« zu versuchen. Die Spieler können an diesem Glücksrad »Tulpgulden« gewinnen, die sich wie echtes Geld für Items im Spiel verwenden lassen. Ein »Dreh« am Glücksrad kostet nur ein paar Cent – wer regelmäßig mitspielt, bekommt einen »Freidreh«. Das ist zwar Glücksspiel, doch dieses Spielmerkmal dominiert »Farmerama« nicht. Es spielt jedoch in vielen anderen Spielen eine sehr

große Rolle. Für »World of Warcraft« wurde dies besonders gut beschrieben[113].

Wer schon süchtig geworden ist, probiert sein Glück in einem Glücksspiel immer wieder – Hunderte, Tausende Male. Subjektiv denkt der Süchtige, es »nur noch dieses eine Mal« zu probieren, den erhofften, aber seltenen Großgewinn zu erzielen. So funktioniert der Mechanismus auch in Computerspielen, wo es begehrte Items nur mit einer bestimmten Wahrscheinlichkeit gibt – und nicht garantiert, wenn ein Spielziel erreicht wird. Verhaltenspsychologen nennen diese Technik intermittierende Verstärkerpläne: Der Spieler muss immer weiter spielen, weil der große Gewinn in der nächsten Runde winken könnte – oder auch nicht! Solche Mechanismen kommen häufig in Online-Rollenspielen zum Einsatz, und zwar in einem komplexen Geflecht aus unterschiedlichen Belohnungsebenen (Gold, Erfahrungspunkte, Ansehen, Items, Level, Achievement Points etc.).

6. Avatar – Identifikation und Entwicklung: Was bei »Farmerama« keine große Rolle spielt, ist die Möglichkeit, sich mit einer Spielfigur (Avatar) zu identifizieren. Auch dies kann ein Suchtverhalten fördern, denn eine solche Spielfigur lässt sich im Rahmen gegebener Möglichkeiten gestalten und entwickeln. Von Level zu Level nehmen deren Fähigkeiten zu – ein Anreiz, das Spiel ständig fortzusetzen.

Vorbeugen gegen Mediensucht

Sehr bedenklich: Alle von der Verbraucherzentrale NRW im Test untersuchten Free-to-play-Browsergames haben eine Altersfreigabe ab 6 Jahren, »Candy Crush«, »Gardenscapes« und »Hay Day« sogar ab 0 Jahren. (Eine Ausnahme gibt es: »Mobile Strike« ist ab 12 Jahren freigegeben.) Dieser Spieltyp erzeugt eine so hohe Spielerbindung, dass er in unseren Augen generell keine Freigabe ab 0 oder 6 Jahren erhalten sollte!

Wie lassen sich Kinder vor Computerspielsucht schützen, einer Form von *Cyber Disorders*? Schaffen es heute nur Experten in Sachen Computerspielsucht, Kinder gesund großzuziehen? Nein, das wäre fatal. Zunächst bleibt zu hoffen, dass der Gesetzgeber die Initiative ergreift. Der Zugang zu Kasinos, zum Kauf von Alkohol und Zigaretten wird bereits von staatlicher Seite beschränkt und durch Steuern verteuert. Ähnliche Maßnahmen zur Verhältnisprävention sind empfehlenswert und machbar – für den großen Bereich der digitalen Süchte.[114] Verhältnisprävention bedeutet: Die Präventionsarbeit setzt an den Rahmenbedingungen (den Verhältnissen) an, zum Beispiel durch eine erhöhte Tabaksteuer. Die Verhaltensprävention beginnt dagegen beim Verhalten des einzelnen Menschen (Rauchen aus gesundheitlichen Gründen aufgeben).

Weiterhin gilt: Eltern können auch jetzt schon viel unternehmen, um ihre Kinder im realen Leben zu stärken. Da kann die klassische Suchtprävention (Rauchen, Drogen, Alkohol) Pate stehen, um einer Mediensucht vorzubeugen. Als wirksamste Methode hat sich das *Life Skills Training* herausgestellt. Auf Deutsch: die Förderung von Lebenskompetenz. Wer mit beiden Beinen fest im realen Leben steht, hat viel bessere Aussichten, auch Spiele mit hohem Suchtrisiko gefahrlos zu spielen.[115] Junge Menschen sind besser vor Digitalrisiken geschützt, wenn sie genug echten Spiel-Raum bekommen. Dazu gehören ebenfalls die Erfahrung von Zugehörigkeit, Autonomie und die Anerkennung für Leistungen.

Was weitgehend wirkungslos ist: Jugendliche über Risiken aufklären und ihnen drastisch schildern, welche Gefahren drohen (Abschreckung). Wer als Jugendlicher über die Schädlichkeit des Rauchens aufgeklärt wurde, raucht nicht unbedingt weniger, sondern manchmal sogar mehr.[116] Daher zeigen heute die Lehrer in der achten Klasse nicht mehr Bilder von Raucherlungen, wie es noch in den 1980er-Jahren üblich war. So wurde bislang auch kein Nachweis erbracht, dass Programme zur Aufklärung über Computerspielsucht bei Jugendlichen das Suchtrisiko senken.

Ein weiterer Ansatz ist nicht wissenschaftlich fundiert: Viele Medienpädagogen wollen Kinder vor Mediensucht schützen, indem sie ihnen eine »gute, aktive« Nutzung von Tablet, TV und Co. nahebringen. Aber: Eine solche Förderung von Medienkompetenz erhöht vielleicht die Fähigkeit, besser mit den Geräten umzugehen – senkt aber nicht die Suchtrisiken. Im Gegenteil: Eine Studie mit asiatischen Jugendlichen zeigte, dass das Risiko für Internetsucht bei den technisch kompetenten Jugendlichen sogar höher lag.[117] Stattdessen sollte es in der Grundschule Programme geben, die Lebenskompetenzen fördern. Etwa wie das Projekt »Klasse 2000«. Um speziell Digitalrisiken vorzubeugen, wurde das Präventionsprogramm »ECHT DABEI – Gesund groß werden im digitalen Zeitalter« für Kindergärten und Grundschulen entwickelt (Paula Bleckmann war dazu federführend an den konzeptionellen Arbeiten beteiligt; vgl. Kapitel 8).

Nun zu unserer »Idealen Lösung«: In vielen Punkten könnte Yannicks Familie Empfehlungen aus diesem Wissenschaftsteil umsetzen.

Ideale Lösung

»Einfach ultraharmlos« – die Einschätzung des 8-jährigen Yannick schwebt zwischen ihm und seinen Eltern. Aber »Farmerama« ist eben kein harmloses Spiel, das sich nur um den Aufbau von Bauernhöfen dreht. Das weiß auch Yannicks Vater, der gleich auf die Bremse tritt: »Moment mal, Yannick, das Spiel kenne ich!« – »Spitze«, reagiert Yannick, »dann können wir es sofort spielen!« – »So einfach ist das nicht«, antwortet der Vater. »Wir können gerne über Spiele sprechen, die du spielen darfst. Denn wir wollen dir auf Dauer nicht alles verbieten. Aber ›Farmerama‹ kommt nicht infrage! Es ist nicht so harmlos, wie du denkst. Ich versuche mal, dir das zu erklären.«

Die Vorgeschichte: Der Vater ist Schulsozialarbeiter und hat in seinem Job erfahren, dass viele Schüler auf ihrem Smartphone Spiele spielen – im Unterricht unter dem Tisch! Das fällt manchen Lehrern nicht auf, weil Echtzeitspiele zwischendrin nur ein paar Mausklicks erfordern. So schicken die Schüler schnell eine virtuelle Truppe los, die Stunden später ihr Ziel erreicht. Oder sie lassen ein virtuelles Feld abernten, bevor es vertrocknet. Daher ist dem Vater bekannt: »Farmerama« ist ein solches Echtzeitspiel.

Wie kann er das jetzt Yannick erklären? Einen Versuch ist es wert: »Auf einem echten Bauernhof schlafen die Tiere nachts, und der Bauer kann auch schlafen. Bei ›Farmerama‹ dauert ein Tag nur wenige Minuten. Da kann es passieren, dass du mitten in der Nacht Tiere füttern musst. Oder Felder bewässern, während du in der Schulbank sitzt. Das machen so einige Schüler bei mir. Die sagen einfach: ›Ich muss aufs Klo‹, aber in Wirklichkeit wollen sie nur aus dem Klassenzimmer raus, um ihr Spiel weiterzuspielen.«

»Das ist doch doof«, erwidert Yannick, »was passiert denn, wenn sie kein Wasser auf die Felder schütten?« Der Vater freut sich über die Frage: »Dann vertrocknen die Pflanzen auf dem Feld, und die Schüler haben umsonst gesät und gepflügt. Das Spiel lässt sich nicht abschalten. Es läuft im Internet einfach weiter, selbst wenn du es auf deinem PC nicht mehr spielst. Ziemlich gemein, oder?«

Yannick kann es kaum glauben: »Oh, Papa! Das klingt wirklich gemein! Aber warum kann niemand das Spiel ausschalten?« Auch auf diese Frage hat der Vater eine gute Antwort, weil er Details dieser Echtzeitspiele auf einer Fortbildung kennengelernt hat: Solche Spiele lassen sich schon so programmieren, dass ein Ausschalten möglich wäre. Aber das würde eben nicht den kommerziellen Interessen dienen, die Spieleentwickler verfolgen. »Die greifen zu einem ziemlich fiesen Trick«, erläutert der Vater weiter, »denn sie behaupten, das Spiel sei kostenlos zu spielen.«

Aber: Wer sich nachts nicht an den Rechner setzen will, muss dafür bezahlen. Statt aufzustehen und virtuelle Felder zu bewässern, kann ein Spieler echte Euros für Wasserspeicher ausgeben, damit seine Felder über Nacht nicht »vertrocknen«. »Oder du kaufst einen Superdünger«, so der Vater, »um die Pflanzen schneller wachsen zu lassen. Damit verdient die ›Farmerama‹-Firma viel Geld – von wegen alles ist kostenlos!« Das nennt sich »digitales Doping« – mit denselben Konsequenzen wie im Sport: Wer nicht dopt, ist im Nachteil und hat viel schlechtere Chancen.

Yannicks Mutter wirft empört ein: »Ich hatte keine Ahnung davon, ich dachte: Bauernhof, das kann mit Sicherheit kein Ballerspiel sein …« Der Vater erklärt weiter: »Na ja, die Inhalte sind unbedenklich, trotzdem hat das Spiel ein gewisses Suchtpotenzial. Wer ohne echtes Geld schnell vorwärtskommen will, muss in der Nacht aufstehen – und das immer wieder und wieder und wieder …«

Das scheint Yannick zu verstehen, denn er erklärt: »Papa, ich will eigentlich kein Geld ausgeben, dafür ist mir mein Taschengeld zu schade, und nachts aufstehen ist auch blöd.« Sein Vater greift noch weitere Themen aus der Suchtforschung auf, etwa den Gruppendruck in Browser-Onlinespielen. Er versteht es, seinem Sohn diesen schweren Stoff in einfachen Worten zu vermitteln: »Wir wollen nicht, dass deine Freunde dich unter Druck setzen müssen, mehr zu spielen, als du selber willst. Nicht weil sie blöd sind, sondern weil es ihnen sonst im Spiel schlechter geht.«

Da das Thema Computerspiel schon in der Luft liegt, machen

die Eltern Yannick einen Vorschlag, der schon einige Zeit in der Schublade liegt. Die Mutter erklärt ihrem Sohn zwei Optionen:

1. Mit 12 Jahren darf Yannick an den Familien-PC, der im Wohnzimmer steht. Auf ihm kann er auch Spiele spielen, die dort installiert sind. Allerdings alles offline; Onlinespiele erst mit 14 Jahren.
2. Wenn es ihm wichtig ist, schon früher mit Offlinegames anzufangen, könnte er mit 9 Jahren einen Zehn-Finger-Tippkurs machen. Sobald er alle Buchstaben, inklusive der Großbuchstaben, tippen kann, darf er früher an den PC (als mit 12 Jahren). Bedingung: 100 Anschläge pro Minute, höchstens 2 Prozent Fehler.

Der PC zum Tippenüben ist eine alte Gurke, auf der lediglich der Tippkurs möglich ist. Kein DVD-Laufwerk, kein Internet, keine Spiele. »Gut, ich überleg's mir«, verkündet Yannick. »Farmerama« ist jedenfalls vom Tisch.

Ein Jahr später: Yannick erinnert sich an das Angebot, einen Tippkurs zu absolvieren. Der Junge investiert viel Zeit, übt geduldig, hat auch mal einen Durchhänger – doch mit 11 Jahren erreicht er sein Ziel.

In dieser Zeit war sein Vater ebenfalls nicht untätig: Mit großer Mühe installierte er für Yannick eine Art »erlebte Geschichte der PC-Spiele«, alles auf dem Familien-PC. Am Anfang stehen »Pong«, »Pac Man«, »Tetris« oder »Columns«. Er treibt sogar eine alte Nintendo-Konsole auf, mit der sein Sohn »Super Mario« spielen kann. Später kommen weitere Spiele hinzu: Autorennen, Strategiespiele, ein »Dungeons and Dragons«. Alles offline!

Yannick probiert die Spiele aus – mit mehr oder weniger großer Begeisterung. Auf Dauer findet er kein Spiel, das ihn wirklich fesselt. Die virtuellen Spielwelten treten nicht in eine ernsthafte

Konkurrenz zu den übrigen Hobbys, Musik und Sport. Dafür sorgt auch ein wöchentliches Zeitlimit, an das er sich beim Computerspielen zu halten hat.

Was für ein Unterschied zu den Spielen von heute, denkt Yannicks Vater. Diese alten Rollenspiele fängst du an, du spielst sie durch, dann sind sie zu Ende. Kein Gruppendruck in der Gilde. Keine Echtzeitproblematik. Keine unendlichen Spielwelten. Wenn Yannick mit 15 oder 16 Jahren seine ersten Onlinespiele spielt, ist er hoffentlich so stabil im Leben verankert, dass er dem Druck widersteht.

Weitere Lösungen

Das Thema »Computerspiele« sprengt eigentlich den Rahmen für ein Kapitel. Es beschäftigt Millionen von Eltern, die sich Fragen stellen, die zum Teil weit über Yannicks Geschichte hinausgehen: Wie erkenne ich, welche Risiken ein neues Computerspiel haben könnte, das mein Kind spielen will? Wie stärke ich mein Kind, damit es später weniger suchtgefährdet ist? Welche technischen Möglichkeiten gibt es, Kinder zu schützen? Wie erkenne ich, ob eine Suchtgefährdung gegeben ist? Wie finde ich Hilfe? Hier einige Tipps sowie Hinweise auf weiterführende Quellen.

Neues Game: Ein Kind will ein neues Computerspiel anfangen. Erlauben oder verbieten? Die oben genannten Suchtmerkmale gehen bisher leider nicht in die Alterseinstufung ein. Diese müssen Eltern selber vornehmen. Dafür sind folgende Quellen hilfreich: »Let's Play«-Videos auf YouTube, Wikipedia-Einträge zum Spiel, Erläuterungen auf der Website »Spieleratgeber NRW« (auch wenn diese Seite das Suchtrisiko nicht ausreichend thematisiert).

Peergroup: Wichtig ist die Frage, ob ein Kind in seiner Peergroup gut integriert ist, vielleicht sogar die Rolle eines Meinungsführers hat. In diesem Fall: eher Ja sagen zum Game, denn die Suchtgefahr ist gering. Ist das Kind ein Außenseiter, dann eher Nein sagen, weil der In-Game-Gruppendruck viel massiver erlebt wird und das Suchtrisiko steigt. Es lohnt sich, im realen Leben gegen die Außenseiterrolle aktiv zu werden, zum Beispiel lässt sich in solchen Fällen der Schulsozialarbeiter ansprechen.

Mitreden können: Eltern entscheiden sich für ein Verbot. Dann helfen die oben genannten Quellen wie Wikipedia dem Kind, halbwegs mitreden zu können, wenn es in der Schule um ein bestimmtes Spiel geht. Ohne nachts aufzustehen oder Hunderte von Stunden Lebenszeit zu investieren.

Free to play (F2P): Wer Fragen zu »Free to play«-Spielen hat, findet dazu detaillierte und kritische Spielbeschreibungen auf der Internetseite www.verbraucherzentrale.nrw/freetoplay.

»PC-Reifetest«: Ob das Kind schon alt genug ist, um die ersten Games zu spielen? Wir empfehlen den »PC-Reifetest« aus dem Buch *Medienmündig* (S. 214). Da werden solche Fragen gestellt: »Ist Ihr Kind ein guter Verlierer?« (Ja = gut), »Kann Ihr Kind allein mit dem Zug fahren?« (Ja = gut) oder »Gibt es Streit um zu lange Fernsehzeiten?« (Ja = schlecht). Ist der Test bestanden, kann das Kind mit Offlinespielen loslegen. Der Einstieg in Onlinespielewelten sollte noch drei Jahre warten. Es besteht ein Unterschied zu Reifetests im Internet (z. B. Smartphone-Reifetest): Diese Tests fragen praktisch nur technische Fähigkeiten ab, die aber nicht vor Sucht schützen (siehe Abschnitt »Argumente und Wissenschaft«).

Haustiere: Bei Allergien in der Familie und Haustiersehnsucht empfehlen sich bestimmte Tierarten, zum Beispiel Schildkröten oder die italienische Hunderasse Lagotto Romagnolo. Diese Hunde sind sehr kinderlieb und haaren nicht. Achtung: Der Knuddelfaktor ist beim Hund weit höher als bei »Farmerama«, der Zeitaufwand aber auch.

Kein »Eltern-Taxi«: Viele Eltern trauen ihrem Kind zu, den Schulweg zu Fuß, mit dem Fahrrad, Bus oder Bahn alleine zurückzulegen – und verzichten auf das »Eltern-Taxi«. Dabei wird nur wenigen bewusst sein, dass sie durch dieses Vertrauen auch gegen digitale Süchte vorbeugen. Eine unerfüllte Sehnsucht nach Autonomie steckt hinter mancher Computerspielsucht. Helikoptereltern erhöhen ungewollt das Risiko für Mediensucht – gerade durch ihr Bemühen, das Kind vor allen Risiken zu schützen.

Zugehörigkeit: Die Sehnsucht nach Zugehörigkeit spielt eine große Rolle bei der Frage, wie sich Mediensüchten vorbeugen lässt. Zu dieser Thematik finden sich an anderer Stelle des Buches einige Ideen (siehe Kapitel 13, »Weitere Lösungen«).

Anerkennung für Leistungen: Was sind gute Strategien für die Mediensuchtprävention? Auf diese Frage gab einer der führenden Experten für Computerspielsucht, Hans-Jürgen Rumpf, eine überraschende Antwort: »Wieder neun statt acht Jahre bis zum Abitur einführen. Leistungsdruck senken. Das Gefühl, den Erwartungen nicht gerecht werden zu können, treibt viele Jugendliche in die virtuellen Welten. Die Leistungserwartungen im Spiel zu erfüllen, ist so viel leichter.«[118] Das bedeutet nicht, dass alle Eltern ihre Kinder auf G9-Schulen schicken müssen. Es wäre schon ein wichtiger Schritt, die Wertschätzung des eigenen Kindes nicht an Noten festzumachen.

Zeitliche Begrenzung: Tipp für alle Familien, deren Kinder im Besitz digitaler Endgeräte sind: Den Router so programmieren, dass in der Nacht grundsätzlich kein Internetzugriff möglich ist. Dieser Hinweis geht auf den ausdrücklichen Wunsch eines Elternpaares zurück, dessen Sohn über Jahre unbemerkt computerspielsüchtig war: Er spielte nachts, wenn die Eltern schliefen. Mit den Folgen hat die Familie noch Jahre später zu kämpfen.

Brettspiele: Vielen Computerspielen entspricht ein analoges Brettspiel. Gemeint ist nicht genau dasselbe Spiel als analoger Abklatsch, sondern eher ein verwandtes Thema oder Spielprinzip: »Blokus« statt »Tetris«, »Vier gewinnt« statt »Candy Crush«, »Schatten über Camelot« statt »League of Legends«.

Ins Gespräch kommen: Es gibt Familien mit älteren Kindern, für die der Streit ums Daddeln schon zum Alltag geworden ist. Ihnen sei die Wendebroschüre »Battlefield Home« empfohlen – zu bestellen bei www.return-mediensucht.de. Von vorne gelesen ist die Broschüre ein Ratgeber für Jugendliche, wie sie mit nervenden Eltern umgehen können (geschrieben im Jugendjargon). Von hinten gelesen ist die Broschüre ein Ratgeber für Eltern. Und: In der Mitte treffen sich Alt und Jung, dort befindet sich ein herausnehmbares Poster. Es unterstützt in kleinen Schritten beide Seiten, wieder aufeinander zuzugehen und miteinander zu sprechen.

Hilfe holen: Nur eine exzessive Spielphase oder echte Sucht? Bei dieser Frage ist es für viele Familien gut, sich Hilfe von außen zu holen. Es ist nicht empfehlenswert zu warten, bis ein Betroffener sein Problem erkennt. Spezialisierte Beratungsstellen für den Bereich Mediensucht finden sich zum Beispiel auf der interaktiven Deutschlandkarte des Fachverbands Medienabhängigkeit.

früher:

heute:

10. »Alle Anderen Dürfen Das Aber«

So bekämpfen Eltern das AADDA-Syndrom, ohne dass ihr Kind zum Außenseiter wird

Alle kennen »Gandalf Style«

Maik steht auf dem Schulhof, in einer Traube von Mitschülern. Ein Smartphone macht die Runde, auf dem kleinen Bildschirm flimmert ein Video: Ein Mann mit Rauschebart sprüht eine Pferdenase ein, stakst rhythmisch durch den Wald, um schließlich wieder im Pferdestall zu tanzen. Sein Hut wippt lustig, der elektronische Sound schwillt langsam an – und der Zauberer »Gandalf« stellt sich die Frage: »Wieso geht es in Mittelerde immer nur um Hobbits?«

Maik wüsste so gerne die Antwort, doch die Klingel ruft die Schüler zurück in die Klassenräume. Alle anderen haben immer noch Spaß. Sie werfen mit Zitaten aus dem Video um sich. Nur Maik steht blöd da, versteht die Pointen nicht, denn er kennt die Parodie auf »Gangnam Style« nicht, die mit dem Titel »Gandalf Style« die Runde durchs Internet macht. Das ärgert den 9-Jährigen, weil er sich ausgeschlossen fühlt.

Beim Abendessen ist Maik immer noch sauer. »In der Schule wissen immer alle Bescheid«, beklagt er sich bei seiner Mutter. »Du sagst jedes Mal nur: ›Nein, da ist zu viel Gewalt in diesen Filmen!‹ Aber, Mama, das stimmt gar nicht! Das ist voll lustig, ich hab das doch in der Pause gesehen. Nichts mit Gewalt oder so!«

Daher fordert Maik endlich ein eigenes Smartphone: »Weißt

du, mich nervt das einfach, wenn die wieder ›Maik Nullchecker‹ zu mir sagen. Wie soll ich aber etwas checken, wenn du
mir immer alles verbietest!« – »So einfach ist das nicht«, wendet die Mutter ein, »fürs Internet sollten Kinder alt genug
sein.« Jetzt bekommt Maik einen roten Kopf und schimpft los:
»Mama, ich bin der Zweitälteste in der Klasse. Alle anderen
dürfen das aber! Du bist soooo ungerecht!« Kurz: Maik leidet
stark am AADDA-Syndrom. Den Rest des Abendessens herrscht
eisiges Schweigen.
Wie wird der Streit ausgehen?

TINA-Lösung: Wie es alle machen (sollen)

Während Maik schweigend sein Käsebrot kaut, denkt seine
Mutter nach: »Maik Nullchecker«? Das hört sie zum ersten
Mal. Sie fragt sich, warum Maik nicht viel früher erzählt hat,
dass Klassenkameraden ihn hänseln. Sie macht sich Sorgen,
dass er gemobbt und als Außenseiter abgestempelt wird. Das
kennt sie aus eigener Erfahrung: Sie war 10 Jahre alt, neu auf
dem Gymnasium und wurde als »Landei« verspottet. Ist es
heute vielleicht genauso schlimm, YouTube-Videos nicht zu
kennen, wie früher die »falschen« Kleider zu tragen?
Auf dem Tisch liegt noch die Tageszeitung mit einem Interview,
das mit einem Medienpädagogen geführt wurde. Er gibt Eltern
Tipps, wie sie mit dem Medienverhalten ihrer Kinder umgehen
sollen. Genau das, was Maiks Mutter sucht. Ihr springen einige
Sätze ins Auge: »Die Gefahr, dass er von der Kommunikation
mit seiner Peergroup ausgeschlossen ist … Keine Einladungen
mehr zu Geburtstagen … kein Mitreden über das neueste You-
Tube-Video.«[120] Davor muss sie Maik bewahren. Sie nimmt
sich ihr Smartphone und findet mehr über das Video heraus,
von dem Maik erzählt hat.
Der Rap »Gangnam Style« machte 2012 den südkoreanischen

Sänger Psy zur globalen Show-Größe – dank YouTube. Er stürmte die Charts. Schon 2012 wurde sein Video eine Milliarde Mal geklickt, 2014 waren es schon zwei Milliarden Klicks. Psys skurrile Tanztechnik faszinierte Kinder und Jugendliche in aller Welt. Ja, das kennt Maiks Mama, das ist doch das Video mit dem peinlichen Tanzstil. Da wird eine imaginäre Peitsche geschwungen, und die Tänzer überkreuzen ständig ihre Hände. Harmlos, findet Maiks Mutter, die bei Wikipedia liest: Dieses Video habe die Vorlage für diverse Parodien geliefert, bald gab es »Obama Style« oder »Klingon Style«. Kein Wunder, dass Maik begeistert ist: Das YouTuber-Trio »Y-Titty« hat den koreanischen Rapper ebenfalls parodiert, indem es sich »Gandalf Style« ausdachte – in Anlehnung an die Trilogie *Herr der Ringe*.

Die Bücher von Tolkien kennt Maik, auch das ist kein Problem. Spontan beschließt Maiks Mama, ihm gleich ihren alten Laptop aus dem Schrank zu holen, über WLAN kann er damit ins Internet. So wird es auch leichter, Schulaufgaben zu machen, was heute immer mehr digital und online gefordert wird ... und vor allem: Maik wird kein Außenseiter! Es muss ja nicht gleich ein Smartphone sein. Dem Sohn soll es auf keinen Fall wie der Mutter gehen, bevor sie endlich die »richtigen« Kleider hatte. Denn sie weiß: Es bringt im Leben große Nachteile, sich gegen das Verhalten der Mehrheit zu stemmen und individuelle Wege zu gehen. Wer mit dem Strom schwimmt, hat weniger zu kämpfen und erreicht leichter sein Ziel.

Wissenschaft und Argumente

»Alle anderen dürfen das aber!« – nach dieser Logik lassen sich Millionen Eltern gegeneinander ausspielen, statt sich gegenseitig zu unterstützen. Denn: Der große Wunsch fast aller Eltern ist es, dass ihre Kinder möglichst spät im Leben mit dem

Konsum von Bildschirmmedien beginnen und generell diese Medien weniger nutzen. Das zeigen mehrere Untersuchungen, in denen Eltern zu Wort kommen.

Zuerst werfen wir den Blick auf eine alte KIM-Studie (2008), die sich mit der medialen Wirklichkeit von 6- bis 13-Jährigen beschäftigt. Die Zahlen sind heute immer noch interessant, weil Eltern gefragt wurden, ob das Kind mit einem bestimmten Medium »zu viel Zeit« verbringe. Das Ergebnis ist eindeutig: Auf zehn Elternteile, die der Meinung sind, die Kinder würden zu viel Zeit mit Fernsehen verbringen, kommt nur ein Elternteil, der die Ansicht vertritt: Die Kinder schauen zu wenig Fernsehen. Bei Büchern ist es umgekehrt: Auf eine Familie, die zu viel Lesen beklagt, kommen sieben Familien, in denen die Eltern meinen, ihre Kinder würden zu wenig lesen[121].

Geändert hat sich in den vergangenen Jahren die Reihenfolge, in der Eltern ihre Sorgen nennen: Zu viel Zeit verbringt der Nachwuchs heute vorwiegend mit Handy und Smartphone, dann mit Computerspielen, gefolgt vom Fernsehen. 84 Prozent der befragten Eltern sind der Meinung, das Internet sei für Kinder gefährlich[122]. Das ist eine Hitparade der Sorgen!

In einer weiteren Untersuchung geht es um das Einstiegsalter. Wann sollten Kinder mit dem Medienkonsum anfangen? Das Ergebnis: Die Eltern befürworten einen Einstieg, der um Jahre später stattfinden sollte, als es tatsächlich der Fall ist. Beim Fernsehen ist die Diskrepanz zwischen Wunsch und Wirklichkeit besonders groß: Ginge es nach den Eltern, sollten Kinder mit 5,5 Jahren ihre ersten Fernseherfahrungen machen. In der Realität fingen im Schnitt die Kinder aus der Befragung mit 3 Jahren an, vor einem TV-Gerät zu sitzen. Heute ist die Altersschwelle auf 2 Jahre gesunken[123]. Beim PC lag das gewünschte Einstiegsalter bei 7,5 Jahren. In Wirklichkeit nutzen schon ein Fünftel der 4- bis 5-Jährigen regelmäßig einen PC, so die Angaben der Eltern.

Wie sehen das aber Fachleute? Sie wurden befragt, wie viel Zeit ein Kind maximal pro Tag vor einem Bildschirm verbringen sollte. Das Ergebnis: Für jede Altersgruppe empfehlen die Wissenschaftler eine Höchstzeit, die etwa bei der Hälfte der Zeit liegt, die diese Altersgruppe im Durchschnitt tatsächlich vor dem Bildschirm verbringt. Mit anderen Worten: Die Expertenempfehlung lautet »Bildschirmzeiten halbieren«![124]

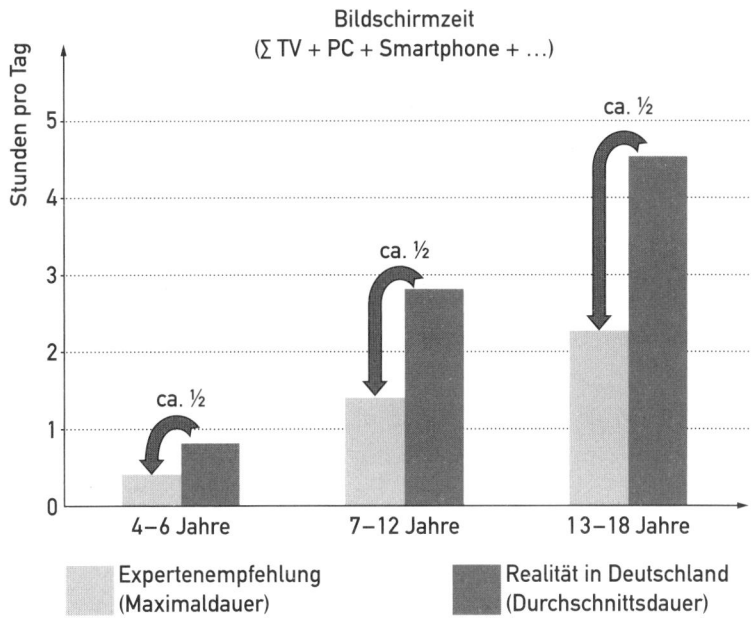

Abb. 4: Expertenmeinung: Bildschirmzeiten halbieren

Im Alltag nutzen Kinder und Jugendliche (so wie auch die Erwachsenen) immer mehr digitale Medien, und das Einstiegsalter für den Besitz von Smartphones sank in der vergangenen Zeit deutlich: Jedes Jahr genau um ein Jahr!
Unterm Strich betrachtet klaffen also Erziehungsvorstellung und Erziehungsrealität weit auseinander, wofür es nach Stu-

dienlage verschiedene Ursachen gibt. Ein erster Grund ist der Gruppendruck: 59 Prozent der deutschen Eltern stimmen der folgenden Aussage zum Fernseh- und Filmkonsum ihrer Kinder zu: »Ist wichtig, um bei Freunden mitzureden« (KIM-Studie, 2014). Häufig lösen ältere Kinder den Trend zu mehr Bildschirm aus, zum Beispiel große Brüder, wie Wissenschaftler der Universität Erfurt feststellten.

Eine Mutter erzählte den Forschern: »Wenn drei Viertel der Klasse das Computerspiel spielen, dachte ich, dann geht das wohl in Ordnung, weil ich auch keine Lust habe, mich damit zu beschäftigen.«[125] Das Zitat führt also zu einem zweiten Grund: Bequemlichkeit. Außerdem hören ECHT DABEI-Coaches[126] oft in Einzelgesprächen, dass Eltern bereits resigniert haben, etwa nach dem Motto: »Ich habe das Gefühl, es lohnt sich nicht, ich kann alleine nichts gegen den Rest der Welt ausrichten.«[127]

Wir können festhalten: Gruppendruck, Bequemlichkeit und Resignation stabilisieren die Diskrepanz zwischen Wunsch und Wirklichkeit. Dabei stellt sich die Frage: Wie kann es sein, dass sich alle Eltern von einem Strom fortreißen lassen, und zwar genau in die Gegenrichtung ihrer Vorstellungen?

Die große Mehrheit der Eltern ist der Meinung: Das Einstiegsalter ist zu niedrig, die Nutzungszeiten sind zu lang und die Inhalte zu gefährlich. Es müsste Beispiele geben, wie sich gegen den Strom schwimmen ließe. Denn: Fast alle Eltern wünschen sich, dass ihr Kind eine gesunde und altersgemäße »Mediendiät« einhält und sich dabei nicht als Außenseiter fühlen muss. Wie das gehen kann, zeigt unsere Ideale Lösung!

Ideale Lösung

Sobald der erste Zorn nach dem Abendessen verraucht ist, fragt die Mutter Maik, warum für ihn Videos à la »Gandalf Style« so wichtig sind. »Die finden alle lustig, nur ich kann nicht mitlachen!«, berichtet Maik betrübt. Darauf fordert er gefühlt zum 1000. Mal: »Ich will endlich ein eigenes Smartphone haben!«

Die Mutter hat sich inzwischen das Video angeschaut und ist zu der Einschätzung gekommen: Viele Gesten wirken obszön, die sexistischen Anklänge sind für Kinder in Maiks Alter nicht geeignet. Sie fühlt sich wieder bestätigt: Ein Computer oder Smartphone mit freiem Internetzugang ist nichts für 9-Jährige, da kann Maik so viel quengeln, wie er will … Und: Es zeigt sich wieder, wie sinnvoll es ist, Medieninhalte gut zu prüfen.

Ein paar Tage später kommen Maiks Freunde zum Spielen, die Mutter startet ihren Laptop: »Schaut mal her«, ruft sie den Kindern zu, »hier läuft jetzt das Original aus Korea: ›Gangnam Style‹.« Maik und seine Freunde sammeln sich um den Bildschirm; die ersten Kinder fangen an, im Rap-Rhythmus mitzuwippen. Hände fliegen hoch, immer mehr Bewegung kommt ins Wohnzimmer, bis alle Kinder mit Psy um die Wette rappen. Da kommt Maiks Vater dazu: Er ist ein spontaner Typ, tanzt komische »Moves« mit, sehr zur Freude der Jungstruppe. Dann greift er schnell zum Tablet, um die Szene als Video festzuhalten. Hinterher wird es mit Schneidesoftware bearbeitet; die Jungs schauen ihm aufmerksam über die Schulter. Ein paar Schnitte, etwas mehr Helligkeit und die Originalmusik daruntergelegt, damit die Soundqualität besser passt. Dann noch ein Titel: »Bottrop Style – DAS ORIGINAL«.

Das Video wollen die Jungs später anschauen, jetzt wird noch ein neues gedreht, und zwar im »Robot Style«. Mit abgehackten Bewegungen toben die Kinder durchs Zimmer, es wird viel gelacht. Und die Jungs haben gut aufgepasst: Das zweite Video schneiden sie zum Teil selbst, Maiks Vater überlässt ihnen gerne sein Tablet. Mitten im Trubel klingelt das Telefon. Die Mutter eines der Jungen will wissen, wo ihr Sohn so lange bleibt. Plötzlich merken alle, wie spät es geworden ist. Als die Freunde gegangen sind, hakt Maik noch einmal nach: »Warum durfte ich ›Gandalf Style‹ nicht gucken?« Sein Vater hat das Video angeschaut: »Du darfst es nicht sehen, weil das nicht für Kinder geeignet ist. Dafür gehen die Männer im Video zu schlecht mit den Frauen um.« – »Ist schon gut«, antwortet Maik. »Ich fand jetzt sowieso ›Robot Style‹ lustiger …«

Die Geschichte mit dem Rapper Psy hat Maiks Mutter auf eine weitere Idee gebracht. Neulich sprach sie mit Eltern aus Maiks Klasse. Schnell wurde klar: Sie haben alle ein großes Interesse, den Medienkonsum der Kinder einzugrenzen. Auch die anderen Mütter hatten den Eindruck, dass TV und Co. zu viel Zeit fressen (siehe auch »Wissenschaft und Argumente«). Außerdem tönte den Eltern das Mantra im Ohr: »Alle anderen dürfen das …« Dieses AADDA-Syndrom will Maiks Mutter jetzt bekämpfen, denn sie kam mit ihrer Freundin Susanne zu der Erkenntnis: Die Kinder machen Druck im AADDA-Stil, und die Eltern bleiben hilflos, solange sie nicht abgestimmt handeln. Wie kann das aber anders gehen?

»Ich glaube, ich habe eine Lösung im Internet gefunden«, sagt Susanne bei einem weiteren Treffen. Sie schlägt vor, beim nächsten regulären Elternabend gemeinsam über eine »Klassenvereinbarung« nachzudenken, die gemeinsame Regeln für die Mediennutzung aufstellt. Ein ECHT DABEI-Coach kann den Eltern zur Seite stehen, er kommt einfach zum Elternabend. Das sollte alles gut vorbereitet sein: Die Elternvertreter sind vorher anzusprechen, die Lehrer zu informieren. Besonders der Klassenlehrer ist ins Boot zu holen, weil seine Unterstützung entscheidend sein kann. Wollen die Eltern zum Beispiel über Smartphones auf Klassenfahrten sprechen, geht ohne den Lehrer nichts. Es ist hilfreich, einen Entwurf der »Klassenvereinbarung« mit der Einladung zu versenden.

Außerdem hat es sich als sinnvoll erwiesen, am Elternabend selbst das Thema in Arbeitsgruppen zu diskutieren. Deren Ergebnisse fließen in zwei Versionen der Vereinbarung, wovon eine beim nächsten Treffen zu verabschieden ist. Die Wirkung: Alle Regeln gelten für die gesamte Klasse – so ist gleichermaßen die ganze Peergroup betroffen. Das AADDA-Syndrom wird flächendeckend eingedämmt.

Wie aber verlief der Elternabend in unserer »Idealen Lösung«? Der Begriff »Klassenvereinbarung« hat schon vor dem Treffen für angeregte Diskussionen gesorgt. Maiks Mutter ergreift das Wort: »Wir wollen gemeinsam an einem Strang ziehen, damit unsere Kinder nicht immer mit dem Argument kommen können: ›Alle anderen dürfen das aber …‹« Das sei für den Nachwuchs das größte Einfallstor, um Eltern gegeneinander auszuspielen.

Und ihre Freundin Susanne stellt drei wesentliche Punkte aus einer möglichen Vereinbarung zur Diskussion. Sie betreffen gegenseitige Besuche der Kinder:

1. Keine Nutzung von Bildschirmmedien durch die Kinder.
2. Bildschirmmedien werden nur genutzt, wenn vorher die Eltern des Besuchskindes gefragt wurden und zugestimmt haben.
3. Bildschirmmedien werden nur in Gegenwart eines Erwachsenen genutzt.

Die Diskussion dieser Punkte macht viele Gemeinsamkeiten deutlich, der Elternabend wird ein großer Erfolg. Auf ganz strenge Regelungen können sich die Eltern nicht einigen, aber es werden gute Kompromisse gefunden. Das liegt auch daran, dass Maiks Mutter nicht »zu viel« will und eben nicht durch maximale Forderungen für schlechte Stimmung sorgt.

So stellen alle in diesen Gesprächen fest: Die Eltern kämpfen mit sehr ähnlichen Herausforderungen und hören fast immer dieselben Sätze von ihren Kindern: »Der Max darf ›Transformers‹ gucken. Nur ich nicht.« Oder: »Die Sara hat ein Smartphone. Ich will auch eins zu Weihnachten haben.« Doch Saras Eltern stellen schnell klar, dass ihre Tochter nur ab und zu das Smartphone des älteren Bruders nutzen darf … und die Eltern von Max finden später heraus: Max hat »Transformers« heimlich geguckt, mit seinem sechs Jahre älteren Bruder.

Maiks Mutter berichtet auch von dem unterhaltsamen Nachmittag, als ihr Sohn mit seinen Freunden durchs Wohnzimmer rappte. Und sie zeigt Sequenzen aus dem »Gandalf Style«-Video. Viele der Eltern sind betroffen: »So etwas schauen unsere Kinder auf den Smartphones?« Nein, nicht alle, denn manche Eltern haben eine Filtersoftware installiert (siehe auch Kapitel 13, »Ideale Lösung«). Das wollen andere jetzt auch so machen.

Beim nächsten Elternabend unterschreiben die Eltern die fertige »Klassenvereinbarung«.

Einige sind nicht da, werden aber noch per Mail erreicht. Bis auf drei Elternpaare haben am Ende alle ihren Namen unter die Vereinbarung gesetzt.

Ideen für eine Klassenvereinbarung

Alle Formulierungen sind nur als Anregung zu verstehen, nicht als konkrete Vorgaben. Die Textbausteine sollen eine Diskussion anregen.

1. Rahmen

Für unsere Kinder wollen wir ein Umfeld schaffen, …

- … in dem sie ungestört und sinnentfaltend lernen können.
- … in dem sie das soziale Miteinander lernen.
- … in dem sie entwicklungsgerechte Aktivitäten leben können.

Außerdem gilt:

- Die Vereinbarung wird jährlich auf ihre Aktualität und Tragfähigkeit überprüft.
- Zum Thema »Medien« gibt es … mal (Anzahl eintragen) pro Schuljahr Gelegenheit zum Austausch auf dem Elternabend.

2. Schulzusammenhang

- Wir geben unseren Kindern keine mobilen Endgeräte (Smartphones o. Ä.) mit in die Schule, auf Schulausflüge oder Klassenfahrten.
- Bei Bedarf erhalten unsere Kinder ein Tastenhandy, aber kein Smartphone.
- Telefongespräche führen unsere Kinder nur in Notfällen und dann im Schulbüro (über das Schultelefon), bei Ausflügen

über den begleitenden Lehrer. Wir bekräftigen ausdrücklich das in der Schulordnung festgelegte Verbot der Nutzung elektronischer Geräte/Mobiltelefone.

- Die Klassenlehrerin/der Klassenlehrer wird von uns ausdrücklich ermächtigt, nach ihrem/seinem Ermessen bei Zuwiderhandlungen technische Geräte sicherzustellen und nach Absprache an die Eltern zurückzugeben.

3. Halbprivat

Bei Besuchen der Kinder untereinander und bei Kindergeburtstagen soll die reale Begegnung der Kinder im Vordergrund stehen. Daher …

- … werden keine Bildschirmmedien genutzt.
- … nutzen die Kinder Bildschirmmedien nur, wenn die Eltern der Besuchskinder zugestimmt haben.
- … nutzen die Kinder Bildschirmmedien nur in Begleitung eines Erwachsenen.
- … nutzen die Kinder nur Bildschirmmedien mit FSK/USK 0 oder 6.
- … führen die Kinder wenn nötig nur ein nicht internetfähiges Handy mit sich.
- … bleiben mitgebrachte mobile Endgeräte bei Übernachtungen nachts bei den Gasteltern.
- … schenken sich die Kinder keine digitalen Geräte oder entsprechendes Zubehör.

4. Familiärer Bereich

Wir sorgen dafür, dass …

- … das Kinderzimmer bildschirmfrei bleibt.
- … die Kinder noch keinen Zugang zu Computerspielen haben.
- … die Kinder Bildschirmmedien nur in Begleitung von Erwachsenen nutzen.

- ... die Kinder Filme nicht im Fernsehen, sondern von Speichermedien sehen, zum Schutz vor Manipulation durch Werbung.
- ... die Kinder das Internet nur mit Filtersoftware nutzen.

Weitere Lösungen

Bei Maiks Eltern kommt viel zusammen: Der Vater beherrscht das Schneiden von Videos, die Mutter kann überzeugend argumentieren, und Maik hat gute Freunde. Das ist nicht in jeder Familie zu erwarten ... Welche Lösungen finden andere Eltern? Wer etwas bewegen will, kann auch diese Wege gehen:

Eltern einigen sich: Wird ein Elternabend zur Klassenvereinbarung organisiert, lässt sich ein ECHT DABEI-Coach einladen, der in die Rolle eines »Bad Cop« schlüpft (www.echt-dabei. de). Er kann alles zum Thema kindlicher Mediennutzung vorbringen, ohne dass er persönliche Verwerfungen riskiert. Diese Unabhängigkeit ist seine Stärke. Vielleicht entsteht so ein fruchtbarer Dialog unter den Eltern, von denen jetzt einige die gemeinsame Klassenvereinbarung unterschreiben. Das wäre ein Teilerfolg, der nicht zu unterschätzen ist.

Teilerfolg: Es kann sein, dass ein solcher Elternabend nicht stattfindet oder zu keinem gemeinsamen Ergebnis führt. Dann kann auch eine kleinere Gruppe interessierter Eltern Regelungen miteinander vereinbaren.

Ausgrenzung? Es lohnt sich zu klären, ob eine echte Not vorliegt: Hat das Kind tatsächlich als einziges in der Klasse keinen Gameboy? Oder wählt es die AADDA-Strategie, um zu bekommen, was es will? Das finden Eltern leicht heraus: Einfach bei den Eltern der anderen Kinder anrufen!

Geteiltes Leid: Die Suche nach einer alternativen Peergroup kann sinnvoll sein. Für ein Kind sind schon zwei oder drei Freunde Gold wert, die ihr Leid mit ihm teilen: »Die doofen Eltern erlauben uns den Film nicht; sie kaufen uns kein Smartphone. Wir sind anders als die anderen. Na gut, aber wir haben ja uns!« Wo finden Kinder solche Freunde, wenn es sie in der Schule nicht gibt? Viele Eltern schicken deshalb ihren Nachwuchs in einen Kinderchor, oder melden ihn in einer inklusiven Theater-AG an – mit großem Erfolg.

Alternativen schaffen: Real life first! Es gibt viele alternative Highlights in der realen Welt, die eine scheinbar »coole« Mediennutzung in den Schatten stellen, vom Bogenbau über sportliche Aktivitäten bis zu Fahrradtouren oder Brettspielen.

Vertrauen: »Meine Eltern trauen mir wohl nichts zu, die meinen, ich bin noch ein Baby …« – manche Kinder haben diesen Eindruck. Wenn Eltern in der virtuellen Welt weniger erlauben, stärken sie ihre Kinder besonders, indem sie ihnen mehr in der realen Umwelt zutrauen: Vielleicht können Kinder alleine zur Schule radeln (wenn nicht gerade eine Hauptverkehrsstraße kreuzt). Oder sie machen selbstständig eine Fahrt mit dem Zug, um die Patentante zu besuchen. Oder die Kinder begleiten die Eltern, um im Hochgebirge zu wandern. So entsteht Selbstbewusstsein.

Mandy, 11 Jahre

11. Digitale Nabelschnur kappen

Wie die Klassenfahrt ohne Smartphone
für alle zum Gewinn wird

Berlin ohne Handy? Geht gar nicht ... oder?

Klassenfahrten sind spannende Ereignisse, die ihre Schatten
vorauswerfen. Die Klasse 8c wird schon bald zu einer Studien-
fahrt nach Berlin aufbrechen. »Liebe Eltern der Reisegesell-
schaft«, begrüßt der Klassenlehrer die Eltern mit ironischem
Unterton. »Wir wollen heute Abend darüber sprechen, wie Ihre
Kinder die Hauptstadt am besten kennenlernen.« Es gebe da
die E-Mail einer Mutter, die sich im Vorfeld für den Verzicht
auf Handys ausspreche – während der gesamten Klassenfahrt.
Ein Raunen geht durch den Raum, Dutzende Hände schießen
in die Höhe; der Klassenlehrer erteilt einer Mutter das Wort,
die engagiert ihr Smartphone in die Höhe reckt: »Die Kinder
müssen auf jeden Fall das Handy mitnehmen! So erreichen sie
uns jederzeit, wenn es Probleme gibt.« Ein Vater stimmt eifrig
zu: »Ja klar! Wenn unsere Tochter zur Patentante fährt, ist das
genauso. Sie ist es gewohnt, abends noch einmal mit uns zu
telefonieren. Sonst kann sie nicht einschlafen.«
In diesem Chor stimmen weitere Eltern ein. Tenor: Smartphones
sind nötig für die Sicherheit. Die Mutter mit der handykriti-
schen E-Mail meldet sich: »Vertraut denn niemand von euch
seinen Kindern? Wir sind doch damals auch ohne große Technik auf Klassenfahrt gegangen.« Auch diese Aussage erntet von
manchen Eltern zustimmendes Nicken. Es steht also 1:1.
Wie wird die Handyfrage am Ende wohl entschieden?

TINA-Lösung: Wie es alle machen (sollen)

Der Elternabend geht in die nächste Runde: »Was passiert, wenn ein Kind seine Gruppe verliert und alleine durch dunkle Straßen irrt?«, gibt eine weitere Mutter zu bedenken. »Ein Anruf bei den anderen – und schon findet es seine Freunde wieder!« Da müsse das Smartphone immer in Griffweite sein. »Sonst fährt mein Sohn nicht mit!«, verkündet die besorgte Frau mit Nachdruck. Dieser Aspekt überzeugt fast alle: Sicherheit! Dennoch kommt nochmals der Einwand: »Früher brauchten wir die kleinen Kisten auch nicht, warum unbedingt heute?« – »Das ist doch die falsche Frage«, widerspricht ein Vater. »Wir müssen eher fragen: Warum sollen wir denn nicht die Chancen nutzen, die sich heute bieten? Früher gab es auch keinen Airbag und keine ABS-Bremsen. Wollen Sie darauf auch verzichten? Die meisten Eltern wollen nicht zurück in die Steinzeit, wenn es um die Sicherheit ihrer Kinder geht.« – »Genau. Und heute ist Sicherheit besonders wichtig, weil die Welt ja auch viel gefährlicher geworden ist«, reagiert sofort die Mutter, die ihren Sohn vor dunklen Straßen bewahren will. »Hier bei uns in der Kleinstadt vielleicht nicht, aber in Berlin: Denkt nur an die schnelleren Autos, die Drogendealer und Kleinkriminellen auf der Straße!«

Große Zustimmung. Und ein weiteres Argument fällt ebenfalls auf fruchtbaren Boden: »Wenn unsere Kinder mit dem Smartphone fotografieren, können sie die Bilder gleich in die Familien-Cloud hochladen, und alle sind in Echtzeit bei ihren Erlebnissen dabei.« – »Das haben wir sogar schon mit Videos gemacht«, ergänzt ein begeisterter Vater. »Aber es geht ja nicht nur um die Familie. Die Kinder selbst können sich noch viele Jahre die Fotos und Filme anschauen. Die Klassenfahrt ist ja nicht ganz billig. Da ist es schon wichtig, die Reise über die Woche hinaus in Erinnerung zu behalten.«

Ein Vater wirft nachdenklich ein: »Wir sollten auch an die

Jugendlichen denken. Die Jungs in der Klasse hatten zuerst keine Lust auf Klassenfahrt. Die Stimmung war miserabel. Aber sie haben herausgefunden: In Berlin gibt es eine Menge außergewöhnlicher Pokemons. Das hat sie begeistert; so kommen gerade auch die Jungs in die Welt hinaus.«

Damit spricht alles für eine Klassenfahrt mit Handys. Und deshalb setzt sich am Ende beim Elternabend die digitale Vernunft durch. Wie sollte es auch anders gehen? Die Smartphones müssen mit!

Wissenschaft und Argumente

Das Argument »Sicherheit« sticht immer, wenn die digitale Nabelschnur gerechtfertigt werden soll. Die Welt sei schließlich so gefährlich geworden, da müssten fürsorgliche Eltern Kontakt mit ihrem Nachwuchs halten. Sie sitzen in einem Helikopter und umkreisen die Kinder – immer bereit, einzugreifen, wenn eine Bedrohung auftaucht …

Helikoptereltern charakterisiert Josef Kraus mit deutlichen Worten. Der ehemalige Präsident des Deutschen Lehrerverbandes stellt im Gespräch mit *SWR2* fest, dass sich die Familienstruktur verändert hat:[128]

> Es geht um die Zahl der Kinder, die immer geringer wird, statistisch gesehen liegen wir bei 1,36 pro Paar. Und auf dieses eine Kind projiziert sich natürlich der ganze Ehrgeiz, der ganze elterliche Narzissmus. Dieses eine Kind muss alles bekommen, was man selbst damals nicht bekommen hat.

Etwas zugespitzt formuliert Kraus, wohin dieser »elterliche Narzissmus« führen kann: Helikoptereltern würden ihre Kinder »bei drei Tropfen Regen« mit dem SUV in die Schule fahren, das Gewicht des Schulranzens kritisieren, sich über die

Zahl der zu lernenden Vokabeln beschweren, bei der Note Drei bereits mit einem Anwalt drohen. Welche Konsequenzen fürchtet Kraus für die Kinder? Einen großen Verlust an Selbstständigkeit: Er beschreibt eine Entwicklung, die heute immer häufiger wird: »(...) Bumerangkids, also Kinder, die einmal flügge geworden sind, aber dann nach Hause zurückkehren.« Kraus weiter: »Den jungen Leuten raubt man im Grunde die Möglichkeit, mit Frustrationen umzugehen, das Glückserlebnis, dass man selbst etwas geschafft hat.« Die Gesellschaft lasse »Eigeninitiative und Eigenverantwortung nicht mehr zu«.

In unseren Augen zeigt sich dafür als Symptom: Eltern binden ihre Kinder an digitale Nabelschnüre, um scheinbar nie die Kontrolle über den Nachwuchs zu verlieren. Dabei geht es mehr darum, ängstliche Erwachsene zu besänftigen, als für die vermeintliche Sicherheit der Kinder zu sorgen. Das schwingt auch in vielen Äußerungen auf unserem Elternabend mit, als an »dunkle Straßen« und »Drogendealer« erinnert wird ...

Kontakt zum Kind im Ausland

Der American Field Service (AFS) ist eine der größten Organisationen, die weltweit einen Schüleraustausch auf die Beine stellen. Aus der Erfahrung mit Tausenden von Austauschschülern empfiehlt der AFS in seinem Newsletter:

Ein direkter Kontakt über Skype oder das Telefon (ist) für die Jugendlichen, insbesondere in der Eingewöhnungsphase, häufig nicht hilfreich. Er kann Heimweh verstärken oder sogar erzeugen. Sollten Eingewöhnungsprobleme der Grund für die Telefonate sein, wäre es sinnvoller, wenn sich die Jugendlichen mit ihren Sorgen direkt an die Gastfamilie oder die örtliche Kontaktperson wenden. Diese können meist gezielter helfen. AFS empfiehlt, nicht mehr als einmal pro Woche Kontakt per E-Mail oder Whats-

App mit dem Kind zu haben. Der Kontakt per Skype oder Telefon sollte sich mit der Zeit möglichst auf höchstens einmal im Monat reduzieren. Tipp: Briefe und Postkarten sind nicht mehr modern, aber sie sind anders geschrieben als eine elektronische Nachricht. Man kann sie an die Wand hängen oder noch Jahre nach dem Austausch Freude daran haben.

Eine der größten Gefahren des Sicherheitswahns liegt paradoxerweise darin, dass Kinder dadurch unnötig in Gefahr gebracht werden. Weil ihnen nicht zugetraut wird, selbst Verantwortung zu übernehmen, lernen sie nicht, Gefahren realistisch einzuschätzen und die Konsequenzen zu ziehen. Prof. Sigrid Tschöppe-Scheffler kritisiert dieses Elternverhalten als »Krisenklau«[129]. Kinder brauchen Krisen: Sie müssen lernen, kleine Risiken bewusst einzugehen, um aus den kleinen Krisen zu lernen. Dann sind sie in Zukunft in der Lage, aus eigenem Interesse große Krisen zu vermeiden.

Da hatte Johann Wolfgang von Goethe ganz recht, als er Folgendes schrieb: »Zwei Dinge sollten Kinder von ihren Eltern bekommen: Wurzeln und Flügel.« Unsere Kinder entwickeln »Flügel«, wenn sie in kindgerechten Freiräumen unterwegs sein dürfen – und durch reale Erfahrungen schlagen sie »Wurzeln« in der Welt.

So tritt neben die Forderung nach mehr Autonomie die Frage nach »Resonanzerfahrungen«, wie sie Prof. Hartmut Rosa aufwirft.[130] Der Soziologe und Politikwissenschaftler schreibt: »Moderne Subjekte suchen nach und geraten in ›Resonanz‹ bei der Arbeit, in der Natur, in der Kunst, in der Religion.« Solche Erlebnisse nennt Rosa »identitätskonstituierende Erfahrungen des Berührt- oder Ergriffenseins«. Sie hätten eine »emotionale Qualität«.

Dieser Beschreibung von »Resonanz« stellt der Wissenschaftler seine »Entfremdungsthese« entgegen – als Erklärung für die steigende Zahl von Burn-out-Fällen im modernen Arbeitsleben. Psychologen hätten als erste Ursache einen »Verlust intensiver, bedeutungsvoller, ›resonanter‹ Sozialbeziehungen« beobachtet. Als zweite Ursache fiel ihnen auf, dass »ein wachsender Zynismus sich (selbst) und der Welt gegenüber« eintritt. Rosa beschreibt diesen Verlust an Lebensqualität ganz konkret:

Weder in der Kunst noch in der Natur, noch in der Arbeit oder der Familie (oder der Religion) verfügen (Burn-out-Patienten) noch über Resonanzräume – die Welt wird ihnen fremd, stumm äußerlich. Entfremdung von Arbeit und Familie, Räumen und Dingen, vom eigenen Körper und Selbst aber sind die Folge von Steigerungszwängen, weil Resonanzbeziehungen stabilitätsbedürftig und zeitintensiv sind.

Was verbindet aber seine Überlegungen mit unserem Thema? Sehr viel, wie ein verwackeltes Video aus Atlanta beweist, das einen Auftritt der Sängerin Beyoncé zeigt:[131] Sie hält ihr Mikro einem Fan zum Mitsingen unter die Nase … Der bringt aber nur klägliche Töne hervor. »Du kannst nicht einmal mitsingen, weil du zu beschäftigt bist, das aufzunehmen«, schimpft Beyoncé. »Ich stehe direkt vor dir, Mensch! Du musst im Moment leben! Nimm diese dämliche Kamera runter!« Der Fan hatte zuvor ständig ihren Auftritt gefilmt. Ein echter Doku-Zwang, der den »Moment« vergessen lässt, wie ihn Beyoncé in Erinnerung ruft: das reale Erlebnis der Gegenwart. Was passiert aber, wenn unsere Kinder mit Smartphones auf der Klassenfahrt Tausende Bilder knipsen? Alles ist zwar digital dokumentiert, aber beim eigentlichen Ereignis waren sie nicht innerlich beteiligt!

»Resonanzerfahrungen« (Rosa) gehen verloren, wodurch Kinder in der Welt flachere Wurzeln schlagen. Das wirkt sich auf ihre Gedächtnisleistung aus. Wir verstehen unter Erinnerungen: Bilder, Gerüche oder Gedanken, die wir in unserem Kopf aufbewahren – und eben nicht Megabites auf einer Festplatte. Daher sollten Kinder mit Fotoapparaten sparsam umgehen, damit sie das eigene Gedächtnis trainieren.

Denn: Ein Forscherteam um die Psychologin Betsy Sparrow (Columbia University) konnte in vier verschiedenen Studien zeigen: Es wirkt sich negativ auf die Gedächtnisleistung aus, wenn Versuchspersonen wissen, dass sie Informationen später wieder abrufen können, etwa von einem technischen Datenspeicher.[132] Auf diese Weise lässt sich nachweisen, wie das Erinnerungsvermögen leiden kann.

Wie sieht es aber mit den sozialen Folgen aus, wenn sich ein Bildschirm zwischen Kinder und ihre reale Umwelt schiebt? Genau dieser Frage ist ein amerikanisches Forscherteam um Yalda T. Uhls auf den Grund gegangen.[133] Es führte eine Feldstudie durch, bei der 51 »preteens« (10 bis 12 Jahre) fünf Tage in einem Natur-Camp verbrachten: ohne Computer, Fernsehen und Mobiltelefone! Die Kontrollgruppe waren 54 »preteens«, die weiter wie gewohnt digitale Medien nutzten. Beiden Gruppen zeigten die Wissenschaftler Bilder und Videos mit Menschen, in deren Gesichtern sich emotionale Zustände ausdrückten. Dabei wurde gezählt, wie oft die Kinder diese Signale falsch deuteten. Das geschah einmal, bevor die Natur-Camp-Gruppe aufbrach, und ein zweites Mal, als sie wieder zurückkam. Der Hintergrund für dieses Experiment: »Weil Kinder die neuen Technologien sehr stark nutzen«, so die Wissenschaftler, »sind Sorgen entstanden, dass ihre Fähigkeit leiden könnte, ›Face to face‹-Kommunikation richtig zu deuten.« Genau dies zeigt die Studie: Die Empathie-Aufgabe wurde wiederholt und die Natur-Camp-Gruppe machte nach den fünf Tagen signifikant weniger Fehler, verglichen mit der Bildschirm-Gruppe. Die Kinder aus dem Camp konnten die Gesichtsausdrücke besser deuten. Uhls und ihre Kollegen stellten fest:

> Die Resultate legen es nahe, dass die digitale Bildschirmzeit, auch wenn sie zur sozialen Interaktion genutzt wird, die Zeit reduzieren könnte, in der sich die Fähigkeit entwickelt, nonverbale Signale menschlicher Emotionen zu verstehen.

Vor diesem Hintergrund ist es spannend, die betroffene Generation selbst zu Wort kommen zu lassen: Eine sechste Klasse aus Mannheim war nach Amrum gefahren, und alle Smartphones blieben zu Hause. Zunächst war der Schock groß, was ein Schüler so ausdrückte: »Dieser Gedanke, eine Woche ohne Handy zu sein, war unerträglich.« Doch schnell drehte sich der Wind, wie eine Dokumentation der Klassenreise zeigt, aus der im Kasten »Klassenfahrt ohne Handy« Zitate zu lesen sind. Die realen Aktivitäten boten anscheinend so viel »Resonanzerfahrung« (Rosa), dass die Schüler ihre Geräte nicht vermissten. Was Rosa als »resonante Sozialbeziehung« bezeichnet, beschreibt ein Schüler auf anrührend schlichte Weise: »Wir sprachen miteinander, anstatt zu chatten. […] So verging die Zeit wie im Flug, und keiner vermisste sein Handy.«

Klassenfahrt ohne Handy

Die sechste Klasse eines Mannheimer Gymnasiums fuhr Anfang 2015 auf die Insel Amrum – ohne Handys. Hier Ausschnitte aus den Schülerberichten.

Leonie: Handys sind für Kinder und Jugendliche heute unverzichtbar. (…) Zunächst vermissten wir unsere Handys bei der langen Zugfahrt, doch dann haben wir uns die Zeit mit Gesellschaftsspielen vertrieben, Fotos gemacht, geredet, gelacht und die Landschaft betrachtet. Auf der Insel haben wir unser Handy nicht oder kaum vermisst, weil wir ein spannendes und interessantes Programm hatten: Wattwanderung, Strandspaziergänge, die Besichtigung einer Vogelkoje, Bernsteinschleifen und vieles mehr. Auch abends kam keine Langeweile auf!
Simon: Am Anfang fand ich es blöd, dass wir keine Handys dabeihatten. (…) Ich hatte (aber) auch ohne Handy viel Spaß. Ohne Handy spielt man mehr draußen und man hat keine Angst,

dass das Handy geklaut wird. Ich habe mein Handy nicht vermisst.

Marc: Als ich davon von meinen Eltern erfuhr, brach für mich eine Welt zusammen. Dieser Gedanke, eine Woche ohne Handy zu sein, war unerträglich. Eine Woche ohne Eltern oder Süßigkeiten war ja okay, aber eine Woche ohne Handy, das geht gar nicht. Heutzutage macht man ja praktisch alles mit seinem Handy: chatten, fotografieren, Musik hören oder auch sogar telefonieren. Auf der Insel angekommen, merkte ich, dass es gar nicht mal so schlimm war wie vermutet. Wir sprachen miteinander, anstatt zu chatten. Wir spielten miteinander, anstatt die Xbox zu nutzen. (…) So verging die Zeit wie im Flug, und keiner vermisste sein Handy.

Ideale Lösung

Die Diskussion um Handys auf der Klassenfahrt wogt hin und her, ein Ende ist nicht abzusehen. Die ersten Eltern werden unruhig, denn im »Ersten« kommt gleich eine interessante Mankell-Verfilmung …

Da steht eine Mutter auf, blickt grimmig in die Runde und setzt zu einer längeren Rede an: »Die Smartphones müssen zu Hause bleiben! Zumindest, wenn wir Großeinsätze der Polizei vermeiden wollen. Blaulicht, Sirene und schlaflose Nächte für die Kinder. Plus: genervte Eltern mit erhöhtem Bluthochdruck …«

Was soll das jetzt, denken sich die Mankell-Fans, aber die Mutter fährt unverdrossen fort und erzählt ihre Handy-Geschichte: Die Tochter geht in die 9a, eine Klasse über dem Bruder, der jetzt nach Berlin reist. Sie fuhr in der Unterstufe mit ihren Mitschülern an den Bodensee, alle waren bester Laune. Bis spät am Abend die Klassensprecherin Mandy (11) mit ihren Freundinnen am offenen Fenster saß, um sich die Nägel zu lackieren. Plötzlich hören sie eine angetrunkene Stimme, die auf dem Hof der Jugendherberge ertönt. »Komm doch mal runter«, ruft ein fremder Mann hinauf. Die Schülerinnen erschrecken heftig, starren aber weiter in den dunklen Hof – und Mandy greift sofort zum Smartphone. Trotz schlechter Verbindung versucht sie es mit WhatsApp. Sie steht am offenen Fenster und tippt ihre Nachricht:

Tochter: *Mama, besoffener Mann vor unserem Fenster.*
Mutter: *Wo?*
Tochter: *Unten im Hof, er will was von uns.*
Mutter: *Und wo bist du?*

Gerade da bricht die Verbindung zusammen – und die Mutter wird von Sorgen überrollt … Sie versucht es erst auf der Notfallnummer der Lehrerin, kein Erfolg. Dann nochmals bei der Tochter, immer noch keine Verbindung. Bleibt nur die Polizei am Bodensee, die sie gleich alarmiert. Kurze Zeit später fährt ein Streifenwagen in den Hof, ein rotierendes Blaulicht huscht über Fenster und Fassaden, das Martinshorn bleibt aber ausgeschaltet. Ahnungslose Schüler und Lehrer werden aus den Betten gerissen; zu Hause läuft die Telefonkette an, viele Eltern verbringen eine schlaflose Nacht. Und der betrunkene Mann? Eine Gefahr für die Schüler? Die Polizisten konnten ihn trotz intensiver Suche nicht entdecken, er war einfach verschwunden!
Zurück zum Elternabend. Hier wird anschließend heiß diskutiert, wie das passieren konnte – und was für Schlüsse sich für die Berlin-Reise ergeben. Eine Frage liegt in der Luft: »Wenn sie Angst hatten … warum haben die Schülerinnen nicht direkt die Lehrerin informiert?« Die Bodensee-Mutter antwortet: »Tja, vielleicht hätten sie längst in den Betten liegen müssen, weshalb sie die Lehrerin nicht ansprechen wollten.« Beim Griff zum Handy hätte das Mädchen wohl nicht nachgedacht,

sondern reflexartig reagiert: Gefahr in Verzug, WhatsApp an Mama.

Sie berichtet über den Elternabend nach der Bodensee-Klassenfahrt: »Die meisten Eltern waren sich danach einig, dass sich die Mädchen selbst in Gefahr gebracht hätten.« Warum blieben sie am offenen Fenster stehen? Warum starrten sie weiter in den Hof? Warum die sinnlose WhatsApp-Nachricht? »Ich bin überzeugt«, so die Mutter, »dass sie einfach das Fenster geschlossen und die Lehrerin geweckt hätten, wenn sie kein Smartphone zur Hand gehabt hätten.« Die Eskalation mit Blaulicht sei völlig überflüssig gewesen.

»Sicherheit ist immer ein großes Thema, wenn es um Smartphones auf Klassenreisen geht«, fasst der Klassenlehrer zusammen. »An unserer Schule haben wir aber die Erfahrung gemacht, dass diese gewünschte Sicherheit eine Illusion sein kann.« Er berichtet von einer Paris-Reise, auf der alle Schüler ihre Smartphones in der Tasche hatten. Für Notrufe an die Lehrer, falls sie in Bedrängnis geraten sollten. Und um jederzeit untereinander Kontakt aufzunehmen ... Was stellte sich aber heraus? »Wer ein ›Abenteuer‹ in dunklen Gassen erleben wollte, schaltete einfach sein Handy ab«, berichtet der Lehrer. Angeblich waren die Schüler in ein Funkloch geraten ... und nicht mehr für den Lehrer erreichbar! Oder das Guthaben war leer – wegen der damals noch teuren Auslandstarife. »Aus dieser Erfahrung haben wir Konsequenzen gezogen«, fährt der Klassenlehrer fort. »Wir teilen immer Stadtpläne aus und tragen darauf Treffpunkte mit Uhrzeit ein, wenn die Schüler in Gruppen unterwegs sind.« Bemerkenswert: Seither würden sich auf Klassenfahrten weniger Schüler verirren, als es in der Smartphone-Phase der Fall gewesen ist, so der Lehrer.

Die Erfahrungen vom Bodensee und aus Paris lenken die Diskussion in eine andere Richtung. Neue Stimmen werden beim Elternabend laut, Eltern berichten von digitalfreien Freizeiten:

Die Pfadfinder nehmen keine digitalen Geräte mit, wenn sie auf Fahrt gehen. Nur der Gruppenleiter steckt ein Smartphone ein. So wird es auch auf mancher Konfirmandenfreizeit geregelt, wo nur Betreuer ein Notfall-Handy haben. »Beim Alpenverein läuft es genauso«, ergänzt ein Vater. »Warum sollten wir dann keine handyfreie Klassenfahrt hinbekommen?«

Dieser Vater betreibt eine kleine Softwarefirma: »Als alter IT-ler halte ich es mit Bill Gates, der seinen Kindern erst mit 14 Jahren ein Smartphone gegeben hat.« Seine ältere Tochter sei schon mit ihrer Klasse in Berlin gewesen – selbst ohne Handy! Da sei ihr aufgefallen, wie ihre Mitschüler pausenlos gedaddelt und gechattet hätten. Diesen Gedanken nimmt eine weitere Mutter auf: »Wollt ihr wirklich 200 Euro für eine Klassenfahrt ausgeben, damit eure Kinder dasselbe wie zu Hause machen? Einfach auf kleine Bildschirme starren?« Das passe für sie überhaupt nicht zusammen. »Der elektronische Kram muss hierbleiben!«, fordert die Mutter vehement. Damit kippt die Stimmung endgültig, die Mehrheit der Eltern spricht sich für eine handyfreie Reise nach Berlin aus …

Weitere Lösungen

Klingt schon nach einer radikalen Lösung: keine Handys auf der Klassenfahrt! Aber so werden viele verschiedene Probleme an der Wurzel gepackt: Hier wieder einige Beispiele, wie weniger radikale Ansätze ebenfalls erfolgreich sind.

Ein Beispiel aus der Schweiz: Dort hat eine Schule für Klassenfahrten ein »Mobil-Set« angeschafft, das aus fünf Seniorenhandys mit »Prepaid-Karte« besteht. Auf Reisen bekommen einzelne Schülergruppen ein Handy, wenn sie alleine unterwegs sind. So können sie den Kontakt zum Lehrer und ihren Mitschülern halten. Eigene Smartphones werden überflüssig.

Einfach einsammeln: Was lässt sich machen, wenn Schüler eigene Smartphones auf die Klassenfahrt mitnehmen? Da hat es sich bewährt, die Geräte nach dem Abendessen einzusammeln und sie nach dem Frühstück wieder zurückzugeben. Selbstverständlich ist das keine Garantie für ausgeschlafene Kinder und ungestörte Nächte. Es wirkt sich aber wenigstens positiv auf die Klassengemeinschaft aus, wenn mit dem Bettnachbarn nachts stundenlang geflüstert wird, statt ins Smartphone zu starren.

Entzug in gewohnter Umgebung: Immer mehr Eltern machen sich Sorgen, sobald ihre Kinder nicht mehr erreichbar sind. Da kann es sinnvoll sein, erst einmal in vertrauter Umgebung die digitale Nabelschnur zu kappen. Dazu eignen sich Aktionen wie »ONE WEEK. NO MEDIA!«[134], wenn die ganze Familie eine Woche zu Hause auf digitales Spielzeug verzichtet. Nach dieser »Vorübung« fällt es den Eltern dann leichter, die Kinder ohne Handy in die Fremde fahren zu lassen.

Bericht mit Fotos: Um Eltern den Handyverzicht schmackhaft zu machen, hat sich ein Lehrer für seine achte Klasse etwas Pfiffiges ausgedacht. Er schrieb auf der Klassenfahrt jeden Abend einen kurzen Bericht, den er mit aktuellen Fotos ergänzte. Abgeschickt wurde der Tagesreport an eine WhatsApp-Gruppe, zu der sich die Eltern zusammengeschlossen hatten. Auf diese Weise war es möglich, eine handyfreie Reise zu organisieren und zugleich dem Wunsch der Eltern nach täglichem Kontakt zu entsprechen.

Thorben, 12 Jahre

12. »Ungerecht! Ihr dürft, ich nicht!«

Eltern als Vorbild – wie eine Smartphone-Vereinbarung ausgehandelt wird

Gleiches Recht für alle?

Thorben sitzt friedlich auf dem Sofa, neben ihm sein Paten-onkel Andreas. Sie waren zusammen an der Donau Rad fahren, ein großes Erlebnis! Nach der Tour bleibt Andreas noch ein paar Tage zu Besuch. Jetzt kommt die Mutter ins Zimmer, freut sich über das »nette Bild« und zückt ihr Smartphone. Sie knipst gleich eine Serie Fotos aus unterschiedlichen Perspektiven. Thorbens Laune sinkt …

Etwas später kommt der neue TV-Flachbildschirm zum Ein-satz, die Radler zeigen ihre Fotos, die sie zwischen Wien und Passau geschossen haben. Der Vater gesellt sich auch zu der Runde, nimmt neben seiner Frau auf dem zweiten Sofa Platz. Thorben beginnt, die Bilder zu erklären: »Das war am ersten Tag … Fahrradreifen geflickt … unser Zimmer in der Jugend-herberge … Andreas auf dem Rad ganz kurz vor Passau.« – »Das sind wirklich schöne Aufnahmen«, kommentiert die Mutter. »Ja, merkst du was, Mama, merkst du was, Papa? Die tollen Reisebilder, wer hat die geknipst?« Der 12-Jährige schaut seine Eltern kritisch an. »Papa« ist eigentlich der neue Mann von Mama. Er ist aber der Vater seiner zwei jüngeren Halb-schwestern.

Keiner reagiert, da gibt sich Thorben selbst die Antwort: »Die Bilder habe ich selber gemacht! Mehr als die Hälfte! Ich durfte das Smartphone von Andreas nehmen, um zu fotografieren. Ihr habt ja immer was dagegen!« Zornig wendet er sich an seinen Patenonkel, um Schützenhilfe im Smartphone-Krieg zu erhalten: »Mama und Papa knipsen selber dauernd herum, das siehst du ja! Aber ich darf nicht einmal für eine Minute das Teil ausleihen. Ein eigenes Smartphone bekomme ich auch nicht! Ziemlich ungerecht, findest du nicht auch, Andreas?«

Der Patenonkel nickt und nimmt Thorbens Eltern ins Visier: »Ihr greift ständig zum Smartphone, um Fotos zu machen! Und euer Sohn bekommt es nicht einmal für eine Sekunde? Nur für ein Foto? Da hat Thorben recht! Das ist extrem unfair! Was ist mit eurer Rolle als Vorbild?« Das hört sein Patenkind gerne und feuert eine weitere Salve ab: »Genau, total ungerecht ist das! Aber es ist ja noch viel schlimmer: Wenn beim Essen Papas Handy in der Hosentasche brummt, darf er sich davonschleichen. Immer hat er eine Entschuldigung, immer ein superwichtiges Gespräch mit der Firma«, schimpft Thorben. »Ich aber muss mich an die Regel halten, die überm Esstisch hängt: ›Kein Handy beim Essen‹.«

Empört schnauft der 12-Jährige, doch Onkel Andreas ist jetzt etwas verwirrt: »Ich dachte, du hast gar kein Handy?«, fragt er sein Patenkind, das ihn schnell aufklärt: »Nur ein Uraltmodell zum Simsen und Telefonieren, aber ohne Touchscreen und ohne Internet.« Doch Thorben grinst dabei: »Aber nicht mehr lange! Es ist mir total egal, dass mir Mama und Papa kein Smartphone kaufen. Wozu hat man einen Patenonkel?« Er schaut Andreas an, der keine Miene verzieht. Etwas vorsichtiger fährt Thorben fort: »Na ja, oder das von Papi.« So nennt Thorben seinen leiblichen Vater, den er selten, aber regelmäßig sieht. »Der hat ein cooles Dual-SIM-Teil! Seine Firma kauft ihm bald ein neues Handy, da könnte ich sein altes haben. Super Lösung, oder?«

Thorben dreht sich triumphierend zu seinen Eltern um … Aber

der Platz neben Mama auf dem Sofa ist leer! Sie zuckt hilflos mit den Achseln, und aus dem Flur hören alle, wie Papa leise telefoniert. Der Patenonkel springt verärgert auf: »Das darf doch nicht wahr sein! Wie lange ist der jetzt schon draußen? Unter Vorbild verstehe ich wirklich etwas anderes!«

Wie wird sich die Situation entwickeln?

TINA-Lösung: Wie es alle machen (sollen)

Das Telefonat ist beendet, Thorbens Papa kommt zurück, setzt sich zu seiner Frau und gibt ihr fröhlich einen Kuss: »Stellt schon mal den Sekt kalt! Ein wichtiger neuer Kunde! Deshalb muss ich immer erreichbar sein, damit mir ein dicker Fisch nicht von der Angel geht.« Freudig blickt er in die Runde, da fallen ihm die vorwurfsvollen Gesichter auf: »Ja, ja! Sorry, dass ich einfach rausgegangen bin. Ich wollte euch nicht stören. Gibt's jetzt noch mehr Bilder von der Radtour zu sehen?«

Das kann Onkel Andreas so nicht stehen lassen: »Moment! Was für ein Gipfel der Inkonsequenz! So kann das auf keinen Fall weitergehen. Ihr verbietet Thorben alles, was ihr ihm täglich vormacht!« Die zornigen Worte wirken, der Mutter wird der Verlauf des Gespräches immer peinlicher. Strafend blickt sie zu ihrem Mann: »Sag ich ja! Du gehst dauernd ans Smartphone, beim Essen oder Fotosanschauen. Wenn du das so machst, können wir das wohl unserem Sohn kaum verbieten!« Sie holt den »Kein Handy beim Essen«-Zettel, der in der Küche an der Wand hing, und zerreißt ihn: »So, der ist jetzt weg!« Andreas und Thorben klatschen Beifall, Papa wirft aber ein: »Hey, wartet! Das ist doch nicht dasselbe. Das eine sind Erwachsene, das andere sind Kinder, die eben keine dringenden Anrufe von der Firma ...« – Thorben grätscht sofort dazwischen: »Und wenn mir mein Trainer eine SMS schickt? Weil er für ein Fußballspiel einen Ersatzspieler braucht? Das ist genauso dringend wie deine doofe Firma! Die müssten ohne mich das ganze Spiel absagen! Aber das zählt für dich nicht!« Beleidigt stürmt Thorben aus dem Wohnzimmer.

Da platzt dem Patenonkel der Kragen: Er diskutiert empört mit Thorbens Eltern über ihre Rolle als Vorbilder. Am Ende treffen die drei Erwachsenen klare Entscheidungen. Erstens: Künftig dürfen Handys beim Essen auf dem Tisch liegen, und alle dürfen sie in dringenden Fällen nutzen. Denn die Eltern sehen schnell ein: Wenn gleiches Recht für alle gilt, lassen sich überflüssige Konflikte vermeiden. Zweitens: Thorben darf Mamas Smartphone zum Fotografieren ausleihen. Drittens: Weihnachten schenkt der Patenonkel Thorben sein altes Handy. Viertens: Die Eltern werden ihrem Sohn endlich erlauben, einen eigenen PC in seinem Zimmer aufzustellen. Den gibt's von »Papi« zu Weihnachten.

Andreas liefert zu diesen Beschlüssen gute Argumente, die beide Eltern schnell überzeugen: »Es gibt zur Gleichberechtigung in der Familie keine Alternative. Es ist gut für alle, nicht mehr ständig rechtfertigen zu müssen, warum mit zweierlei Maß gemessen wird. Das ist positiv fürs Familienklima.«

Drei Monate später versammelt sich die Familie zum Heiligen Abend. Thorben entdeckt sofort unterm Weihnachtsbaum ein kleines Kästchen, und schon leuchten seine Augen ... Schnell ist es ausgepackt, ein Smartphone, auf dem alles betriebsbereit installiert ist.

Etwas später beginnt das Weihnachtsessen, der Duft einer gebratenen Gans liegt in der Luft. Thorben hat seinen neuen Schatz neben dem Teller platziert. Nach ein paar Bissen legt er das Besteck zur Seite, tippt auf dem Smartphone herum. Das findet seine Mutter etwas übertrieben: Daddeln beim Festessen? Doch sie kann diesem Gedanken nicht weiter nachhängen, denn das eigene Smartphone meldet eine neue WhatsApp-Nachricht. Sie kommt von ihrem Sohn – und die Mutter ist froh, nicht gleich losgeschimpft zu haben. Thorben schreibt: *gans gans lecker* ☺ *thx mum!!* Gerührt blickt sie auf den Bildschirm und schreibt sofort zurück: *Freut mich, dass es dir schmeckt. XXX Mum*

Wissenschaft und Argumente

Hat Thorbens Patenonkel etwa recht, wenn er in der »TINA-Lösung« die Eltern kritisiert: »Ihr verbietet Thorben alles, was ihr ihm täglich vormacht.«? Wie sieht bei diesem Thema der Stand der Wissenschaft aus? Sind Eltern wirklich dazu verurteilt, immer Vorbild zu sein? Die Antwort auf diese Frage lautet: Nein im einen Fall, Ja im anderen Fall.

Nein, Eltern müssen und dürfen nicht immer Vorbild sein. Sie sollten Kindern auf keinen Fall dieselben Möglichkeiten der Mediennutzung einräumen, wie sie Erwachsene selbstverständlich in Anspruch nehmen (z. B. keine Actionfilme für Kindergartenkinder). Ein Kind darf auch nicht Auto fahren, Zigaretten kaufen, Kasinos betreten, Verträge abschließen, an einer Wahl teilnehmen etc. Alles selbstverständlich für Erwachsene und aus guten Gründen für Minderjährige noch nicht erlaubt.

Der Unterschied zur Mediennutzung: Es ist oft schwer zu erklären, wo genau die Risiken liegen und warum bestimmte Formen des Medienkonsums für Kinder gefährlich sind. In bestimmten Fällen ist ein Nein unbedingt nötig, etwa wenn Grundschüler aus Langeweile mit Mamas Smartphone daddeln wollen. Der Grund: Erwachsene übernehmen Erziehungsverantwortung und schaffen Entwicklungsräume für ihre Kinder, wenn sie deren Bildschirmkonsum stark einschränken.

Das ist die erste Antwort. Genauso wichtig erscheint uns die zweite Antwort, ein klares Ja: Eltern sollten Vorbild sein, denn Kinder orientieren sich beim Medienkonsum stark an deren

Verhalten. Das belegen Studien zur Mediennutzung und zur Medienbindung.

Zunächst zu den Nutzungszeiten: Eine ältere Studie analysierte das Fernsehnutzungsverhalten von über 1700 Kindern in Deutschland, deren Familien sogenannten »Sinus-Milieus«[135] zugeordnet wurden.[136]

Dabei stellte sich heraus: In jedem Milieu machte es die Fernsehdauer der Eltern möglich, eine überraschend genaue Prognose zu stellen, wie lange die Kinder fernsehen. Diese Zeit lag stets zwischen 38 und 56 Prozent der Fernsehdauer, auf die Vater und Mutter kamen.

Zum Beispiel saßen im »Intellektuellenmilieu« die 3- bis 13-jährigen Kinder im Durchschnitt 71 Minuten/Tag vorm Fernseher (Eltern: 186 Minuten). Mit 140 Minuten sahen Kinder doppelt so lang fern, wenn sie aus dem »traditionellen Arbeitermilieu« kamen (Eltern: 260 Minuten).

Auch die Medienbindung der Kinder wird durch das Vorbild der Eltern entscheidend beeinflusst, wie eine andere Studie zeigte.[137] Eine der Fragen lautete: »Am wenigsten verzichten kann ich auf … Fernseher/Computer/Radio/ Bücher/…« Ein ermutigendes Ergebnis: Manche Kinder haben tatsächlich »Bücher« angekreuzt! Und: Kinder mit bücheraffinen Eltern haben das viermal häufiger gemacht (12 Prozent) als Kinder mit fernsehaffinen Eltern (3 Prozent).

Zugegeben: Die Studien liefern keinen Beweis, dass ein direktes Nachahmungsverhalten vorliegt. Denn auch eine andere Form der Erziehung könnte die aufgedeckten Zusammenhänge erklären: Wenn Eltern selbst gerne Bücher lesen, sind sie wahrscheinlich engagiertere Vorleser. Schauen Eltern selbst gerne fern, verordnen sie dem Nachwuchs eher laschere Fernsehregeln. Das würde das ähnliche Verhalten erklären, ohne dass eine direkte Nachahmung stattgefunden hätte.

Bei einer anderen Studien aus den USA fragten Forscher die

Eltern nach den Fernsehregeln, der Verfügbarkeit von Fernsehgeräten im Haushalt und im Kinderzimmer, den gemeinsamen Fernsehzeiten sowie der Dauer der eigenen Fernsehzeit.[138] In der Auswertung stellten die Wissenschaftler fest:

> Die Fernsehdauer der Eltern ist mit der Fernsehdauer der Kinder assoziiert. Diese Beziehung hat eine stärkere Verknüpfung mit der kindlichen Fernsehdauer als der Zugang zum Gerät im Haushalt oder im Kinderzimmer, als elterliche Fernsehregeln und als das gemeinsame Fernsehen.

So stützt auch diese Studie die These, dass Eltern mit ihrem Bildschirmkonsum unmittelbar das Verhalten der Kinder beeinflussen.

Es gibt aber noch einen weiteren Grund, warum Eltern ihre eigene Mediennutzung überdenken sollten, wenn sich ihre Kinder im direkten Umfeld aufhalten. Dieser Grund würde nichts von seiner Bedeutung einbüßen, selbst wenn Kinder die Mediennutzung ihrer Eltern nicht nachahmen würden. Worum geht's? Um die fatale Abgelenktheit der Eltern durch Smartphone und Co.

Viele Beobachter beschleicht ein mulmiges Gefühl, wenn Eltern zum Beispiel mit einer Hand den Kinderwagen mit ihrem Kind schieben und sich mit der anderen das Smartphone vor die Nase halten. Das ungute Bauchgefühl ist berechtigt: Auch »passiver Digitalkonsum« wirkt sich negativ auf Kinder aus, ähnlich wie Passivrauchen der Gesundheit schadet. Wissenschaftler unterscheiden zwei Formen, wie Kinder den Bildschirmen ausgesetzt sein können (*exposition* bedeutet »Ausgesetztsein«).

- **Background media exposition**: Das Medium, zum Beispiel ein Fernseher, läuft im Hintergrund. Die Kinder werden in indirekter Weise beeinflusst.

- **Foreground media exposition:** Das Medium, zum Beispiel ein Fernseher, steht im Vordergrund. Die Kinder werden in direkter Weise beeinflusst.

Zur »background media exposition« ein paar Beobachtungen und Überlegungen. In einer Studie spielten Kinder am Boden, die Eltern waren mit im Raum, und im Hintergrund lief der Fernseher. Es fand weniger Interaktion zwischen Eltern und Kindern statt: Erstens sprachen die Eltern signifikant weniger mit dem Kind als in der Vergleichssituation ohne TV. Zweitens sprach oder brabbelte auch das Kind weniger mit den Erwachsenen, und drittens entstand weniger Blickkontakt.[139] Ähnliche Effekte ließen sich bei Eltern nachweisen, die sich vom Smartphone ablenken ließen, während sie ihr Kind versorgten.[140] Alles spricht dafür, dass diese Störungen der Kommunikation auch langfristig die sprachliche und emotionale Entwicklung von Kindern behindern.

Ähnliche Befunde liegen mittlerweile auch in Deutschland vor, etwa in der BLIKK-Studie von 2017:[141] Kinderärzte befragten im ganzen Land die Eltern von mehr als 5000 Kindern im Rahmen von Vorsorgeuntersuchungen. Deren Auskünfte und die Untersuchungsergebnisse der Ärzte wurden ausgewertet: Kinder im Alter zwischen 1 Monat und 1 Jahr zeigten Anzeichen von Bindungsstörungen, wenn die Eltern in den Betreuungszeiten ihr Smartphone stark genutzt hatten. Konkret bedeutet dieser Befund: Kinder hatten umso mehr Probleme beim Ein- und Durchschlafen, je mehr die Eltern während der Betreuung des Säuglings digital abgelenkt waren. Das galt auch für die Nahrungsaufnahme. Diese Probleme sind bekannte Signale dafür, dass sich eine sichere Bindung zwischen Eltern und Kind nicht entwickeln konnte. So weit ein Teil der vorab veröffentlichten Zwischenergebnisse. Mit Spannung erwarten wir die endgültige Auswertung.

Doch es gibt noch mehr schlechte Nachrichten: Nicht nur die Eltern-Kind-Interaktion leidet durch digitale Ablenkung, sondern auch die »Eltern-Eltern-Interaktion«. Es finden weniger Gespräche zwischen den Eltern darüber statt, wie sie ihr Kind gemeinsam erziehen wollen *(co-parenting)*. Da tritt genauso ein Verdrängungseffekt auf, wie er sich schon beim direkten Kontakt mit dem Kind feststellen lässt.[142] Daraus folgt: Wein trinken und Wasser predigen – das scheint auf Dauer nur begrenzt Erfolg zu bringen. Wann immer es möglich ist, sollten sich Eltern ihrer Rolle als Vorbild bewusst sein. Dann verhalten sie sich im Umfeld des Kindes in einer Weise, wie sie es sich selbst von ihm wünschen.

Klingt noch etwas abstrakt? Stimmt, aber unsere »Ideale Lösung« wird konkret zeigen, wie Eltern in diesem Spannungsfeld ruhig und überlegt handeln. Schauen wir wieder bei Thorbens Familie vorbei.

Ideale Lösung

Das Telefonat ist beendet, Thorbens Papa kommt zurück, setzt sich zu seiner Frau und entschuldigt sich: »Tut mir leid, ich hatte euch nicht gesagt, dass ich einen wichtigen Anruf eines neuen Kunden erwarte … sonst wäre ich nicht einfach verschwunden.« – »Das stimmt doch gar nicht«, fährt Thorben ihn an, »beim Essen gehst du auch immer raus!« – Richtig«, antwortet der gestresste Vater, »ein Mitarbeiter ist länger krank, da muss ich seine Telefonbereitschaft übernehmen. Im Moment bin ich wirklich kein gutes Vorbild.«

Das besänftigt Thorben ein wenig, und sein Vater ergänzt: »Lasst uns später darüber reden. Wie wäre es mit einem Familienrat? Jetzt würde ich mir so gerne noch die Reisebilder ansehen.«

Der Abend kommt. Als die Schwestern schon schlafen, treffen

sich die Eltern mit Thorben und seinem Onkel im Wohnzimmer. Der Patenonkel bietet an: »Wollt ihr den Familienrat lieber zu dritt halten? Dann gehe ich meinen Roman weiterlesen.« Kurzer Blickwechsel der Eltern, und schon antwortet die Mutter: »Nein, nein. Thorben beschwert sich immer wieder, ganz allein gegen zwei Erwachsene anreden zu müssen. Du kannst sicher dabei helfen, eine gute Lösung zu finden, mit der alle zufrieden sind.« Auch Thorben wünscht sich, dass Andreas an dem Treffen teilnimmt. Der Familienrat beginnt, am Anfang hat Thorben das Wort. Er darf erzählen, was ihm alles »stinkt«. Die drei Erwachsenen hören zu, Mama notiert wie üblich ein paar Stichworte. Ab und zu haken die Eltern nach: »Sag doch mal, warum es dir wichtig ist, dass der PC in deinem Zimmer steht.« Thorben erwidert: »Weil die kleinen Schwestern sonst nerven.« – »Erklär bitte noch mal, wozu du das Smartphone vor allem brauchst.« – »Um Fotos zu machen und im Schulbus Musik zu hören.«

So sieht am Ende der Notizzettel der Mutter aus:

Thorben möchte:
- *einen eigenen PC (im Zimmer!?)*
- *mit unseren Smartphones fotografieren*
- *ein eigenes Smartphone (Fotos! Mobil Musik hören!)*

Thorben möchte nicht:
- *Handy ausmachen beim Essen (ungerecht: Eltern dürfen)*
- *Handy nachts abgeben (ungerecht: Eltern dürfen)*
- *nachfragen müssen bei Filmen ab 12 (als 12-Jähriger)*

Die Eltern gehen in die Küche, um Getränke und Knabbereien zu richten. Dabei gehen sie kurz die Liste durch; die meisten Punkte sind schnell abgehakt, bis auf das Thema »Filme ab 12«. Zurück im Wohnzimmer, legt die Mutter ihre Liste auf den Tisch und beginnt: »Wir schauen jetzt einmal, wie wir deine Forderungen auf drei Töpfe verteilen.« – »So wie bei Aschenputtel, nur mit drei Töpfen?«, fragt Thorben.

»Ja«, antwortet die Mutter, »Topf eins heißt: Papa und ich ändern unser Verhalten, um wirklich ein Vorbild zu sein. So wollen wir in Zukunft beim Essen auch die Smartphones ausmachen. Dafür muss Papa nur den Text für die Mailbox ändern. Kunden kann er auch einen baldigen Rückruf anbieten. Außerdem haben wir beschlossen, die Smartphones nachts nicht mehr mit ins Schlafzimmer zu nehmen. Das ist für alle gesünder. So weit Topf eins …« – »Und der zweite und dritte Topf?«, Thorben wartet ungeduldig auf den wichtigsten Punkt, das eigene Smartphone.

»Topf zwei: Wir erlauben dir dieselben Dinge, die wir auch machen. Zum Beispiel, Bildschirmzeiten aufzusparen: Wenn du in den Ferien keine Filme geschaut hast, kannst du später mehr Filme gucken.« – »Prima«, freut sich Thorben, »aber was ist mit meinem eigenen Smartphone?«

»Nun, da kommen wir zu Topf drei: Es bleibt dabei, dass wir Erwachsenen etwas dürfen, was du nicht darfst.« Thorben zieht eine Schnute und hebt zu Protest an. Da meldet sich der Patenonkel zu Wort: »Deine Eltern haben recht, Thorben. Es muss einen Topf drei geben: Es ist nicht automatisch ein Unrecht, wenn nicht alle dasselbe dürfen.« – »Gleiches Recht für alle!«, fordert Thorben, sein Widerstandsgeist scheint geweckt zu sein. Der Patenonkel lässt sich aber nicht beirren: »Als Erwachsene dürfen deine Eltern Sachen machen, die Kinder nicht dürfen: Auto fahren, rauchen, Filme ab 16 oder 18 schauen und so weiter. Du darfst ja auch Dinge tun, die deine kleinen Schwestern nicht dürfen. Und je älter du wirst, desto weniger Aktivitäten sind in Topf drei.«

»Schon gut, schon gut …«, murmelt Thorben, »aber wie ist das mit PC und Smartphone?« Die Mutter antwortet: »Ein eigenes

Smartphone bleibt eindeutig noch in Topf drei, das erlauben wir dir erst mit 14.« Die Mutter hält den Ausdruck einer Website hoch[143]: »Das ist leider auf Englisch, also erkläre ich dir mal grob, was da steht: In Amerika bekommen die Kinder ihre Smartphones schon im Kindergarten – außer wenn Eltern wissen, wie schädlich das ist. Zum Beispiel Jeff Bezos, Bill Gates und Steve Jobs. Die drei sind …« Thorben geht dazwischen: »… Mama, ich weiß, wer das ist. Über das Silicon Valley habe ich doch neulich ein Referat gehalten. Ich bin kein Baby mehr!« Und die Mutter berichtet weiter: »Also Bezos, Gates und Jobs haben ihren Kindern erst ab 14 ein Smartphone erlaubt. Hast du das auch in deinem Referat erzählt?« Thorben schüttelt den Kopf und fragt: »Aber warum denn? Zu wenig Geld hatten die sicher nicht!« – »Weil sie genau wissen, dass es ungesund ist«, so die Mutter. »Wir wollen das genauso machen. Das wirst du nicht toll finden, okay. Aber glaub mir: Wir wollen dich damit nicht ärgern! Uns ist vielmehr deine Gesundheit wichtig und dein Glück, jetzt und später, wenn du größer bist.«

Nun schaltet sich der Vater ins Gespräch ein: »Aber jetzt noch mal zu Topf zwei: Kamera und MP3-Player kannst du gerne haben. Besonders, wo wir jetzt gesehen haben, wie gut du fotografierst.« Außerdem kündigt er seinem Sohn an, einen eigenen Benutzeraccount auf dem Familien-PC in der Küche zu bekommen. »Die Frage mit den Filmen ab 12 müssen wir offen lassen. Da sind wir uns als Eltern nicht einig. Wir brauchen Zeit, um das zu klären.« – »Genau«, ergänzt die Mutter, »weil ich mir ein paar Ausschnitte von Filmen anschauen will, um die es geht. Dein Vater findet sie ungeeignet für 12-Jährige, ich selbst habe bisher keine Bedenken. Aber ich kenne die meisten Filme nicht, mal sehen …«

Am Ende ist Thorben ganz zufrieden, denn eine Reihe seiner Anliegen sind in Topf zwei gelandet. Er darf deutlich mehr als vorher, und vor allem: Er versteht manches besser als vorher.

Klar: Seine Eltern wollen ihm vormachen, wie es richtig geht! Aber trotzdem dürfen Ältere einige Dinge, die Jüngere noch nicht dürfen.

Fast zwei Jahre später freut sich Thorben auf sein erstes Smartphone. Zwei Wochen vor seinem 14. Geburtstag ist Patenonkel Andreas wieder zu Besuch, und die Familie sitzt fröhlich beim Mittagessen. »Habt ihr eigentlich an die Smartphone-Vereinbarung gedacht?«, fragt Andreas bei der Mousse au Chocolat. Ups, denkt die Mutter, das haben wir glatt vergessen. Laut sagt sie: »Stimmt, das war eine gute Idee.«

Kaum ist der Tisch abgeräumt, setzen sich die Eltern an einen Laptop und schreiben einen ersten Entwurf. Dann gibt's eine Abstimmungsrunde mit Thorben und Andreas: »Ihr solltet auch vereinbaren«, regt der Patenonkel an, »was passiert, wenn jemand gegen die Regeln verstößt.« Die Eltern sind überrascht, weil auch Thorben diesen Wunsch formuliert: »Ich hasse es, wenn ich nicht weiß, was die Konsequenzen sind. So wie neulich, als ihr mir ohne Vorwarnung die Kamera weggenommen habt ...« Das will die Mutter nicht auf sich sitzen lassen: »Ohne Vorwarnung? Wir haben vorher gesagt, du sollst sofort aufhören. Deine Schwester hatte einen Bienenstich im Gesicht und sah total verquollen und verbeult aus. Sie wollte nicht fotografiert werden.« Doch Thorben beharrt auf seinem Punkt. »Ja, aber ich hätte eben gerne gewusst, was die Konsequenz ist, wenn ich weitermache. Hätte ich gewusst, dass ihr die Kamera einkassiert, hätte ich wahrscheinlich aufgehört. Mich regt das wahnsinnig auf, wenn ihr so überreagiert ...«

Zwei Wochen später liegt das Smartphone auf dem Geburtstagstisch. Im Päckchen ist auch die Vereinbarung. Papa kommentiert: »Schau mal, da fehlt nur noch deine Unterschrift. Dann kann es losgehen mit dem Smartphone.«

Familien-Smartphone-Vereinbarung

Das Smartphone gehört Thorben. Es wird ihm zur verantwortungsvollen Nutzung überlassen, siehe Teil 1. Wenn es kaputtgeht, kann Thorben sich selbst ein neues kaufen (wenn er will). Sollte es kaputtgehen, während es bei den Eltern ist (s. u.), dann ersetzen die Eltern den Schaden.

Teil 1: Regeln für Smartphone-Nutzung

1. **Für alle in der Familie:** Zwischen 23 Uhr und 7 Uhr sind die Handys/Smartphones ausgeschaltet. Ausnahmen: Wenn jemand abends unterwegs ist, für Anrufe bei einem verspäteten Zug o. Ä.
2. **Für alle in der Familie:** Bei den Familienmahlzeiten Geräte ausschalten, nicht auf den Tisch legen.
3. **Für Thorben:** a) In die Schule ohne Smartphone oder b) zwischen Unterrichtsbeginn und Unterrichtsende ausgeschaltet lassen. Nach der Schule einschalten und zum Beispiel Nachmittags-Besuchspläne etc. mit den Eltern klären ist okay.
4. **Für Thorben:** Smartphone-Nutzung im Internet (z. B. WhatsApp) und Computerspiele online oder offline zählen mit zur wöchentlichen Bildschirmzeit von sieben Stunden. Zeit zum Telefonieren und für SMS zählt nicht mit.
5. **Für Thorben:** Wenn die Eltern sich Sorgen machen wegen problematischer Inhalte (Gewalt, Pornografie, rechtsradikale/islamistische Botschaften o. Ä.) oder wegen zu langer Nutzungszeiten, können sie auf dem Kinder-Smartphone den »Chico Browser« oder andere Zeitbegrenzungs- und Filtersoftware installieren.

Teil 2: Wenn es schiefgeht

Wenn sich jemand nicht an die Regeln in Teil 1 hält: Familienrat. Wenn es schwierig wird mit dem ruhigen Miteinander-Sprechen, holen sich beide Seiten bei Bedarf einen »Anwalt« dazu (z. B. Patenonkel Andreas, Freunde …).

Stellt der Familienrat fest, dass Thorben die Vereinbarungen nicht eingehalten hat, erfolgen diese Sanktionen: Beim ersten Mal: ein Tag ohne Smartphone. Beim zweiten Mal: drei Tage ohne Smartphone. Beim dritten Mal: eine Woche ohne Smartphone.

Haben die Eltern die Vereinbarungen nicht eingehalten: Beim ersten Mal: alle Kinder einmal zum Eisessen einladen. Beim zweiten Mal: ein Tag ohne Smartphone. Beim dritten Mal: drei Tage ohne Smartphone.

(Wenn es sich um Zeiten handelt, in denen die Smartphones dringend benötigt werden (z. B. Auslandsreisen o. Ä.), kann die Sanktion verschoben werden.)

Ort, Datum: ………………………………

Unterschrift Kind/Unterschrift Mutter/Unterschrift Vater
…………………………………………………………………

Weitere Lösungen

Bei Thorben und seinen Eltern läuft die Einigung sehr harmonisch ab. Sicher eine ideale Lösung! Aber was passiert, wenn sich die Eltern untereinander nicht einig sind? Es gibt auch andere Möglichkeiten, mit der Vorbildfrage umzugehen.

Mediennutzung in »kinderfreie« Zeiten verschieben: Kein Mensch kann immer Vorbild sein. Viele Eltern nutzen TV-Geräte oder Mediatheken im Internet, wenn die Kinder schlafen oder außer Haus sind. Dann besteht keine Möglichkeit, dass Kinder einen Medienkonsum nachahmen, der für sie schädlich sein könnte. So chattet Mama mit den Freundinnen, wenn die Kleinen im

Kindergarten sind. Papa schaut Kickbox-Videos, während sein Sohn beim Fußballtraining ist. Oder beide Eltern schauen einen Film ab 16, wenn die Kinder schlafen.

»Handy-Hotel«: Eine radikale Ergänzung, die sich in vielen Familien bewährt hat: Die Handys/Smartphones aller Familienmitglieder werden bei Betreten der Wohnung ausgeschaltet und Seite an Seite in eine Art großen Schlüsselkasten an der Wand (»Handy-Hotel«) gelegt. Falls nötig, Rufumleitung einschalten. So ist man unter der Mobilnummer auf dem Festnetztelefon zu erreichen.

Zumindest vorbildlich streiten: Ein Beispiel: In einer Familie leben beide Kinder bei der Mutter. Sie besuchen regelmäßig an einem Wochenende pro Monat den getrennt lebenden Vater. Aus Sicht der Mutter ist ihr Ex ein ganz schlechtes Vorbild. Die Kinder erzählen nach einem Wochenende beim Vater oft, sie hätten viele Stunden ferngesehen, Computerspiele gespielt, Pommes gegessen und Cola getrunken. Was kann sie unternehmen, um das Beste aus der Situation zu machen? Sie beschreitet einen mühsamen Weg und versucht, Vorbild auf dem Feld der Konfliktfähigkeit zu sein: mit dem Vater im Gespräch bleiben, ihre Sorgen ruhig vorbringen, nicht ausrasten, den Vater vor seinen Kindern nicht schlechtmachen, immer versuchen, auch seine Seite zu sehen. Was für eine Leistung! Die Mutter sagt aber deutlich: Ohne Unterstützung durch eine Erziehungsberatungsstelle wäre ihr das nicht möglich.
Rückblickend hat sich aber der Einsatz gelohnt: Die Kinder sind erwachsen und sagen: Nichts ist für sie so wichtig gewesen wie die Fähigkeit der Mutter, vorbildlich zu streiten. Hätte sie den Vater beschimpft und den Kindern ein schlechtes Gewissen eingeredet, wäre der Schuss nach hinten losgegangen. Dann hätten sich die Kinder vielleicht auf die Seite des Vaters ge-

schlagen, der ihnen alles erlaubt hatte. So interpretierten sie aber seinen Laissez-faire-Stil auf Dauer eher als Schwäche. Trotzdem fühlten sie sich von Mutter und Vater geliebt, und auch ihre Liebe zu beiden Eltern blieb erhalten.

Smartphone mit Passwort schützen: Eltern sollten grundsätzlich das eigene Gerät mit Passwörtern schützen. Schon Kleinkinder wissen oft, wo der Anschaltknopf zu finden ist. Sie könnten aus Versehen auf unpassende Inhalte stoßen – oder Schaden am Gerät anrichten. Ältere Kinder wissen, dass sie auf dem Smartphone von Mama/Papa auch nachts in Netz können und dass dort keine Filtersoftware drauf ist, welche die angesagten coolen Seiten blockiert.

13. Das Social-Media-Dilemma

Schlaflosigkeit? Cybermobbing? So gelingt die Teenie-WhatsApp-Diät

Schlaflos mit WhatsApp

Der Elternabend ist fast vorbei, da ergreift einer der Elternvertreter das Wort: »Auf unserer Tagesordnung steht als letzter Punkt ›Schlaf und WhatsApp‹.« Der Klassenlehrer berichtet: Einige Schüler kommen völlig unausgeschlafen zum Unterricht, mit dunklen Ringen unter den Augen. »Gestern ist einer in der letzten Reihe eingenickt, und sein Handy ist ihm aus der Hand gefallen. Der laute Plumps holte ihn zwar in die Gegenwart zurück, aber sein erster Blick galt dem Handy, ob es auch keinen Schaden genommen habe«, berichtet der Lehrer den amüsierten Eltern. Doch dass die Schüler reihenweise im Unterricht einschlafen, findet keiner mehr lustig. Trotzdem gibt es sehr unterschiedliche Meinungen.

Ein Vater formuliert als Position: »Ja, das mit dem Schlafmangel stimmt. Auch unsere Tochter ist oft nachts mit WhatsApp beschäftigt. Sie hat uns erklärt, dass es sonst Ärger mit ihren Freundinnen gibt. Die sind nämlich sauer, wenn unsere Tochter nicht auf ihre Nachrichten reagiert. Damit müssen wir heute leben.« Ergänzend meldet sich eine Mutter zu Wort: »WhatsApp in der Nacht ist wohl ein typisches Mädchenphänomen. Bei den Jungs ist es zwar auch normal, dass sie bis in die Puppen am Smartphone hängen. Sie gucken aber eher YouTube-Videos oder spielen ›Clash of Clans‹.« Zustimmendes Murmeln unter den Eltern.

Aber es gibt auch Proteste als Reaktion. »Seid ihr noch ganz bei Trost? Wisst ihr nicht, wie wichtig der Schlaf für die Gesundheit und gute Noten in der Schule ist?«, fährt eine empörte Mutter die YouTube-WhatsApp-Versteher an. Sie spricht für die andere Hälfte der Eltern: »Wir müssen dringend etwas unternehmen, mit dem wenigen Schlaf darf es auf keinen Fall so weitergehen.«

Einige Eltern sind von Anfang an andere Wege gegangen. Eine Mutter berichtet: »Wir haben das Problem nicht, unsere Tochter Amelie schläft genug.« Sie und ihr Mann hätten klare Regeln eingeführt, als Amelie ihr erstes Handy bekam: »Sie gibt jeden Abend um 20 Uhr ihr Smartphone ab und bekommt es morgens nach dem Frühstück wieder«, erzählt die Mutter. Eine Schlafförderung, die ihren Preis hat: »Ehrlicherweise muss ich zugeben, dass unsere Tochter damit total unglücklich ist.« An diesen Beispielen zeigt sich das ganze WhatsApp-Dilemma: Die einen Teenies sind glücklich mit WhatsApp, aber völlig unausgeschlafen. Die anderen unglücklich ohne WhatsApp, dafür aber meistens ausgeschlafen.

Gerade gewinnen die Schlafverteidiger die Oberhand, unterstützt durch den Klassenlehrer. Da meldet sich ein weiterer Vater ausführlich zu Wort: »Ihr wollt euren Kindern etwas Gutes tun, indem ihr sie dogmatisch einschränkt? Das ist rückwärtsgewandter Quatsch! Mein Bruder hat seinem Sohn jahrelang das eigene Smartphone verweigert, obwohl er ein Handy ganz oben auf seiner Wunschliste stehen hatte, seit er 6 war. Als er es mit 13 Jahren endlich bekam, war es zu spät: Der Junge war in seiner Klasse zum Außenseiter geworden. Weil er kein Smartphone hatte, wurde er massiv gemobbt, bekam Depressionen – und musste in psychiatrische Behandlung!«

Geschockt schweigen viele Eltern, doch eine Mutter stimmt dem technikaffinen Vater zu: »Ihr solltet endlich verstehen, was die Jugend heute antreibt. Unseren Dogmatikern empfehle ich dringend, sich zu informieren.« Sie zieht aus ihrer Tasche ein

Buch heraus, *What's App, Mama?* von Robert Campe[144]. »Eine Pflichtlektüre für euch! Da erklärt ein 16-Jähriger, was die Jugend in WhatsApp, Instagram, YouTube oder Twitter wirklich macht und warum das kein Grund zur Sorge ist.« Wer dieses Buch liest, könne ganz gelassen bleiben, versichert sie den anderen Eltern. »Eure unbegründete Panikmache nervt mich furchtbar! Wir haben auch früher Nächte am Baggersee durchgemacht!«

Damit scheint klar zu sein, wie der Elternabend ausgeht. Oder doch nicht? Fortsetzung folgt …

TINA-Lösung: Wie es alle machen (sollen)

Der Elternabend geht weiter, es meldet sich sogleich ein Vater zu Wort: »Haben wir nicht früher auch alle *Bravo* unterm Tisch gelesen? Gerade weil's verboten war. Heute sind es eben die sozialen Medien, an denen kein junger Mensch vorbeikommt.« Die Mutter mit dem Campe-Buch nickt zustimmend: »Sag ich ja! Ohne WhatsApp werden unsere Kinder zu Außenseitern.« Bei diesen Worten blättert sie durchs Buch und findet schnell die richtige Stelle: »Da heißt es, Vorteile, die eine 24-Stunden-Kommunikation mit sich bringt, seien zum Beispiel Spontanität und Flexibilität.« Begeistert liest die Mutter vor: »Wir [Teenies] verbringen auch dann Zeit mit unseren Freunden, wenn wir eigentlich keine haben. Wenn's für ein Treffen gerade mal wieder nicht reicht, dann chatten wir eben schnell mal …« Der Vater, der ans *Bravo*-Lesen unter der Schulbank erinnert hatte, stimmt mit ein: »Genau! Wir brauchen uns nicht aufzuregen, wenn die Jugend nachts um 3 Uhr chattet. Ich schaue auch oft aufs Handy, wenn ich mir nachts etwas zu trinken aus dem Kühlschrank hole. Ich will nicht, dass mein Junge ein Außenseiter wird.« Außerdem berichtet der verständnisvolle Vater, dass er in einem Onlineportal einen überzeugenden Artikel gefunden habe: »Heinz Thiery von der Bundeskonferenz für Erziehungsberatung empfiehlt, ganz auf zeitliche Begrenzung der Bildschirmnutzung von Jugendlichen zu verzichten. Weil es sowieso nicht funktioniert.« Der Vater greift zu seinem Smartphone und liest vor: »›Je mehr ich kontrolliere, umso größer wird meine Unsicherheit, ob die Kontrolle funktioniert.‹ Das sagt Thiery ganz deutlich.« Außerdem warne der Erziehungsberater: Elterlicher Kontrollwahn schade der Beziehung zwischen Eltern und Jugendlichen. »Ich kann das nur bestätigen: Bei unserer Tochter führen Verbote nur zu Trotzreaktionen. Und sie machen Kinder zu Außenseitern.«

Das Stichwort »Außenseiter« zündet in den Köpfen der Eltern: Niemand will seine Kinder in die soziale Isolation treiben. Smartphones sind heute ein Teil der jugendlichen Lebenswirklichkeit. Punkt. Doch wie lässt sich das Schlafproblem in den Griff bekommen? Gleich zwei Ideen steuert ein anderer Vater bei: »Mir ist es wichtig, die Jugendlichen auf Augenhöhe anzusprechen, sie sind ja fast erwachsen! Wir sollten ihnen einfach nur empfehlen, sich bei jeder nächtlichen Chat-Nachricht die kritische Frage zu stellen: Ist das jetzt gerade wirklich notwendig? Und wir können ja für die Schüler einen Yogakurs zur Entspannung organisieren, unsere Schule ist doch als ›gesunde Schule‹ zertifiziert.« Er habe selbst früher Schlafprobleme gehabt, stressbedingt. »Seit ich Yoga mache, schlafe ich viel besser«, verkündet er voller Stolz. Seine Ideen stoßen auf große Zustimmung – alle Probleme scheinen gelöst.

Wissenschaft und Argumente

Nach dem Stand der Wissenschaft ist klar: Die »TINA-Lösung« schadet langfristig! Dabei ist es weniger überraschend, dass der gesunde Schlaf der Schüler beeinträchtigt wird – mit teilweise dramatischen Folgen. Aber auch das Risiko für

Ausgrenzung und Cybermobbing ist in der Klasse nicht gebannt, es könnte im Gegenteil sogar gefördert werden.

Zunächst wollen wir den Hinweis des Erziehungsberaters Thiery aufgreifen. Er sagt ja mit einer gewissen Berechtigung: Kontrollwahn ist nicht zu empfehlen – ohne eine tatsächliche Möglichkeit zur Kontrolle. Es hilft langfristig nichts, Regeln diktatorisch festzulegen – aber nicht in der Lage zu sein, das Reglement zu prüfen und durchzusetzen. Wir halten es jedoch für einen Fehlschluss, wegen dieser Erkenntnis gar keine Regeln festzulegen.

Diese Überlegungen stützt eine Auswertung der Daten, die in der schon mehrfach erwähnten Studie »Berliner Längsschnitt Medien« erhoben worden sind.[145] Ziel sollte es sein, problematische Nutzungszeiten zu verringern sowie schädliche Inhalte und Funktionen zurückzudrängen[146]. Zwei Wege erwiesen sich dafür als wirksam: engagierte Medienerziehung (Regeln) und niedrige Geräteausstattung (Verfügbarkeit).

Eine engagierte Medienerziehung bedeutet: Eltern formulieren Regeln und interessieren sich allgemein für die Medienaktivitäten des Kindes. Das ist schon wirksam, um einer schädlichen Nutzung von Medien vorzubeugen (z. B. Eskapismus). Doch weit wirksamer ist für sich genommen eine geringe Geräteausstattung (Verfügbarkeit), besonders um ausufernde Nutzungszeiten zu begrenzen.

Der Titel der Untersuchung lautet: »Talk or act? – Handeln oder reden?«. Diese Frage beantwortet das Fazit der Studie: Handeln bringt mehr als reden, wobei handeln UND reden zusammen die größte Wirkung entfalten. Und: Regeln ohne direkte Kontrollmöglichkeit sind immer noch besser, als wenn es gar keine Regeln gibt.

Und der gestörte Schlaf der Schüler? Dieses Thema löste ja auf dem Elternabend die scharfe Debatte aus. Zu Recht, denn Bildschirme haben in Kinderzimmern nichts verloren. Das fordert auch die ÖASS, die »Österreichische Arbeitsgruppe Schlafmedizin und Schlafforschung«, nachzulesen in einem Konsensuspapier, das Richtlinien für Ärzte formuliert, wie sie mit diesem Problem umgehen sollen:[147] »Insbesondere Smartphones sollten sich nachts nicht eingeschaltet im Kinderzimmer befinden.« Die Ärzte bringen den »Handy-Gebrauch nach dem Lichtausschalten« mit einer erhöhten Müdigkeitsrate in Zusammenhang. Doch sie nehmen nicht nur Smartphones ins Visier, sondern auch Fernseher: »Nachtschreck, Albträume, Sprechen im Schlaf und Müdigkeit nach dem Aufwachen sind bei Kindern, die einen Fernseher im Schlafzimmer haben, gehäuft.«

Fürs Lernen sei nicht nur die Müdigkeit im Unterricht ein Problem, sondern ganz direkt der gestörte Schlaf, wie die Schweizer Psychologin Dr. Monika Brunsting erklärt:[148]

> Wenn wir zu wenig schlafen, ist das Gehirn müde, und wir können uns schlecht konzentrieren und lernen. Im Schlaf wird Gelerntes aus dem Kurzzeitgedächtnis in das Langzeitgedächtnis überführt. Unterbleibt das, haben wir zwar das Gelernte kurze Zeit zur Verfügung, […] aber nicht für längere Zeit.

Digitale Medien machen uns zudem munter, ohne dass wir es selbst bemerken. Deshalb sei es wichtig, mindestens eine Stunde vor dem Einschlafen möglichst alle Elektronik auszuschalten, so die Psychologin. »Auch das Handy gehört dazu.« Aus dieser Einsicht ergibt sich eine zentrale Aufgabe: »Die Eltern müssen je nach Alter des Kindes mehr oder weniger stark das Schlafverhalten steuern«, sagt Dr. Brunsting. »Sie sollten geregelte Zubettgehzeiten einhalten und überwachen sowie Ruhe im und rund ums Schlafzimmer herstellen.« Im Schnitt brauchen Teenager rund neun Stunden Schlaf, wobei es größere individuelle Unterschiede im Schlafbedürfnis gibt. Tatsächlich schlafen sie erheblich weniger.

WhatsApp in der Nacht macht Jugendliche tagsüber müde. Das hat auf dem Elternabend niemand ernsthaft bestritten. Es fiel aber das Argument, Verbote würden die Beziehung zwischen Eltern und Kind verschlechtern. Daher sollten Vater und Mutter »auf Augenhöhe« mit ihren Kindern sprechen, um sie über die Gefahren der elektronischen Schlafräuber aufzuklären. Auf diese Weise ließen sich die Jugendlichen selbst motivieren, ihre nächtliche Nutzung des Smartphones besser zu kontrollieren. Was für eine Illusion! Dr. Brunsting findet dazu klare Worte: »Kinder und Jugendliche sind noch nicht in der Lage, ihren Elektronikkonsum selbst zu regulieren. Also müssen die Eltern dies für sie tun, zum Beispiel das Handy über Nacht einschließen oder den Internetzugang beschränken.« Wie wichtig diese Empfehlungen sind, zeigen auch unsere Gedanken im Kapitel 1.

Manche Eltern fürchten aber, dem Kind »seelischen Schaden« zuzufügen, »wenn sie ihm eine gut begründete Frustration im Einzelfall zumuten müssen«. So drückt es der bekannte Neurobiologe und Arzt Prof. Joachim Bauer aus.[149] Seine Entwarnung: »Wo an gut begründeten Grenzsetzungen – zum Wohle des Kindes und seiner Gesundheit – gegen den aktuellen Willen des Kindes festgehalten werden muss, dürfen sich Erziehende nicht verunsichern lassen.« Warum ist es für Kinder schädlich, wenn Erwachsene nicht in der Lage sind, Grenzen zu setzen? Prof. Bauer: »Was die Einübung der Fähigkeit des Kindes, innezuhalten, sabotiert und der Reifung seines Präfrontalen Cortex schadet, ist, wenn Eltern bei jedem Protest oder jeder Szene, die ihnen das Kind oder der Jugendliche bereitet, nachgeben.«

Fazit: Die Sorge der Eltern ist kurzfristig sicher ernst zu nehmen. Es kann die Beziehung zum eigenen Kind erschweren, wenn Eltern dessen Nutzung digitaler Medien einschränken. Beispiel: Ein Vater will abends dem kreischenden Teenager das Smartphone wegnehmen … Was zählt, sind aber die langfristigen Effekte: Aus dieser Perspektive sind die genannten Sorgen unbegründet, weil bei einer regulierten Nutzung Kinder später besser im Leben stehen.

Wie sieht es mit dem zweiten Argument aus, das auf dem Elternabend mit großem Nachdruck vorgetragen wurde? Brauchen Kinder wirklich rund um die Uhr Smartphones, weil sie sonst ausgegrenzt und gemobbt werden? Für jüngere Kinder ergibt der Stand der Forschung ein klares Nein. Im Falle älterer Kinder gilt es, sensibel auf einzelne Situationen einzugehen (dazu einige Vorschläge im Teil »Weitere Lösungen«). Wer aus Angst vor Ausgrenzung seinem Kind ein Smartphone kauft, lässt es vom Regen in die Traufe rutschen.

Bei unseren Vorträgen vor Eltern und Pädagogen haben wir dazu schon viele Geschichten gehört, die uns im Gedächtnis geblieben sind, weil sie so einen tragischen Verlauf genommen haben. Ein typisches Beispiel von vielen: Ein Kind hat unter Gleichaltrigen eher eine Außenseiterrolle – und wünscht sich ein Smartphone. Um das Kind aus seiner Isolation zu holen, erfüllen die Eltern diesen Wunsch. Das heiß ersehnte Gerät wird angeschafft – und wenige Zeit danach wird das Kind Opfer von Cybermobbing in der Klasse. Damit wird die Situation für das Kind noch schlimmer als vorher, als es über Ausgrenzung klagte. Das hat zwei Gründe:

- Im realen Leben hätte das Kind die Chance, die Rolle als Mobbingopfer zu überwinden, etwa in einer neuen Schule, mit anderen Mitschülern. Im Zusammenleben mit neuen Menschen lassen sich alte Probleme oft vergessen. Das Netz aber vergisst nie! Da gibt es den dramatischen Fall einer Schweizer Schülerin, von der im Netz ein extrem schamverletzendes Video auftauchte.[150] Die Familie zog in eine andere Stadt um – vergeblich! Denn das Video wurde inzwischen in der halben Schweiz verbreitet, und natürlich war es über das Internet weltweit zugänglich. Die Familie »floh« schließlich ins außereuropäische Ausland …

- Mobbing kann im Netz brutaler sein als im realen Leben: Die digitale Hetze ist oft gemeiner und hemmungsloser, sie verletzt bei den Opfern systematisch Grenzen. Daher gehen wir weiter unten der Frage nach, wie diese Form der Attacke Menschen traumatisieren kann.

Zurück zu unserem Beispiel: Das Kind wird zuerst in der Realität, dann im Cyberspace gemobbt. Dieser zeitliche Ablauf entspricht wissenschaftlicher Erkenntnis. Denn: Eine spanische Studie hat Risiko- und Schutzfaktoren bei Cybermobbing untersucht und kam zu dem Schluss:[151] Als Ursache steht an erster Stelle, dass ein Kind bereits in der Schule Opfer von Mobbing geworden ist (reale Welt!).

Dann folgen erst Ursachen, die mit der virtuellen Welt verknüpft sind: An zweiter Stelle steht die Nutzung von Messenger-Diensten und an dritter Stelle ein riskantes Verhalten im Internet. Diesen drei Faktoren weisen die Wissenschaftler die größte Voraussagekraft zu, um die Wahrscheinlichkeit einzuschätzen, dass Kinder Opfer von Cybermobbing werden. Vor diesem Hintergrund identifizierten die spanischen Wissenschaftler einen wichtigen Schutzfaktor: stabiles Selbstvertrauen.

Das bestätigt aus seiner Erfahrung der Beauftragte für Jugendmedienschutz in Hessen, Günter Steppich:

Das sagen Kinder doch immer zu ihren Eltern: Das haben aber alle! Und das war schon immer gelogen […] Es wird immer wieder von Erwachsenen als Argument vorgebracht, dass Kinder ohne Smartphone gemobbt werden. Völliger Unsinn. Mobbing hat ganz andere Ursachen als Statussymbole. […] Ich kann eher vorbeugen, indem ich mein Kind stark mache und ihm klarmache, dass man keinen Respekt dafür bekommt, immer der Herde hinterherzurennen.

Damit ist klar: Cybermobbing entsteht durch ganz andere Faktoren, als es Eltern häufig glauben. Bleibt die Frage: Warum findet Cyber-Mobbing oft in einer so enthemmten Weise statt? Die Wissenschaft kennt den *online disinhibition effect* (auf Deutsch: »Online-Enthemmungseffekt«). Er kann positive und negative Wirkungen haben.

Positiv: Wer digital kommuniziert, kann dies intensiver tun, weil zum Beispiel WhatsApp die Offenheit der Beteiligten fördert. Der amerikanische Psychologe John Suler erklärt so diesen Effekt:[152] »Verschiedene Faktoren können Menschen daran hindern auszudrücken, was sie wirklich sagen wollen: Stirnrunzeln, Kopfschütteln oder Seufzen, ein gelangweilter Gesichtsausdruck. Außerdem gibt es viele mehr oder weniger subtile Signale von Ablehnung oder Desinteresse.« Daher schreibt Suler: Schon in alltäglichen Diskussionen würden Menschen den Augenkontakt vermeiden, wenn es persönlich oder emotional werde. Dieses Verhalten trage zur Enthemmung bei: »In die Kommunikation mit Text ist die Möglichkeit eingebaut, die Augen immer abzuwenden.«

Negativ: Was bedeutet es, die Augen abzuwenden – und dieses Verhalten zur Grundlage menschlicher Kommunikation zu machen? So öffnen sich Tür und Tor für aggressive Attacken: Als Angreifer bin ich nicht mehr gezwungen, den verletzten Gesichtsausdruck meines Cybermobbing-Opfers zu ertragen. Die direkte Reaktion auf Gemeinheiten lässt sich leicht ausblenden. Das betrifft nicht nur Jugendliche. Auch Erwachsenen fällt es schwer, sich in sozialen Netzwerken zu bewegen und ihre Beziehungsfähigkeit zu bewahren. Manche Forscher bezweifeln sogar, ob sich diese Netzwerke überhaupt nutzen lassen, um menschliche Beziehungen zu fördern, wie zum Beispiel Vittorio

Gallese, Professor für Neurophysiologie. In einem Gespräch mit der *ZEIT* erläutert er, warum er sich Sorgen mache, dass unsere Fähigkeit zur Empathie leiden könnte:[153] »Wir kommunizieren immer mehr über Telefon und Computer; Gemeinschaften, in denen sich Menschen leibhaftig begegnen, lösen sich zunehmend auf.« Direkte Begegnungen würden bestimmt durch eine vollständige Wahrnehmung des anderen Menschen. Falle die Beziehungsebene weg, so Gallese, würden scheinbar gesunde Menschen zu Autisten, die sich nur in andere hineinzudenken versuchen – ohne emotional etwas wahrzunehmen.

Die Daten zeichnen ein klares Bild. Virtuelle Sozialkontakte ergänzen nicht, sondern ersetzen realweltliche Kontakte: Allein das Surfen im Internet hat sich seit dem Jahr 2000 fast verzehnfacht (2000: 8 Prozent – 2016: 76 Prozent), während sich im gleichen Zeitraum die Unternehmungen mit Freunden erdrutschartig halbiert haben (2000: 39 Prozent – 2016: 17 Prozent). Resümee von H. W. Opaschowski: »Das Leben wird beziehungsärmer. Es wird mehr mit Medien als mit Menschen kommuniziert.«[154] Diesen Eindruck unterlegt auch Prof. Jean M. Twenge (Psychologie) mit statistischen Daten zum »Smartphone-Knick«: 2007 kommt das erste iPhone auf den Markt – und seit 2007 gehen amerikanische Jugendliche immer weniger mit Freunden aus (Abb. 6).[155]

Nicht nur mit Freunden chillen

Stunden proWoche, in denen Teenager mit ihren Eltern ausgehen

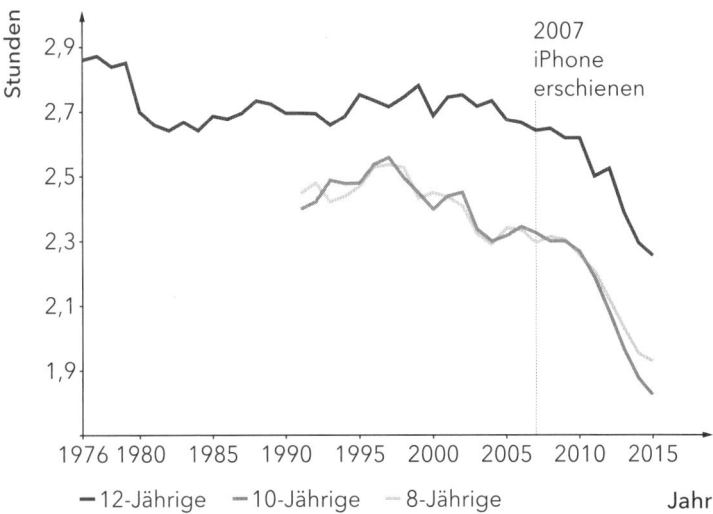

Abb. 6: Der Smartphone-Knick

Noch ein paar Worte zum Buch *Whats App, Mama?*, das der 16-jährige Robert Campe 2017 veröffentlichte – und aus dem die Mutter auf dem Elternabend so begeistert vorliest. Wir haben gezeigt: Virtuelle Welten verführen viele Erwachsene, sehr viel Zeit in Aktivitäten zu investieren, die oft langfristig krank, unglücklich und beziehungsunfähig machen können. Wenn das schon Erwachsenen mit relativ viel Lebenserfahrung geschieht, lässt sich dem jungen Mann kein Vorwurf machen, weil er sich so unkritisch mit der digitalen Welt identifiziert – und selbst zum Opfer der Heilsversprechen aus dem Silicon Valley wird. Eigentlich ein tragischer Fall. Campe spannt sich ohne Not selbst vor den Karren der IT-Industrie, die mit vielen Nebelkerzen Märkte und Profite sichert (siehe auch Kapitel 5, »Wissenschaft und Argumente«). Er hilft mit, diesen Nebel zu verbreiten: »Mit diesem Buch erkläre ich euch, wie das mit uns Teenies und dem Internet funktioniert«, schreibt Campe im Vorwort. »Nicht nur ihr leidet darunter, dass wir euch regelmäßig abschätzende Blicke zuwerfen und mit den Augen rollen, wenn's um das Thema Smartphone und Co. geht.« Mit »ihr« meint er die Erwachsenen, die oft als *Digital Immigrants* ironisiert werden, weil sie angeblich in die digitale Welt nur eingewandert sind. Campe und seine Freunde sind dagegen *Digital Natives,* weil sie mit dem Internet aufgewachsen sind.

Bei dieser Unterscheidung kommt – unbewusst? – eine Marketingtechnik ins Spiel, die sich in Amerika *Kids Empowerment* nennt, was sich mit »Ermächtigung von Kindern« übersetzen lässt. Klingt auch besser als der treffendere Begriff der »Elterndiskriminierung«. Der Trick dabei: Kinder hinterfragen, wie Campe, diese Botschaft in keiner Weise, im Gegenteil: Sie hören es gerne, wenn die Werbung ihnen suggeriert: »Hey, Kids, ihr seid stark, ihr kennt euch aus! Eure Eltern, diese alten Schachteln, haben doch keine Ahnung! Lasst euch von denen nichts sagen!« Eine Haltung, die prima zur Manipulation durch positive und negative *Pester Power* passt (siehe auch Kapitel 5). Was dagegen helfen könnte? *Parent Empowerment,* Eltern stärken. Dazu wollen wir mit *Heute mal bildschirmfrei* einen Beitrag leisten.

Ideale Lösung

Auf dem Elternabend prallen scheinbar unversöhnliche Meinungen aufeinander; die Eltern stürzen sich mit Begeisterung in Schützengräben. Und die Zeit läuft davon … Was liegt da näher, als sich erst einmal zu vertagen? Der Klassenlehrer schaut deutlich auf seine Armbanduhr, der Elternratsvorsitzende reagiert sofort: »Wenn unsere Kinder in der Schule einschlafen, ist das ein Problem, aber kein Weltuntergang.« Daher schlägt er vor, die hitzige Diskussion zu unterbrechen. »Wir sprechen auf dem nächsten Elternabend in vier Monaten wieder über das Thema.«

In den Tagen danach beschäftigt viele Eltern das Thema weiter. Einige sind schockiert, weil sie bisher nicht wussten, wie sehr Smartphones den Schlaf ihrer Kinder stören. Sie sehen unmittelbaren Handlungsbedarf – so wie fünf Elternpaare einer Mädelsclique in der Klasse. Sie wollen keine vier Monate warten, sondern starten gleich eine Skype-Konferenz, drei Tage nach dem Elternabend. Die Ausgangssituation ist bald geklärt: Für die Mädchen ist es alltäglich, nachts Nachrichten auszutauschen. Die Eltern sind sich schnell einig. Ab dem nächsten Wochenende gilt zeitgleich für alle dieselbe Regel: Um 21 Uhr geben die fünf Mädchen ihre Smartphones bei den Eltern ab. Am nächsten Morgen bekommen sie nach dem Frühstück die Geräte zurück. Keine Ausnahme! »Das könnt ihr doch nicht bringen! Das ist mein Handy! Das geht euch nichts an!« – so oder ähnlich fällt der wütende Protest aus, aber die Mädchen gehen weniger auf die Barrikaden, als es die Eltern erwartet hatten. Wahrscheinlich, weil sie vom nächtlichen Bann gleichermaßen betroffen sind. Was die Teenies überhaupt nicht hören wollen, sind die »vernünftigen« Argumente der Eltern: Die Regel sei zu ihrem Besten; es ginge um ihre Gesundheit, Konzentrationsfähigkeit und Ausgeglichenheit.

Amelie ist die Einzige, die von Anfang an begeistert ist: Sie darf das Gerät nun eine Stunde länger behalten als zuvor. Und vor allem braucht sie keine Angst mehr zu haben, wichtige Nachrichten der Freundinnen zu verpassen. Selbst die übrige Clique freundet sich mit der neuen Regelung an. Denn: Ein paar Mädchen schreiben bessere Noten in Klassenarbeiten – ohne das Gefühl zu haben, für die Schule mehr getan zu haben als vorher. Vielleicht waren die »vernünftigen« Argumente der Eltern doch nicht ganz falsch?

Vier Monate später: Der Klassenlehrer hat den Elternabend gut vorbereitet, um nicht nur Kritik am mangelnden Schlaf seiner Schüler zu üben. Er wählt als Einstieg eine Studie zu Facebook, weil zu WhatsApp erst wenige wissenschaftliche Erkenntnisse vorliegen. »Mit Facebook haben sich Forscher des Danish Happiness Research Institute beschäftigt«, erklärt er den Eltern.[156] »Auf diesem kurzen Handout finden Sie die wesentlichen Ergebnisse.« Die Kopien gehen um, während der Lehrer fortfährt: »Die Wissenschaftler in Dänemark haben zwei Gruppen gebildet: Die erste nutzte Facebook wie gewohnt, die zweite ging eine Woche auf Entzug.« Die 1076 Teilnehmer waren zwischen 16 und 76 Jahre alt – und vorher täglich auf Facebook unterwegs. Das klare Ergebnis: Die Teilnehmer aus der zweiten Gruppe fühlten sich weniger gestresst und sprachen mehr mit Familie und Freunden *(face to face)*. Sie waren zufriedener mit dem eigenen Leben und stellten fest, dass ihre Konzentrationsfähigkeit gestiegen war. »Können Sie sich diese Resultate erklären?«, fragt der Lehrer in die Runde. »Wir machen etwas, weil wir glauben, dadurch glücklicher zu werden. In Wahrheit tritt das Gegenteil ein, verrückt, oder?«

Weitere Kopien kommen in Umlauf, der Lehrer hat wesentliche Passagen von der Website des *Guardian* ins Deutsche übersetzt. Die britische Zeitung hatte sich mit der Facebook-Untersuchung beschäftigt: »Nehmen Sie sich jetzt zehn Minuten Zeit, um den Text zu lesen und in kleinen Gruppen zu diskutieren«, beendet der Lehrer seine Einleitung. Die Eltern vertiefen sich in den Text, in dem Meik Wiking, der Leiter der Studie, zitiert wird: »Wir schauen uns eine ganze Reihe von Daten zum Glücksgefühl an. Die Unzufriedenheit kann wachsen, wenn wir uns ständig mit der Peergroup vergleichen. Facebook bombardiert uns konstant mit großartigen Nachrichten anderer Leute.«

»Ja klar«, heißt es in einer Gruppe, »andere Menschen sehen besser aus, sind erfolgreicher im Leben, beliebter, sportlicher …« – »So spiegelt es der schöne Schein auf Facebook uns vor«, wendet eine Mutter ein. »Und alle anderen fühlen sich schlechter, die Zufriedenheit mit dem Leben sinkt«, stellt ein Vater fest. »Was macht das nur mit unseren Kindern, die täglich soziale Medien wie Facebook oder WhatsApp nutzen?« – »Genau deshalb habe ich Ihnen die Ergebnisse aus Dänemark mitgebracht«, antwortet der Klassenlehrer. »Die Teilnehmer waren vor allem Erwachsene. Und selbst die waren nicht in der Lage, die langfristigen Folgen der Facebook-Nutzung abzuschätzen. Wie sollen das die Schüler können, um dann bewusst mit WhatsApp und Co. umzugehen?«

Aufmerksam und mit neuem Interesse hören die Eltern zu, was der Klassenlehrer zu sagen hat: »Ich möchte Sie alle ermutigen, kurzfristig Ärger mit Ihren Kinder zu riskieren, etwa indem Sie deren Mediennutzung einschränken!« Der Lehrer bittet die Eltern der Mädchenclique, zu schildern, welche Regelung sie für die fünf Mädchen gefunden haben. Und wie die Mädchen reagiert hätten. »Das hört sich richtig gut an«, kommentiert ein Vater die positive Schilderung, »ist aber für mich und meine Frau völlig unrealistisch: Wir arbeiten oft im Schichtdienst und können nicht immer um 21 Uhr das Smartphone einkassieren.« – »Dafür gibt es zwei einfache technische Lösungen«, meldet sich eine IT-Fachfrau aus den Reihen der Eltern. »Ich kann Ihnen den Router umprogrammieren, damit er für Sie pünktlich um 21 Uhr zehn Stunden lang das WLAN kappt.« Sie macht der Familie spontan das Angebot, nächste Woche bei ihr vorbeizuschauen, um den Router umzustellen.

»Das ist aber erst die halbe Miete«, fährt die Frau fort. So sei nur der schnelle Internetzugang lahmgelegt, etwa das Streaming von Filmen funktioniere nicht mehr. »Für WhatsApp reicht aber die langsamere Verbindung über Mobilfunk«, erklärt die ITlerin. »Daher brauchen Sie zusätzlich eine Software, die das Smartphone pünktlich um 21 Uhr deaktiviert.« Dazu ließe sich ein Programm zur Zeitbegrenzung verwenden, um eine technische Nachtsperre einzurichten.

Gleich melden sich vier weitere Elternpaare, die bei dieser Aktion gerne dazukommen möchten, um sich von der Expertin bei der Installation helfen zu lassen. Die ITlerin stimmt zu, unter einer Bedingung: »Informieren Sie Ihre Kinder über die geplanten Sperren! Steigen Sie mit einer langen Nachtsperre als ›Startangebot‹ ein, und lassen Sie sich ruhig um zwei oder drei Stunden herunterhandeln. Ich kann es überhaupt nicht empfehlen, für Jugendliche in diesem Alter solche Aktionen heimlich zu starten.«

Sind jetzt alle zufrieden? Es gab ja auf dem ersten Elternabend die Warnung, Verbote würden Jugendliche in die Psychiatrie treiben. Mehr Verständnis sei gefragt ... Und prompt meldet sich die Mutter zu Wort, die das Buch *What's App, Mama?* empfohlen hatte: »Jetzt ist genau das passiert, was ich vorausgesehen habe. Wir sprechen hier ÜBER unsere Kinder statt MIT Ihnen. Verbote machen alles nur schlimmer. Ich werde da nicht mitmachen.«

Diese Aussage kann Amelies Mutter so nicht stehen lassen, sie widerspricht deutlich: »Das haben wir ganz anders gemacht – und zuerst Amelie gefragt, wie es ihr damit geht, dass sie schon immer kein Handy in der Nacht zur Verfügung hat.« Die Mutter war überrascht, denn Amelie fand diese Regel gar nicht so schlimm. Sie sagte aber, es sei noch besser, seit alle in ihrer Clique dieselben Regeln befolgen müssten. Neben der Mutter von Amelie sitzt ihr Vater. Er wendet sich nun freundlich der Frau zu, die gegen Verbote kämpft und dafür das Buch *What's App, Mama?* als Grundlage herangezogen hat. »Vielen Dank für diesen Tipp«, sagt der Vater, »wir haben das Buch bis zur letzten Seite gelesen.« Er und seine Frau fanden es sehr informativ, wie der 16-jährige Autor seinen digitalen Alltag beschreibt. »Ich habe viel gelernt und kann tatsächlich besser mitreden«, freut

sich der Vater, »wenn unsere Kinder über diese Dinge reden.«
Doch Campe verbinde diese Schilderungen des Alltags mit einer fragwürdigen Botschaft: »Kein Problem ... kein Problem ... macht euch keine Sorgen ... wir haben alles im Griff.«
Der Vater holt das Buch aus der Tasche und liest eine Stelle vor, passend zum Thema des Abends: »Während ihr [Eltern] euch unruhig in euren Betten wälzt, drücken wir mitten in der Nacht noch mal die Play-Taste bei der neuesten Folge unserer Lieblingsserie, obwohl wir am nächsten Morgen eigentlich früh raus und in die Schule müssen.« Nach der intensiven Diskussion um WhatsApp in der Nacht schütteln jetzt viele Eltern den Kopf. So viel jugendliche Naivität! Der Eindruck des Vaters: »Der 16-Jährige geht mit Problemen der digitalen Welt leichtfertig um. Er reflektiert in keiner Weise das eigene Verhalten – und hat in Wirklichkeit nichts im Griff.« Dabei gehe Campe selbstverständlich davon aus, ein Sprachrohr seiner Generation zu sein. »Aber genau das trifft nicht zu«, ergänzt Amelies Mutter. Ihre Tochter habe sich das Buch geschnappt – und kein gutes Haar daran gelassen. Es werfe ein miserables Licht auf Jugendliche, so die Meinung des Teenagers. Durch Campes Darstellung könnten Eltern den Eindruck gewinnen, ihre Generation bestehe nur aus oberflächlichen Onlinefreaks, deren Leben sich lediglich um Konsum drehe.
»Genug von Campe«, wirft der Klassenlehrer ein, »unser Thema war eigentlich der Schlafmangel der Schüler.« Schnell zeichnet sich am restlichen Abend ab: Bis auf wenige Ausnahmen wollen die Eltern analoge oder digitale Nachtsperren bei ihren Kindern einführen. Entweder verschwinden die Handys nachts aus den Zimmern, oder sie bekommen eine Software zur Zeitbegrenzung aufgespielt. Zur Sicherheit lässt sich beides kombinieren. So gelingt die Teenie-WhatsApp-Diät!
Tatsächlich gibt es in den Wochen nach dem Elternabend immer weniger Schüler, die im Unterricht einschlafen. Das be-

stätigen dem Klassenlehrer auch Kollegen, die in der Klasse unterrichten. Sie erleben die Jugendlichen viel lebendiger und konzentrierter, als es zuvor der Fall war. Der Klassenlehrer ist begeistert. Er will die Smartphone-Regeln »seiner« Eltern dem ganzen Kollegium schmackhaft machen – in der nächsten Gesamtlehrerkonferenz.

Weitere Lösungen

Die aufgeheizte Stimmung auf dem ersten Elternabend ließ nicht ahnen, wie die Erwachsenen am Ende eine gemeinsame, vorbildliche Lösung erarbeitet werden konnte (analoge/digitale Nachtsperren). Die Strahlkraft dieser Idee war ebenfalls überraschend: Erst fünf Elternpaare, dann fast eine ganze Klasse – und vielleicht bald die ganze Schule ….
Was passiert aber, wenn es weniger gut läuft? Es folgen Ideen, wie Erwachsene das Schlafproblem lösen, den guten Umgang mit sozialen Netzen unterstützen und ältere Jugendliche in der Fähigkeit zur Selbstregulation stärken können.

Schwarzer Peter: Die Eltern sacken jeweils über Nacht das Handy der Tochter ein, obwohl das im Freundeskreis so nicht üblich ist. Sie erklären dem Kind ihre Maßnahme und leben mit der Frustration der Tochter, die es aber jetzt einfacher im Leben hat: »Warum reagierst du nicht auf meine Nachricht um 4 Uhr früh?«, könnte eine Freundin fragen. Die Antwort fällt der Tochter leicht: »Ich hätte natürlich sofort geantwortet, aber meine blöden Eltern nehmen mir ja nachts das Smartphone weg.« Die Freundschaft leidet deutlich weniger als bei selbstverschuldeter Funkstille. Und die Eltern lassen sich gerne den Schwarzen Peter zuschieben. Hauptsache, ihre Tochter schläft wieder ruhig in der Nacht.

Gruppe löschen: Einen radikalen Weg schlugen die Eltern einer fünften Klasse (!) ein. Sie lösten eine bestehende Klassen-WhatsApp-Gruppe auf – in gegenseitiger Absprache. Die App deinstallierten die Eltern auf allen Geräten der Kinder, eine Neuinstallation wurde technisch begrenzt. Der Auslöser: Ein Mobbingfall an der Schule verlief so dramatisch, dass die Polizei mit Einsatzwagen zur Schule kam und dort alle Smartphones beschlagnahmte, die in der fünften/sechsten/siebten Klasse Verwendung fanden. Alles zu Ermittlungszwecken. Daher war die Stimmung für Veränderungen günstig.

WhatsApp ohne Smartphone: Das erste Smartphone geben medienkritische Eltern ihren Kindern oft aus einem speziellen Grund: »Es geht einfach nicht mehr ohne WhatsApp.« Um Hausaufgaben zu erfahren, sollte das Kind in der Klassengruppe sein. Stundenausfälle? Vertretungen? Veranstaltungen? In Schule oder Sportverein laufen viele Informationen nur noch über diesen Messenger-Dienst. Natürlich lässt sich der Versuch starten, auf die Informationswege in Schule und Sportverein Einfluss zu nehmen. Viele Schulen sichern inzwischen als Qualitätsmerkmal zu: Die Schüler benötigen bis zu einer gewissen Klasse keine Onlinenetzwerke, um informiert zu bleiben. Wenn das nicht geht, ist es trotzdem möglich, einen Kompromiss zu finden, den viele Eltern nicht kennen: Für WhatsApp ist kein Smartphone nötig! Es gibt eine Version, die sich auf dem PC installieren lässt. Das kann helfen, die Anschaffung eines Smartphones hinauszuzögern.

Lesebestätigung deaktivieren: WhatsApp macht es möglich, Lesebestätigungen zu unterdrücken, genauso wie die Anzeige, wann ein Teilnehmer zuletzt online gewesen ist. Dazu in der Übersicht auf »Einstellungen« klicken. Der weitere Weg: »Account«, dann »Datenschutz«. In diesem Menü ist bei der Option

»Lesebestätigungen« das Häkchen zu entfernen. Auf derselben Ebene ist es möglich, die Funktion »Zuletzt online« zu deaktivieren.

Weitere Messenger-Dienste: Wer dem Datenschutz bei WhatsApp zu Recht misstraut, kann auf eine Vielzahl anderer Messenger-Dienste ausweichen (Telegram, Threema u. Ä.). So lässt sich ebenfalls ein Chat in Familie oder Freundeskreis organisieren. Diese Kreise bleiben meist klein, das Spam-Aufkommen ist gering. Allerdings sind manche Dienste kostenpflichtig, und ihre Reichweite ist noch nicht so ausgebaut wie bei WhatsApp.

Social Media bildschirmfrei: Freundschaftsbücher sind die Vorläufer von Facebook. Der Aufbau ist ähnlich: Ein Foto wird eingeklebt, Name, Klasse, wichtige Vorlieben wie zum Beispiel Lieblingsfarbe, Hobbys, Vorbilder, Lieblingsbuch, Lieblingsmusikstil werden eingetragen. Ein großer Vorteil gegenüber Facebook – unter vielen: Es ist nicht nötig, eine allgemeingültige Darstellung zu verfassen. Je nachdem, wem das Buch gehört, lassen sich andere Schwerpunkte setzen und andere Eigenschaften hervorheben. Manfred Spitzer beschreibt treffend einen weiteren wichtigen Vorteil: »Ein Poesiealbum ist wie Facebook ohne Cybermobbing.«[157]

Sinnvolle Medien: Eine Woche »Facebook-Fasten« an der Schule ist möglich, wenn sich Schüler, Eltern und Lehrer selbst dazu verpflichten. Diese Woche kann der Einstieg in eine Diskussion ein, welche Medien sich sinnvoll nutzen lassen. Erfahrungen haben gezeigt, dass die Beteiligten eine neue Sicht entwickeln: Was ist wirklich in der modernen Kommunikation unverzichtbar? Was völlig überflüssig? »Facebook-Fasten« gibt es inzwischen an vielen Schulen, parallel dazu stellen Lehrer oft eine passende Unterrichtsreihe auf die Beine.

Experiment: Ein Versuch für die ganze Familie. Wie unterscheidet sich eine »24/7-Kommunikationswoche« von einer »20 Uhr bis 8 Uhr ohne Smartphone«-Woche? Während der verschiedenen Wochen machen sich alle Notizen, ähnlich wie in einem Tagebuch. Interessante Fragen könnten sein: Wie kam ich morgens aus dem Bett? Was habe ich nach dem Aufwachen als Erstes gemacht? Wie habe ich den Tag erlebt? Was haben wir als Familie miteinander unternommen? Gab es heute Streit? Habe ich unter »Entzug« gelitten?

Selbstregulation durch Software: Das Programm »Quality Time« ist ein Beispiel für Apps, die Smartphone-Besitzer dabei unterstützen, Multitasking und digitales »Zappen« zu verhindern. Der Nutzer stellt ein, wie lange er NICHT auf bestimmte Apps zugreifen will. Er kann sich untreu werden und die Selbstbegrenzung aufheben – aber nicht sofort, sondern erst nach einer Sperrzeit von fünf Minuten. In dieser Zeit wird der Reflexionsprozess gefördert: Will ich wirklich meinen ursprünglichen Plan aufgeben, die Recherche fürs Referat unterbrechen und WhatsApp-Nachrichten »nebenbei« checken? Oder lieber nicht? Diese App stärkt die Impulskontrolle.

Tragfähige soziale Netzwerke: Sind sie eine Grundlage für Zufriedenheit? Schützen sie gegen Cybermobbing? Eine Mutter erzählte nach einem unserer Vorträge, dass der 10-jährige Sohn vor Ort in einer Kindertheatergruppe seine soziale Heimat gefunden habe. Wenn in seiner Klasse einige anders ticken als er, stört ihn das nicht, denn seine besten Freunde kommen aus dem Theaterprojekt. Ähnliches funktioniert mit dem Kinderchor, dem Zirkusprojekt, der Pfadfindergruppe, der Greenteam-Gruppe von Greenpeace, der Artaban-Gruppe, dem Akkordeonorchester etc.

14. Pornogucken als Mutprobe?

Statt Pseudotoleranz Beziehungsfähigkeit
schützen und pflegen

Ein Klick mit schweren Folgen

Lukas wirft die Haustür zu und schleudert seinen Rucksack in
die Ecke: »Wochenende!« Am Freitag kommt die ganze Familie mittags nach Hause; seine Schwester Lena heute sogar schon
um 11 Uhr, weil die letzte Stunde ausfiel. Heute wollen Lukas
und seine Mutter gemeinsam kochen. »Mama, kann ich Musik
laufen lassen, während wir die Pfannkuchen machen?« – »Im
Prinzip gerne. Aber diese Krachmusik neulich fand ich echt
nervig. Such doch eine Musik aus, die für uns beide okay ist.« –
»Gut, Mama. Dann hör dir das mal an, das könnte dir gefallen.«
Lukas schaltet seinen Bluetooth-Lautsprecher ein … »Meine
schwarze Stute, willst du geritten werden?« – »Ja, komm, zeig
mir, wie du reiten kannst.« So tönt es plötzlich vulgär aus dem
Lautsprecher. »Was ist das denn?«, wendet sich Lukas erstaunt
an seine Mutter. »Ich wollte dir Ed Sheeran vorspielen. Das ist
garantiert NICHT Ed Sheeran!« Er prüft die Bluetooth-Ver-
bindung und stellt fest: »Ich kann mich überhaupt nicht ein-
loggen. Wahrscheinlich hängt Lenas Smartphone an meinem
Lautsprecher.« Inzwischen sind noch gröbere Töne zu hören:
»Willst du Schmerz spüren? Willst du gezeigt bekommen, wo
es langgeht?« Das Knallen einer Peitsche dringt aus dem Lautsprecher, begleitet von Schreien und Stöhnen. Jetzt ist auch die
Mutter entsetzt, und Lukas ruft laut durchs Haus: »Boah,
Lena, was soll das? Logg dich endlich aus!« Weiteres Stöhnen

und dann Stille. Lena hat ihr Smartphone vom Lautsprecher getrennt.

Wie geht es mit ihr weiter?

TINA-Lösung: Wie es alle machen (sollen)

Die Mutter erwacht aus ihrer Erstarrung und stürmt die Treppe hinauf. Dabei rasen ihr viele Gedanken durch den Kopf: Bisher war doch alles gut mit dem Smartphone ... ein Geschenk vom Onkel zum 11. Geburtstag ... Lena hat sich so gefreut ... endlich auch in der Klassen-WhatsApp-Gruppe dabei ... und jetzt so etwas ... Pornos sind schon schlimm genug ... aber dieser perverse Sadomaso-Kram? Da war eine Peitsche zu hören! Außer Atem erreicht die Mutter das obere Stockwerk und läuft zu Lenas Zimmer. Fehlanzeige. Weiter geht's zum Badezimmer, die Tür ist aber abgeschlossen. Dahinter hört sie leises Schluchzen. Sie klopft an die Tür – keine Reaktion! Vor der Badezimmertür grübelt die Mutter weiter: Was habe ich bloß falsch gemacht? ... Habe ich ihr zu viel durchgehen lassen? ... Wie kann ich verhindern, dass das wieder passiert? Jetzt sind klare Worte angesagt ... Ich muss Lena doch schützen!

Die Mutter klopft lauter und lauter an die Tür. Lena öffnet nicht. Jetzt macht sich die Mutter noch mehr Sorgen: »Lena, mach sofort die Tür auf! Ich fasse es nicht, was du dir heimlich für Schund anschaust!« Nichts passiert, nur das Schluchzen wird lauter. Lenas Mutter ist bitter enttäuscht: »Wir hatten doch besprochen«, fährt die Mutter fort, »dass du dir solche Sachen nicht anschaust.« Lena verteidigt sich: »Aber ich wollte doch nur ...« Die Mutter ruft: »Ja, das sagen sie alle: ›Ich wollte doch nur.‹« Lena nimmt verzweifelt einen neuen Anlauf: »Wirklich, Mama, da stand nur in WhatsApp: ›Mutprobe – wie viele Sekunden kannst du hinschauen?‹ Da habe ich einfach draufgeklickt. Und dann kam da plötzlich dieser eklige

Film. Das war wirklich schlimm. So was will ich nie wieder sehen! Mama, da waren diese Männer mit Masken und ...« Weiter kommt die Tochter nicht, denn ihre Mutter geht rigoros dazwischen: »Das reicht mir schon. Mensch, Lena, du hättest das Video sofort ausmachen müssen, als du gesehen hast, was das ist. Na ja, passiert ist passiert. Den Film wolltest du also gar nicht anschauen?« – »Nein, nein, Mama, ganz bestimmt nicht!«, versichert Lena.

Erleichtert denkt die Mutter: Glück im Unglück ... Lena hat das nicht absichtlich gemacht ... sie fand es abstoßend ... wie peinlich, darüber zu sprechen ... wir ersparen uns die ekligen Details ... Laut sagt sie: »Also, Lena, dann bin ich jetzt beruhigt. Aber eins ist klar. Noch so ein Vorfall, und das Smartphone ist weg. Und jetzt mach bitte endlich die Tür auf, es gibt Essen.« Aber die Tür bleibt zu, und die Mutter ist langsam genervt: »Lena, ich zähle jetzt bis zehn. Wenn du dann nicht aufmachst, gehe ich runter zum Essen. Das fehlt gerade noch, dass jetzt auch die Pfannkuchen kalt werden.«

Lena bleibt im verschlossenen Badezimmer, bis nachmittags der Vater nach Hause kommt. Die Mutter erzählt ihm kurz, was passiert ist: Wie geschockt sie war, dass Lena einen Pornofilm geschaut hat, und wie erleichtert, dass es gar keine Absicht war. Das würde wohl nicht wieder vorkommen, meint sie. Der Vater sieht das anders. Ihn stört eher die verklemmte Haltung seiner Frau, weil er Pornos nicht für etwas Schlimmes hält.

Er stellt einen Stuhl vor die Tür des Badezimmers und fängt an, mit Lena zu sprechen: »Hallo, Lena! Alles in Ordnung bei dir? Weißt du, heutzutage muss man sich nicht mehr verstecken, wenn man mal Pornos anschaut. Ich habe in deinem Alter auch Pornohefte angeguckt.« Nackte Menschen anschauen – das müsse in unserer Zeit nicht mehr peinlich sein, fährt er fort, die Neugier von Kindern sei völlig normal. »Du kannst mir alles erzählen!«, bietet der Vater seiner Tochter an. »Es ist wichtig, herauszufinden, was uns Lust bereitet und worauf wir keinen Bock haben. Dafür können Pornos auch nützlich sein, vor allem später, wenn du etwas älter bist. Jetzt in deinem Alter sind so harte Sachen noch nichts für dich.« In dem Film sei ein ganz falsches Bild entstanden: Lust sei nämlich etwas Schönes, und Sex ebenfalls.

Der Vater bemüht sich um Offenheit und Toleranz. Trotzdem hat Lena im Badezimmer nur angefangen, heftiger zu schniefen und zu weinen: »Papa, bitte hör auf damit! Ich will das nicht hören. Das ist eklig.« Etwas unsicher geworden, zieht sich Lenas Vater in sein Arbeitszimmer zurück, um Antworten auf seine Fragen zu finden[158]: Hat er vielleicht den Bogen überspannt? Was sagen Fachleute zu diesem Thema? Er findet in einem Buch interessante Ansichten führender deutscher Experten.

Ein wichtiges Ziel der Sexualpädagogik lautet: Es soll in modernen Gesellschaften möglich sein, sexuelle Vielfalt in ihrer ganzen Bandbreite zu leben. Dazu ist aber das tradierte Normenverständnis zur Sexualität aufzubrechen. Diese »Entnaturalisierung« helfe, so liest es der Vater, die eigene sexuelle Identität zu finden und andere Formen des sexuellen Umgangs zu tolerieren. Wichtig sei es dabei, diese »Veruneindeutigung« und »Verwirrung« bewusst herbeizuführen, um langfristig neue Erlebnisräume zu schaffen. Dazu sei es notwendig, bei Kindern bestehende, patriarchalisch geprägte Normsysteme zu zerstören, um der sexuellen Emanzipation Bahn zu schaffen – in allen erdenklichen Spielarten. Das leuchtet dem Vater unmittelbar ein: Wer progressiven Ideen den Weg ebnen will, muss alte Moralvorstellungen in den Graben werfen.

Er liest weiter. Manchmal googelt er zwischendrin komplexe Begriffe. Gefordert wird der Abschied von der »Zwangsheteronormativität«, also der Abschied von der Überzeugung, nur die Liebe zwischen Männern und Frauen sei normal, alle anderen

Formen wie Homo- und Bisexualität oder Polyamorie seien abnormal. Das kann der Vater nur begrüßen, auch weil er gleich an das Schicksal seines Arbeitskollegen denkt, der ihm das Buch geschenkt hat. Der Kollege lebte viele Jahre mit einer Lüge. Er schaffte es nicht, den Eltern gegenüber seine Homosexualität offenzulegen. 15 verdorbene Lebensjahre und alles nur, weil der Kollege so verklemmte Eltern hatte. Daher hat sich der Vater schon vor Jahren geschworen, mit den eigenen Kindern eines Tages offen über das gesamte Spektrum sexueller Vorlieben zu reden.

Aber wie lässt sich mit Kindern über das Thema sprechen? Er klickt sich weiter durch die Szene und findet gleich einen Artikel, den Helmut Kentler geschrieben hat, ein inzwischen verstorbener Mitarbeiter der Beratungsorganisation Pro Familia. Dieser Text bestätigt ihn voll, denn Kentler befürwortet es, wenn Kinder früh Pornografie konsumieren.[159] Außerdem setzt sich der Autor dafür ein, Sex und Gefühle klar voneinander abzugrenzen, um so von klein auf die Fähigkeit zum Lustgewinn auszubilden. Keine Frage: Seine Frau hat die Situation falsch eingeschätzt, als sie so geschockt reagierte, weil Lena einen Pornofilm geschaut hat. Porno ist tatsächlich im Prinzip okay, denkt der Vater, es lässt sich dabei viel über die Vielfalt sexueller Vorlieben lernen. Sicher: Ein Sadomaso-Video ist kein geeigneter Einstieg in diese Welt. Das Thema muss man Kindern anders vermitteln. Im Buch findet er Anregungen dazu, wie das in aufklärerischen Projekten für Schüler gelingt: Ein Sexualpädagoge legt alltägliche Dinge auf einen Tisch, Windeln oder Bleistifte. Dazu kommen ein Dildo, Potenzmittel, Masken aus Lack, Latex oder Leder sowie Handschellen, Aktfotos, Vaginalkugeln oder Intimpiercings. Im Rollenspiel diskutieren die Schüler in Gruppen, welche der Gegenstände sie für welche Zielgruppe »ersteigern« wollen. Ebenso wird die Übung »Der neue Puff für alle« vorgestellt. Die Aufgabe für die Jugendlichen lautet, Räume eines Hauses so einzurichten, dass darin viele sexuelle Vorlieben Platz finden. »Wäre das etwas für Lena?«, überlegt sich ihr Vater. Nein, für solche Projekte ist sie noch zu klein. Das ist etwas für Ältere, vielleicht für die Klasse, in die sein 14-jähriger Sohn Lukas geht …

Nach einer Stunde Recherche setzt sich der Vater als neuer »Sexualexperte« vor die Badezimmertür, holt kurz Luft und startet seinen Vortrag: »Lena! Du darfst an das Thema Sex nicht so verklemmt herangehen. Durch Pornos können Menschen ganz viel lernen, wenn sie sich nicht von ihren Vorurteilen bremsen lassen. Sex ist so schön und vielfältig! Dafür soll sich niemand schämen müssen. Lena! Komm, mach doch die Tür auf.« Der Erfolg: Lena schluchzt wieder lauter, das Badezimmer bleibt versperrt. Der Vater lässt nicht locker: »Hör mal, Lena! Du kannst nicht einfach sagen, was du geschaut hast, ist eklig. Denn es ist nicht in Ordnung, diese Leute zu diskriminieren, nur weil sie etwas andere Gewohnheiten haben. Du musst das verstehen lernen. Toleranz ist etwas sehr Wichtiges. Viele Männer schlafen nur mit Frauen, andere Männer nur mit Männern. Es gibt aber auch Frauen, die lieber mit Frauen Sex haben. Und manchen Menschen macht es eben Freude, beim Sex Schmerzen zu erleiden oder anderen zuzufügen. Das nennen wir Sadomaso-Sex. Die zwei Leute im Film haben wahrscheinlich Lust dabei verspürt. Die fanden das schön und wollten das so.« Lena widerspricht: »Das war überhaupt nicht schön, sondern voll eklig. Außerdem waren das nicht nur zwei Leute …«, ihr Ton hinter der Tür wird immer schriller. »Ja, Lena, kein Problem. Menschen können auch mit mehr als einer Person Sex haben … Und dann gibt es noch …« Lena beendet den Vortrag über sexuelle Vielfalt mit einem Faustschlag gegen die Tür: »Papa, geh weg. Lasst mich einfach alle in Ruhe. Ich will das nicht mehr hören.« Na gut, denkt der Vater, ich habe mein

Bestes gegeben, sogar eine Stunde mit Büchern und Internetrecherchen verbracht. Wenn sich Lena nicht helfen lassen will, ist das ihr Problem. Jeder muss die Suppe auslöffeln, die er sich einbrockt.

Am späten Abend kommt Lena aus dem Bad, schleicht sich in ihr Zimmer und legt sich ins Bett. Ruhe kehrt ein, und beim Frühstück am nächsten Morgen wird der unangenehme Vorfall nicht mehr erwähnt. Die Eltern sind sich einig: Wenn Lena überhaupt nicht über das Video sprechen will, ist jetzt alles gesagt.

Wirklich?

Wissenschaft und Argumente

Gespräche über menschliche Sexualität erweisen sich als vermintes Gelände, selbst wenn sich Menschen heute eher trauen, das früher so heikle Thema offen anzusprechen. Die Vorstellungen von Sexualität sind so vielfältig wie die Menschen; sie spiegeln sich zum Beispiel in der prüden Sexualmoral konservativer Kreise oder in sehr freizügigen Ideen wie der Polyamorie oder promiskuitiven Lebensweisen. Gibt es da überhaupt ein Richtig oder Falsch?

Wir sind bei unseren Recherchen auf die »bindungsorientierte Sexualpädagogik« gestoßen, die von der Diplom-Psychologin und Psychotherapeutin Tabea Freitag entwickelt wurde. Sie hat dabei auf zwei Quellen zurückgegriffen: Einerseits auf Erkenntnisse der Bindungsforschung, der Entwicklungspsychologie und der Sexualwissenschaft, andererseits auf ihre langjährigen Erfahrungen in der Therapie mit Menschen, die sexuelle Grenzverletzungen erlebt oder eine Sucht nach Pornografie entwickelt haben. Dieses Konzept unterstützen zahlreiche renommierte Experten. Dazu zählen: der Präventionsforscher Prof. Manfred Cierpka (Universitätsklinikum Heidelberg), der

Bindungsforscher Prof. Karl Heinz Brisch, Prof. Jakob Pastötter (Präsident der Deutschen Gesellschaft für Sozialwissenschaftliche Sexualforschung, DGSS) und Prof. Christoph Möller (Experte für Prävention und Behandlung von suchtartiger Internetnutzung).

Tabea Freitag hat in Deutschland ein Präventionsprogramm für Jugendliche ins Leben gerufen, um dem Konsum von Internetpornografie vorzubeugen. Titel: *Fit for Love?*[160] (siehe auch »Weitere Lösungen«). Das Buch wurde inzwischen tausendfach verkauft, was uns nicht überrascht, weil es aus unserer Sicht eine wichtige Lücke schließt. In Theorie und Praxis dieses Kapitels greifen wir auf die »bindungsorientierte Sexualpädagogik« zurück.

Um die Untiefen und Klippen des Themas zu charakterisieren, haben wir ein Bild gewählt ganz ohne Seefahrt: die Lakritzschnecke! Wer sie entrollt, kann zwei parallele Stränge entdecken, die miteinander verklebt sind. Wir erkennen in der Diskussion um Sexualpädagogik ebenfalls zwei Stränge, die historisch parallel laufen und eng verknüpft erscheinen:

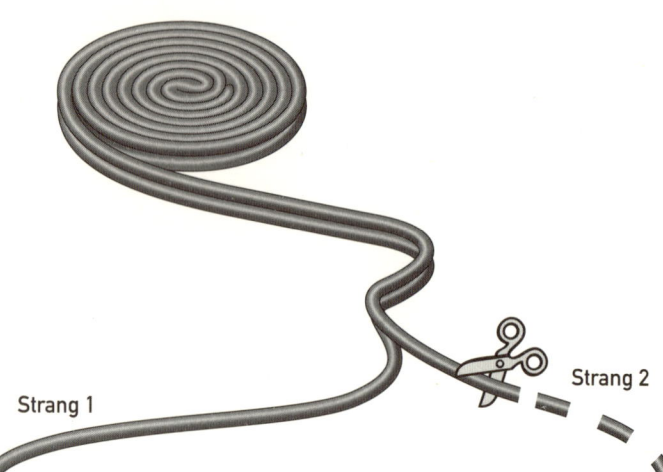

Strang 1

Sexuelle Befreiung der Frau (Shere-Hite-Tradition)

Gleichberechtigung von Mann und Frau, Überwindung traditioneller Geschlechterrollen

Entkriminalisierung und steuerrechtliche Gleichstellung der Homosexualität

Toleranz gegenüber sexueller Vielfalt, wenn sie in wechselseitigem Einvernehmen gelebt wird

Liberaler Umgang mit Sexualität, nicht mehr in »Schmuddelecken« gedrängt

Verhütungsmittel (Kondome etc.) für Familienplanung und Gesundheitsschutz

Strang 2

Akzeptanz oder Befürwortung früher Pornografie- und Cybersex-Erfahrungen

Verstärkte Grenzverletzungen (Schamgefühl), die auf einer falsch verstandenen Toleranz beruhen (Trend zur Früh- und Übersexualisierung)

Dominanz der Sexualität außerhalb eines Beziehungskontexts (Trennung von Sexualität und Beziehung)

Kritik am Konzept der »Kernfamilie«, die als bürgerlich-antiquiert betrachtet wird (Vorwurf der »Zwangsheteronormativität«)

Abb. 7: Lakritzschnecke

Seit den 1960er-Jahren wurden viele inhumane Vorstellungen menschlicher Sexualität überwunden. Die positiven Stichworte haben wir in der linken Spalte der Abbildung als Strang 1 aufgelistet. Parallel dazu kam es zu einer anderen Entwicklung, die eine negative Dynamik entfaltet (Strang 2 auf der rechten Seite der Abbildung). In der öffentlichen Debatte ist häufig zu beobachten: Liberale Geister bezeichnen Kritik am zweiten Strang als rückwärtsgewandt oder reaktionär. Sie deuten diese Position automatisch als Kritik an der gesamten Entwicklung der vergangenen 70 Jahre. Wenn uns bestimmte Fehlentwicklungen auffallen, bedeutet das jedoch keinesfalls, dass wir verstaubte Familienideale der 1950er-Jahre wieder aufleben lassen möchten. Wir lehnen klar die mehr oder weniger versteckte Homophobie ab, die sich am rechten Rand der Gesellschaft bemerkbar macht. Wir begrüßen ausgesprochen die fortschreitende Gleichberechtigung von Mann und Frau und den Abschied von stereotypen Geschlechterrollen sowie die weiteren Aspekte von Strang 1 in der Abbildung.

Damit sehen wir die Gesellschaft vor die schwierige Aufgabe gestellt, die negative Entwicklung zu korrigieren – ohne die Errungenschaften zu zerstören, die mit dem ersten Strang verbunden sind. Uns leuchtet hierfür das Bild der Lakritzschnecke ein: Wir stellen fest, dass die beiden Stränge gar nicht untrennbar verbunden sind. Wir folgen dem positiven Strang vollständig und dem ins Problematische abgebogenen Strang nur so weit, wie er keinen Schaden an Körper und Seele verursacht. Schäden dieser Art klingen bereits in der »TINA-Lösung« an, wenn Sie an den Toleranzzwang des Vaters denken. Mancher Leser wird sich zu Recht fragen: Redet so ein Vater mit seiner 11-jährigen Tochter? Wohl kaum. Und: Merkt er gar nicht, dass dabei Schamgrenzen verletzt werden und die Tochter mit Aussagen konfrontiert wird, die für ein 11-jähriges Kind verstörend oder unverständlich sein müssen?

Da hilft es auch nicht, aus einem lauteren Motiv zu handeln. Genau das trifft auf Lenas Eltern zu, die sehr unterschiedlich versuchen, zu ihrer Tochter hinter der Badtür durchzudringen. Die Mutter will vor allem ihre Tochter vor Schund aus dem Internet schützen. Sie hat Schwierigkeiten, über ein so sensibles Thema zu sprechen, weil sie es selbst peinlich findet und der Tochter diese Peinlichkeit ersparen will. Das sind verständliche Motive, die sie mit vielen anderen Eltern teilt. Sie hört nicht gut zu, vielmehr reagiert sie mit Vorwürfen und Drohungen. Das sind offensichtliche Fehler! Was fast noch schwerer wiegt: Die Mutter beruhigt sich zu Unrecht und zieht einen folgenschweren Fehlschluss, was vielen Eltern ebenfalls passiert: Die Tochter fand das Video abstoßend, sie hat es nicht absichtlich geschaut. Daraus folgert die Mutter, sich keine Sorgen machen zu müssen. Denn die Tochter wird solche Filme nicht wieder sehen wollen.

Genau das trifft nicht zu. Ekel ist kein Schutz vor Wiederholung. Das hat mit dem Phänomen der »Angst-Lust« zu tun. Tabea Freitag erklärt dies so:

Die Gleichzeitigkeit von elementarer Stimulierung – Erregung, Faszination und Neugier – mit Gefühlen der Überforderung, des Schocks, der Scham, vielfach auch Angst und Ekel hinterlässt bei vielen Heranwachsenden ein verwirrendes, paradoxes Geflecht aus Abscheu und Begehren: »Das ist eklig und macht mich doch an.« »Das ist brutal und pervers und ich muss es mir doch wieder und wieder reinziehen«, hören wir oft, auch von Erwachsenen. Immer wieder wird uns berichtet, dass Jungen wie Mädchen einerseits verstört, schockiert oder traumatisiert auf die harten, oft gewalthaltigen Pornoclips reagieren, die sie im Internet gesehen haben, und dennoch wieder Zugänge suchten, um durch ähnliche Inhalte erneut in den Bann gezogen zu werden.[161]

Der Vater dagegen würde seiner Tochter gern nahebringen, wie wichtig liberale Ideen der sexuellen Vielfalt sind. Ebenfalls ein verständliches Anliegen. Doch er schießt völlig über sein Ziel hinaus, als er Lena einen Vortrag hält, den kein Kind in diesem Alter verstehen und aushalten kann. Beide scheitern – trotz ihrer guten Motive. Dabei orientiert sich der Vater nur an Ideen einer »Sexualpädagogik der Vielfalt«, über die er in seinem Buch gelesen hat. Wir folgen dieser Namensgebung nicht und benennen diese Strömung in »libertäre Sexualpädagogik« um. Das von uns favorisierte Gegenmodell bezeichnen wir wie Freitag als »bindungsorientierte Sexualpädagogik« oder »Sexualpädagogik der ungestörten Entdeckungsreise«.

Die Vertreter der »libertären Sexualpädagogik« nehmen jedenfalls Grenzverletzungen bewusst in Kauf, die Freitag dokumentiert hat: als Beobachtungen von Eltern, Schülern und Lehrern, die sich bei ihr nach der erste Auflage von *Fit for Love?* gemeldet hatten:

> 10-Jährige lernten, »wie Lesben sich schlecken«, Siebtklässler wurden aufgefordert, vor der Klasse alle Möglichkeiten zu nennen, wie man sich oral befriedigen kann. 12-Jährige wurden zum One-Night-Stand ermutigt.

Die Kinder wurden mit »expliziten Bildern sexueller Handlungen« konfrontiert. Häufig schilderten »externe Sexualaufklärer« Oral- und Analsex, und zwar vor Schülern in der fünften bis neunten Klasse. Eine positive Bewertung wurde gestützt, indem diese Art des Geschlechtsverkehrs in eine Reihe anderer Praktiken eingeordnet wurde, verbunden mit der Aussage: »Die meisten finden das mit der Zeit schön.« Zu diesen Grenzverletzungen stellt Freitag fest: »Die Kinder verstehen nicht, dass die häufige Betonung von Oral- und Analsex und ihre Bewertung als normal und schön der Antidiskriminierung und der Förderung sexueller Vielfalt dienen soll.« Was sie aber verstehen: Oral- und Analsex »gehöre zum Standard und werde wohl von ihnen erwartet«. Damit wird der Druck von pornografischen Standards als Normalität verstärkt, statt sie infrage zu stellen und abzuschwächen. Und: Viele Jugendliche lernen bereits im Internet diese Standards kennen.

Hinzu kommt laut Freitag: Manche Autoren wie Matthiesen/Martyniuk verklären frühe Cybersex-Erfahrungen von Minderjährigen. Das sei ein »Spaßflirten auf der Probebühne«, denn das Internet würde sexuelle Erlebnisse versprechen, die wenig Kosten und Risiken mit sich bringen.[162] Dabei wird als normale sexuelle Sozialisation gewertet, dass Teenager mit Webcam-Exhibitionismus konfrontiert werden oder die Aufforderung erhalten, von sich ein Nacktbild zu verschicken. Dagegen stellt die Traumatherapeutin klar:

> Aus traumatherapeutischer und entwicklungspsychologischer Sicht sind negative sexuelle Erfahrungen in Kindheit und Jugend in keiner Weise dazu geeignet, die Persönlichkeit zu stärken, sondern führen im Gegenteil gewöhnlich zu einer Schwächung des Selbstwertgefühls und gesunder Grenzen und in vielen Fällen zu Ängsten, Irritationen, Sprachlosigkeit und innerer Lähmung.

Einen ähnlichen Standpunkt nehmen Prof. Sabine Maschke und ihr Kollege Prof. Ludwig Stecher ein. Sie führten 2016 eine Befragung von Schülern der neunten und zehnten Klassen durch. Thema: »Sexualisierte Gewalt in der Erfahrung Jugendlicher« (SPEAK!-Studie). Dabei wurden nur Jugendliche erfasst, die für sich solche Erfahrungen ausdrücklich negativ bewerteten. Für den Bereich der »Erfahrungen nicht-körperlicher sexualisierter Gewalt« gab in der SPEAK!-Studie eine von 17 Schülerinnen an: »Jemand hat mich dazu gedrängt oder

gezwungen, pornografische Bilder, Zeichnungen oder Filme anzuschauen (auch auf dem Handy/Smartphone).« Eine von
50 Schülerinnen hat eine andere Form der Cyber-Viktimisie-
rung erlebt: »Jemand hat gegen meinen Willen intime Fotos
oder Filme von mir ins Internet gestellt.«

Die Geschichte von Amanda Todd in Kanada zeigt, wie tra-
gisch das ausgehen kann. Amanda ging in die siebte Klasse und
suchte Freunde per Videochat im Internet. Bei ersten Kontak-
ten wurden Komplimente gemacht, sie sei wunderhübsch und
perfekt. In ihrer Naivität zeigte sie einem »Camfreund« ihren
entblößten Oberkörper, und das Bild landete auf seiner Festplatte. Viel später stellte die Schülerin in einem YouTube-Video
fest: »I can never get that photo back.« Und: »It's out there
forever …« Der »Camfreund« findet heraus, wie Amanda lebt,
und versucht, noch mehr derartige Aufnahmen zu erpressen.
Schließlich landet das Foto in ihrer Schule und wird über Facebook publik … die Lawine rollt. Hohn und Spott ergießen sich
über Amanda, sie wechselt zweimal die Schule, aber das eine
Bild verfolgt sie auf Schritt und Tritt. Depressionen, Angst-
zustände und Drogen folgen. Dann schildert die Schülerin auf
YouTube stumm ihr Schicksal: Sie dokumentiert ihren Leidens-
weg, indem sie 74 handgeschriebene Zettel in die Kamera hält.
Zwei Wochen später, am 10. Oktober 2012, begeht sie Selbstmord.[163]

Fatal: Eine falsch verstandene Liberalität relativiert die Konsequenzen, die aus einer frühen Sexualisierung von Kindern und
Jugendlichen entstehen. Es ist in keinem Fall harmlos, als Tee-
nie Pornografie zu konsumieren und sich daran zu gewöhnen,
dass ständig menschliche Schamgrenzen verletzt werden. Im
Gegenteil: Über Pornos werden sexuelle Rollenskripte verbreitet, die auf Macht, Gewalt und Dominanz von Männern gegenüber Frauen aufbauen.[164] Entsprechend kritisiert auch Freitag
an der »libertären Sexualpädagogik«, »… die Reduktion auf

den Lustaspekt und die gezeigten Praktiken« würden nicht als Problem dargestellt, »sondern als Ausdruck von Vielfalt vermittelt und damit normalisiert«. Dagegen hält es die Sexualtherapeutin für sinnvoll, ...

> ... Jugendliche darin zu bestärken und zu ermutigen, sich ihre gesunde Intuition, ihre natürliche Beziehungssehnsucht und ihre ganz eigene individuelle Entdeckungsreise von Liebe und Sexualität nicht durch vorgefertigte Schablonen und pornonormierte Erwartungen stehlen zu lassen.

Welche Wirkung entfalten »vorgefertigte Schablonen« aus pornografischen Filmen? Ein kurzer Überblick über den Forschungsstand:

Einstellungen zu Sexualität und Beziehung

Längsschnittstudien aus Holland haben nachgewiesen, dass intensiver jugendlicher Pornografiekonsum Einstellungen voraussagen kann, die Sexualität von jedem Beziehungskontext trennen und Frauen als Sexobjekte betrachten. So wird eine Sicht auf Sexualität gefördert, die Menschen instrumentalisiert. Das beeinträchtigt eine Perspektive auf Sexualität, die sich an Beziehungen und Emotionen orientiert.[165]
Der Einfluss geht noch weiter: Wer intensiv Pornografie konsumiert, überschätzt die Häufigkeit von Praktiken wie Anal-, Gruppensex und SM-Praktiken ebenso wie die Verbreitung von Affären und Promiskuität.[166] Das wirkt sich auch auf das reale Sexualleben aus: Ein hoher Konsum von Pornografie führt zu einer stärkeren Präferenz für pornotypische Praktiken, häufigeren Partnerwechsel und Gelegenheitssex.[167]

Unzufriedenheit mit eigenem Körper und eigener Sexualität

Pornografie hat einen doppelten Effekt auf Jugendliche. Je mehr sie solche Filme anschauen, desto realistischer und nützlicher scheinen sie zu sein. Aber: Gleichzeitig steigen ihre sexuelle Unsicherheit und die Unzufriedenheit mit der eigenen Sexualität, was ebenfalls Peter und Valkenburg herausgefunden haben. Die Theorie des sozialen Vergleichs könnte diesen Befund erklären: Die Jugendlichen messen sich an »unerreichbaren Idealen körperlicher Attraktivität wie auch sexueller Performance«. So haben auch experimentelle Studien gezeigt: Nach wiederholtem Konsum von Pornografie wird die Attraktivität der Partnerin geringer eingestuft.[168] Allerdings gehen realitätsferne Körperideale nur zu einem Teil auf explizit pornografische Darstellungen zurück. In ihrem lesenswerten Buch *So Sexy So Soon* hat die amerikanische Professorin für Entwicklungspsychologie, Diane Levin, aufgezeigt, dass vielfältige Botschaften dazu beitragen.[169] Sie gehen aus von: Barbiepuppen, Disneyfilm-Prinzessinnen mit Wespentaille sowie Casting-Shows wie »Germany's Next Topmodel«.

Impotenz in der Partnerschaft

Dieses Problem wurde bisher wissenschaftlich wenig untersucht, taucht aber häufig in Beratungs- und Therapiegesprächen sowie in Internetforen auf (z. B. »*brain on porn*«[170]). Es handelt sich um Impotenz in der Partnerschaft, die sich nach häufigem und längerem Konsum pornografischer Inhalte einstellt. Ein Grund könnte in der stark erhöhten Reizschwelle zu finden sein sowie in Konditionierungsprozessen.

Neigung zu sexueller Aggression

Häufiger Pornografiekonsum geht einher mit einer stärkeren Bereitschaft, Sexualpraktiken aus den Filmen zu übernehmen, einschließlich sexueller Gewalt gegen Minderjährige. Noch häufiger entstehen dabei solche Wünsche, die aber nicht immer in die Tat umgesetzt werden. Dies geht aus der Baltic Sea Study hervor, an der 4026 skandinavische Jugendliche teilnahmen, im Durchschnitt 18 Jahre alt.[172] Die Wissenschaftler bildeten zwei Gruppen: die Hochkonsumenten waren mit 10,5 Prozent unter den Jungen und mit ca. 1 Prozent bei den Mädchen vertreten. Sie schauten täglich Pornofilme. Die Vergleichsgruppe bildeten Jugendliche, die das selten bis mehrmals wöchentlich taten. Jugendliche, die »nie« angekreuzt hatten, wurden nicht eingerechnet. Beide Gruppen unterschieden sich nicht im Niveau der Bildung und in ihrer sozioökonomischen Situation.

Das Ergebnis: Die Hochkonsumenten entwickelten ein deutlich höheres Interesse am Filminhalt »Sex mit Gewalt« (Jungen: 29,5 Prozent im Vergleich zu 10,6 Prozent in der Referenzgruppe). Bei den Mädchen waren auch dreimal mehr an sexueller Gewalt interessiert (10,6 Prozent im Vergleich zu 3,3 Prozent in der Referenzgruppe). Besonders stark war der Unterschied bei der Kinderpornografie: Sechsmal mehr männliche Hochkonsumenten schauten sich solche Inhalte an (17 Prozent im Vergleich zu 3,1 Prozent in der Referenzgruppe).

Bei physischen Übergriffen untersuchten die Wissenschaftler, welchen Anteil Täter von sexuellem Missbrauch und Täter mit erzwungener Penetration in beiden Gruppen hatten. So hatten rund dreimal mehr männliche Hochkonsumenten das Delikt eines sexuellen Missbrauchs verübt (27 Prozent im Vergleich zu 10,9 Prozent in der Referenzgruppe). Ein ähnliches Verhältnis ergab sich bei erzwungener Penetration: Eine solche Tat bestätigten 11,5 Prozent der männlichen Hochkonsumenten, im Vergleich zu 3,7 Prozent in der Referenzgruppe.

Freitag interpretiert diese Ergebnisse so:

> Die freie Zugänglichkeit harter Pornografie hat eine neue Tätergruppe befördert, die auf der ständigen Suche nach dem gesteigerten Kick mal Orgien, mal Vergewaltigungs- und mal Kinderpornografie konsumiert und deren so geschürten Phantasien bei nicht wenigen zu Wünschen führt, die nicht selten auch zu Handlungen werden.

Eine Perspektive darf in dieser Diskussion nicht zu kurz kommen – die Perspektive der Opfer! Freitag berichtet aus ihrer Beratungspraxis, dass »eine pornografische Leitkultur inklusive der Normalisierung von sexuellen Grenzverletzungen (…) tief in die Beziehungen und den Alltag vieler junger Menschen eingedrungen (ist)«. Dazu führt sie ein paar Schilderungen an, in Verbindung mit Selbstzweifeln und Selbstanklage: »Ich habe mehrmals Nein gesagt, ich wollte das nicht, ich fand das eklig und schlimm, aber er hat einfach weitergemacht.« – »Bin ich unnormal oder verklemmt? Wieso finde ich das eklig? Das ist doch normal heute.« – »Meine Freundin sagte auch, das müsse ich mitmachen, sonst suche er sich eine andere. Aber warum habe ich seither ständig diese schlimmen Gefühle?« So glauben nicht wenige junge Menschen, sexuelle Erwartungen erfüllen zu müssen, weil pornografische Filme bestimmte Standards propagieren, völlig unabhängig von den eigenen Wünschen und Vorstellungen. Dabei geht es um Verletzungen des Schamgefühls, zu früh empfundene Sexualkontakte oder bestimmte sexuelle Praktiken.

Wenn es um ein Vorbeugen gegen sexualisierte Gewalt geht, kommen die Autoren der SPEAK!-Studie zu dem Schluss:[173] Das Thema Pornokonsum müsse »einen klaren Schwerpunkt für die Präventionsarbeit« einnehmen.

Was bleibt am Ende? Die zwei Stränge der Lakritzschnecke liegen jetzt getrennt auf dem Tisch. Ganz klar: Die sexuelle Befreiung steht für uns in keinem Widerspruch zur Forderung, junge Menschen vor Grenzverletzungen zu schützen. Sexuelle Freiheit und Vielfalt sind schützenswerte Errungenschaften, und sie erfordern gesellschaftliche Freiräume. Es sollte jedem Erwachsenen freistehen, diese Räume zu betreten, wobei die Freiheit des Einzelnen immer eine klare Grenze findet – und zwar in der Freiheit anderer Menschen. Eine solche Wahlfreiheit ist ein hohes Gut.

Wir sollten aber überlegen, wie wir Kinder und Jugendliche befähigen, wirklich in Freiheit eine Wahl zu haben. Die Bandbreite ist gewaltig: One-Night-Stands und promiskuitive Lebensformen bis zur lebenslangen Monogamie inklusive goldener Hochzeit. Welche Fähigkeiten müssten Kinder erwerben, um sich die Vielfalt dieser Optionen zu erschließen? Anders gefragt: Was ist schwieriger? Was ist voraussetzungsvoller? Für welchen Teil der Optionen braucht es mehr Übung und Unterstützung, damit sie gelingen können? Beziehungsorientiert eine Partnerschaft zu pflegen? Oder Sexualität ohne Schranken zu leben? Es ist eine voraussetzungsvolle Kunst, Beziehungen dauerhaft aufrechtzuerhalten. Kompromissbereitschaft, Dialogfähigkeit, Frustrationstoleranz und Empathiefähigkeit sind gefragt. Genauso die Fähigkeit, eigene Gefühle und Wünsche wahrzunehmen.

Wenn das gelingt, erleben offenbar viele Paare das Ergebnis als sehr befriedigend. Sie wollen die Beziehung beibehalten, auch wenn das mit Arbeit verbunden ist, sobald die erste Phase der Verliebtheit vergangen ist. Sie kaufen sogar Beziehungsratgeber, engagieren Paartherapeuten etc. Für uns ist klar: Für eine gelingende langfristige Partnerschaft – ob hetero- oder homosexuell – brauchen unsere Kinder mehr Fähigkeiten als für ein kurzes sexuelles Abenteuer.

Das bedeutet: Wir sollten alles unternehmen, was in unserer Macht steht, um Kinder vor sexuellen Erfahrungen zu schützen, die nicht altersgemäß sind und Grenzen und Schamgefühl verletzen. Das gilt für reale wie virtuelle Räume. Auf diese Weise entsteht unter anderem die Grundlage, Sexualität ohne Überformungen kennenzulernen und in wirklicher Freiheit zu entwickeln. Das Ziel ist eine »Entdeckungsreise«, die zur eigenen Persönlichkeit und anderen Menschen führt, die wir nicht zu Objekten der Lust degradieren.

Neben dem Schutz vor Risiken ist es mindestens ebenso wichtig, Ressourcen aufzubauen, um die Bindungs- und Beziehungsfähigkeit der Kinder zu stärken. Die Grundlagen werden in der Familie gelegt. Dort profitieren Kinder ungemein, wenn es den Eltern und anderen erwachsenen Bezugspersonen gelingt, einen achtsamen Umgang zu pflegen. Eltern sollten Gefühle zeigen und die Einhaltung ihrer persönlichen Grenzen einfordern sowie die Grenzen anderer Menschen respektieren. So vermitteln sie dem Nachwuchs als gute Vorbilder, dass Achtung, Selbstwahrnehmung, Respekt und Wertschätzung unverzichtbar in Beziehungen sind. Das bedeutet auch, persönliche Wertschätzung nicht daran zu knüpfen, gesellschaftliche Erwartungen zu erfüllen.

Was passiert aber, wenn der Schutz in Einzelsituationen nicht greift? So wie bei dem Pornolink für Lena? Dann sollten wir versuchen, nicht wie ihre Mutter oder ihr Vater in der »TINA-Lösung« zu reagieren: Sie machte dem Kind Vorwürfe und gab vorschnell Entwarnung; er setzte auf Toleranzzwang. In einer solchen Situation ist vielmehr ein offenes Ohr gefragt sowie elterliche Unterstützung, damit das Kind die negative Erfahrung bewältigen kann. Im Zweifel sollten Eltern für ihr Kind auch Hilfe von Experten in Anspruch nehmen. Hier liegen ganz klar die Grenzen der Autoren: Wir sind keine Sexualtherapeuten, keine Traumaspezialisten, keine Psychologen.

Wenn die Situation sich nicht so positiv wie in unserer »Idealen Lösung« entwickelt, raten wir dringend zu einem solchen Schritt.

Ideale Lösung

Lenas Mutter bleibt vor der Tür des Badezimmers stehen, klopft leise an und fragt: »Lena? Alles okay bei dir? Ich würde dich so gerne trösten … Ich bin auf jeden Fall für dich da, wenn du reden möchtest.« Doch Lena weint leise weiter, kein Wort ist von ihr zu hören. Die Mutter bleibt vor der Tür stehen. Nach einer Minute sagt sie ruhig: »Ich bin noch da.« Ein Weilchen später: »Kann ich dich trösten, Lena?« Und nach fünf Minuten Schweigen: »Lena, möchtest du, dass ich dableibe?« Sie hört ein leises »Nein« hinter der Tür und erklärt der Tochter: »Weißt du was? Die Pfannkuchen sind gleich fertig. Wir halten dir ein paar davon warm. Komm einfach runter, wenn dir danach ist.«

Eine Viertelstunde später ist es so weit: Mit rot geweinten Augen kommt Lena die Treppe hinunter, still und verschüchtert. Die Mutter nimmt sie erst einmal in den Arm, worauf die Tochter wieder zu schluchzen anfängt. Als sie sich etwas beruhigt hat, holt ihr Bruder Lukas zwei Pfannkuchen aus dem Ofen, die Lena schweigend isst. Immerhin flüstert sie danach kaum hörbar: »War lecker. Danke, Lukas.«

Die Stimmung bleibt gedrückt. Die Mutter bittet Lena, ihr das Smartphone zu geben: »Ich möchte einfach gerne wissen, was du gesehen hast.« Während die beiden Kinder den Abwasch machen, schaut sie sich im Nebenzimmer die WhatsApp-Nachricht aus der Klassengruppe an, inklusive der Ausschnitte aus dem Video. Sie übertreffen sogar noch die Befürchtungen, die der Sound bei ihr ausgelöst hatte. Kein Wunder, dass Lena so verstört ist.

Die Mutter macht auf Lenas Smartphone einen Screenshot von dem üblen Link und schickt sich das Bild aufs eigene Handy. Auf dem Apparat der Tochter löscht sie die Spuren. Sie fasst sich ein Herz, um Lena direkt anzusprechen: »Es tut mir so leid für dich, dass du in diese Falle getappt bist. Du wusstest nicht, was du da angeklickt hast, oder?« – »Nein! Sonst hätte ich das ja nicht gemacht«, reagiert Lena erleichtert. »Mama, das war so eklig!« Sie fängt wieder an zu weinen: »Ich will nicht drüber reden!« und kuschelt sich in Mamas Arm. »Musst du auch nicht«, beruhigt sie die Mutter, »Ich hoffe nur, dass dir der Film nicht wochenlang im Kopf herumspukt. Falls doch, sag mir bitte Bescheid. Ich kann dir vielleicht helfen. Und wenn nicht, dann finde ich jemand, der das kann. Und jetzt schreibe ich den anderen Eltern aus der 5c, damit nicht alle in deiner Klasse das anschauen.« Außerdem überlegt die Mutter, ob sie Anzeige gegen denjenigen erstatten soll, der die pornografischen Inhalte an Minderjährige verbreitet hat.

Über den Klassenverteiler schreibt sie eine E-Mail:

Betreff: EILT: Achtung Pornovideo über WhatsApp

Liebe Eltern der Klasse 5c,
ich möchte euch informieren, dass in der WhatsApp-Gruppe der Klasse 5c heute ein Link verschickt wurde, der zu einem Pornofilm mit sadomasochistischen Inhalten führt. Screenshot der Nachricht anbei. Darüber setze ich euch in Kenntnis, damit ihr die Nachricht löschen könnt. An unsere Elternvertreter: Bitte möglichst bald Sondertermin für Elternabend vereinbaren und das Thema auf die Tagesordnung setzen.

Was könnte die Mutter jetzt noch unternehmen? Lena nimmt die Einladung gerne an, gemeinsam im Park spazieren zu gehen.

Kaum zu Hause, kommt auch der Vater heim, und die Mutter setzt ihn kurz ins Bild. Er schlägt gleich vor: »Vielleicht sollte ich mit Lukas reden? Sozusagen von Mann zu Mann? Mich würde schon interessieren, wie er zu der Sache steht. Also nicht nur zu dem Film, den Lena gesehen hat, sondern auch allgemein zum Thema Porno.« Und so kommt es auch: Nach dem Abendessen ist es für Lena Zeit, ins Bett zu gehen. Vater und Sohn bleiben in der Küche sitzen, schnell in ein intensives Gespräch vertieft …

Die Mutter folgt Lena in ihr Zimmer. Sie freut sich, dass ihre Tochter nicht mehr ganz so blass aussieht. Trotzdem nimmt sie sich extra viel Zeit für den Gutenachtkuss. »Du, Mama«, fängt Lena an, als sie sich in der Bettdecke vergräbt. »Mir geht dieser eklige Film immer wieder durch den Kopf. Obwohl ich das gar nicht will. Und jedes Mal, wenn das Smartphone piept, bekomme ich einen riesigen Schrecken. Es könnte ja wieder so ein Film kommen. Ich will dieses doofe Smartphone nicht mehr haben. Da!« Sie drückt es ihrer Mutter in die Hand. An Lenas Bett entwickelt sich danach folgender Dialog:

Mutter: »Über das Smartphone reden wir später noch einmal in Ruhe. Gib es mir ruhig, ich bewahre es für dich auf. Mit dem Film ist das so eine Sache: Manchmal hilft es wirklich, wenn du jemandem davon erzählst. Weißt du noch, wie es damals bei der Mandeloperation war? Da hast du auch wochenlang davon geredet.«

Lena: »Genau, ich musste immer wieder daran denken, wie die Männer in den weißen Kleidern kamen, und ich hatte eine Riesenangst! Immer wenn ich einen Arzt gesehen habe, bin ich auf deinen Schoß geklettert. Jetzt habe ich aber keine Angst mehr vor Ärzten.«

Mutter: »Genau, weil Reden hilft. Vielleicht hilft es auch bei diesem Film?«

Lena: »Am schlimmsten fand ich, dass sie den Frauen mit der Peitsche so wehgetan haben. Warum sind die nicht weggerannt?«

Diese Frage lässt die Mutter zögern. Wie soll sie der Tochter erklären, dass es zwischen Erwachsenen einvernehmlich SM-Sex geben kann? Schwierig findet sie zudem, dass es bei einem Pornovideo sehr schwer zu unterscheiden ist, ob die Darsteller freiwillig oder unter Zwang handeln. Das Thema spricht sie heute am besten gar nicht an, beschließt sie. Da hat sie zwei viel wichtigere Botschaften zu vermitteln.

Mutter: »Puh, Lena, das ist eine schwierige Frage. Ich finde es gut, dass du mir das erzählst und dass du fragst. Eines ist klar. Wenn mir jemand wehtut und ich das nicht will, dann sage ich sofort STOPP. Und wenn's dann nicht aufhört, dann gehe ich weg. Und du machst es genauso. Das ist die Familienregel: Sofort STOPP sagen, wenn man etwas wirklich nicht will. Und wenn es nicht aufhört: weggehen und Hilfe holen.«

Lena: »Ja, ja, weiß ich ja! Das mache ich doch auch so, wenn Lukas mich zu doll ärgert. Ist auch schon wieder ein bisschen besser … Das war echt ein doofer Typ, der dieses Video rumgeschickt hat!«

Die Mutter nimmt sich vor, Lena auf jeden Fall nach zwei Wochen zu fragen, ob ihr der Film immer noch im Kopf herumgeht. Wenn das der Fall wäre, würde sie einen Profi fragen, was für Lena jetzt hilfreich wäre.

Gleichzeitig in der Küche: »Sag mal, Lukas«, fragt der Vater, »gehen bei euch auch solche Videos um?« – »Ja, das kommt vor. Man muss aber nicht alles mitmachen! Ich lösche solche Links eigentlich sofort, wenn sie als WhatsApp-Nachricht auftauchen.« – »Wird es dann nicht schwer mit den anderen in der Klasse, die das gesehen haben?«, fragt der Vater nach. »Das ist schon manchmal schwierig, weil du nur die Wahl hast, komisch angeschaut zu werden, wenn du nicht mitmachst …« –

»Oder?«, fragt der Vater. »Oder du machst notgedrungen mit, weil du dazugehören willst, obwohl du die Videos eklig findest«, beendet Lukas seinen Gedanken.

»Ein echtes Dilemma!«, antwortet der Vater. »Ja, nicht einfach. Aber ich habe für mich entschieden, dass ich denen nichts beweisen muss«, so der 14-jährige Sohn. »Die mit ihrem Machogetue. Sie reden über Sex, Sex und nochmals Sex. Dabei bin ich mir ziemlich sicher, dass die meisten auch noch gar nicht übers Küssen hinausgekommen sind.«

Der Vater schneidet ein neues Thema an: »Ich bin so froh, dass wir inzwischen in einer sehr liberalen Gesellschaft leben. Woanders werden Homosexuelle immer noch verfolgt, ins Gefängnis gesteckt oder getötet.« – »Das finde ich genauso«, sagt Lukas, »zum Beispiel dein schwuler Kollege Martin: Dem hätten sie vor 50 Jahren auch in Deutschland das Leben zu Hölle gemacht.« – »Stimmt! Du hast ihn ja neulich kennengelernt, als er mit seinem Lebenspartner auf meiner Geburtstagsparty war«, erzählt der Vater.

Er bestärkt seinen Sohn: »Das ist toll, dass du dich traust, gegen den Strom zu schwimmen. Aber eine Sache macht mir Kopfzerbrechen: diese Sex-Schablonen aus den Pornos. Fühlt ihr jungen Leute euch da nicht furchtbar unter Druck gesetzt? Perfekte Körper? Perfekte Performance? Scheinbar stundenlang?« Lukas wird nachdenklich: »Ich habe schon gesagt: Ich stehe nicht auf Pornogucken. Ich will mich da nicht unter Druck setzen lassen. Aber klar: Wenn meine spätere Freundin solche Erwartungen aus Pornos mitgenommen hat, holt es mich vielleicht trotzdem ein. Jedenfalls finde ich es völlig unmöglich, dass Lena so einen Müll geschickt bekommt – und das in der fünften Klasse!«

»Mir geht's auch so«, stimmt der Vater zu, »diese Pornos aus dem Internet stehlen euch diese wichtigen Jahre für eure individuelle Entdeckungsreise. Denn die ist für jeden einzigartig. Je-

der muss selbst herausfinden dürfen, was er mag und was nicht. Die Pornos spiegeln nur vor, alle müssten alles mögen.«
Diese Gedanken gehen Lukas durch den Kopf, als er am nächsten Morgen mit Lena in die Schule radelt. Beim Abstellen der Räder sagt er zu seiner Schwester: »Welcher Idiot kommt auf die Idee, dir so ein dummes Video zu schicken. Mutprobe? So ein Quatsch! Mutig ist in unserer Klasse die Hälfte, die so was sofort löscht. Ich mach das auch. Ich lass mir doch nicht den Kopf mit Pornos vollstopfen!« Lena hört aufmerksam zu, Lukas fährt fort: »Mir ist wichtig, dass ich mit der Zeit selber rausfinden kann, ob ich etwas mag oder nicht. In deinem Alter fand ich das meiste nur eklig, so wie du es gestern gesagt hast. Auch Küssen und Knutschen fand ich echt merkwürdig. Das ist total normal mit 11 Jahren.« Dann zwinkert Lukas mit dem Auge: »Aber wart's mal ab: In Wirklichkeit fühlt es sich ganz anders an. Das lässt sich nicht mit einem Film vergleichen.« – »Wenn mein großer Bruder das sagt«, freut sich Lena, »wird's wohl stimmen.« Und schon verliert die Erinnerung an das Video wieder ein bisschen von ihrem Schrecken …

Weitere Lösungen

Im Abschnitt »Wissenschaft und Argumente« haben wir Themen aus einem großen Spektrum angerissen: Unterstützung von Beziehungsfähigkeit, Schutz vor sexuellem Missbrauch, realitätsferne Körperideale sowie die Entdeckung der Vielfalt von Beziehungsformen und sexuellen Orientierungen. Davon greifen wir jetzt einiges auf.

»Powergirls« und »starke Kerle«: Für die Arbeit mit 10- bis 13-Jährigen ist empfehlenswertes Material seit 2017 für Lehrkräfte verfügbar. Daran hat Prof. Jakob Pastötter mitgearbeitet. Internet: www.safersurfing.org/sexualkunde-fuer-powergirls-starke-kerle/

Fit for Love an die Schule holen: Der folgende Abschnitt beschreibt das Projekt und skizziert einige Module. Diese sind für die Arbeit mit Schülern ab 13 Jahren geeignet. Lehrkräfte der Schule können sie anhand des Manuals durchführen oder durch das Team von »return Fachstelle Mediensucht« in Hannover als erfahrene Externe.

Fit for Love?: Das ist der Titel eines innovativen Lehrmaterials zur Prävention von jugendlichem Pornokonsum, herausgegeben von »return Fachstelle Mediensucht«. *Fit for Love?* vermittelt ein positives und ganzheitliches Bild von Liebe und Sexualität in ihrer körperlichen, psychischen und Beziehungsdimension. Jugendliche werden in ihrer Empathie- und Beziehungsfähigkeit gefördert, damit sie eine gesunde Intimität leben können.

Das Handbuch enthält 25 kreative Module für Schule und Jugendarbeit. Zum Beispiel: »Der innere Garten – Schutzraum für Identität und Intimität«, »Oxytocin – der Stoff, aus dem die Treue ist«, »Pfeil und Bogen – Spannung halten, ins Schwarze treffen«, »Was ist Liebe?«, »Die Macht der Illusion« oder »Warum ist das eigentlich so peinlich? Pornografie und Schamgefühl«. Auch Eltern, Angehörige oder Betroffene können dieses Praxisbuch nutzen, das fundierte Hintergrundinformationen zur Wirkung von Pornografiekonsum bietet und über die Grundlagen einer bindungsorientierten Sexualpädagogik aufklärt. Weitere Infos und Bestellung unter www.fit-for-love.org.

Eine Jugendliche erzählte später zu Hause, am meisten hätten ihr die Interviews mit den ehemaligen Pornodarstellerinnen geholfen. Diese Gespräche hätten bei ihr den Druck weggenommen, als Frau alles mit sich machen lassen zu müssen, was in einem Porno zu sehen ist. Ohne es sich selbst wirklich klarzumachen, hätte sie dem öffentlich vermittelten Bild geglaubt: Pornodarstellerinnen würden freiwillig mitarbeiten – und hätten sogar Spaß dabei. Was sie vorher nicht wusste: In den Interviews berichten viele Ehemalige, dass sie verzweifelt waren und das Geld für ihre Drogensucht brauchten. Manche Darstellerinnen waren Opfer von Menschenhandel gewesen. Eine Erhebung zeigte: Pornodarstellerinnen in den Vereinigten Staaten werden im Schnitt nur 37 Jahre alt (!), die Lebenserwartung der übrigen Bevölkerung liegt bei 80 Jahren. Viele der betroffenen Frauen begehen Selbstmord oder sterben durch Drogen, Gewalt und Krankheiten.

Eine Gruppe von Jungen aus der neunten Klasse diskutierte nach Unterrichtsende weiter. Besonders angetan hatten es ihnen zwei Bilder aus dem Unterricht: ein Waldbrand und ein Lagerfeuer. Dabei stand Feuer als Symbol für brennende Leidenschaft. Die Brennkraft von Sexualität kann wie Feuer beides schaffen: einerseits Wärme, Gemütlichkeit, Energie, Licht … Andererseits aber auch Flächenbrand, Schmerz und gewaltige Zerstörung. Die Jugendlichen diskutierten weiter: Was braucht es, damit Feuer positiv wirkt, wann wirkt es zerstörerisch? Was sie für den Umgang mit Feuer wussten, versuchten sie auf Sex zu übertragen: Wie sorgt man für den richtigen Ort mit guten Grenzen, die richtige Zeit, gute Vorsichtsmaßnahmen etc.

Erlebnispädagogik zur Förderung von Verantwortung: Den Satz »Du kannst dich auf mich verlassen!« machen Sozialpädagogen praktisch begreifbar, indem sie Kinder in die Kletterhalle schicken. Es mag etwas weit hergeholt klingen, aber das trifft auch auf Partnerschaft und Sexualität zu: Je größer die Abenteuer sein sollen, die Menschen miteinander erleben wollen, desto wichtiger ist es, dass sich die Beteiligten auf den anderen oder die andere verlassen können.

Spielerische Rollenwechsel: Es ist bekannt, dass Theaterprojekte Kindern helfen, starke Persönlichkeiten auszubilden. Beispiel: Eine Familie mit drei Töchtern hatte ihre Verkleidungskiste selbstverständlich auch mit »Jungssachen« ausgestattet: Kettenhemden, Helme für Ritter und Bauarbeiter, Räuberpistolen und Augenklappen für Piraten. Mal wurde so die eine Tochter zum Ritter, und die anderen waren Prinzessinnen. Mal waren alle Piraten, oder alle verwandelten sich in Feen mit zarten Schleiern. Umgekehrt sind für »Jungshaushalte« auch Kostüme zum Beispiel von Prinzessinnen sinnvoll. Solch ein Fundus vermittelt ohne Worte die Botschaft: »Deine Eltern lieben dich. Probiere aus, in welchen Rollen du dich wohlfühlst! Deine Eltern haben dich als Person gern. Welche Kleider du trägst, ist dabei nicht so wichtig.«

Junge oder Mädchen – sind feste Geschlechterrollen notwendig?: Eine Familie hat gute Erfahrungen damit gemacht, dem 3-jährigen Sohn ohne großes Aufheben zu ermöglichen, die abgelegten Röcke oder Kleider der größeren Schwester anzuziehen. Das tat er einige Wochen lang intensiv, dann nur noch sporadisch. Schließlich entschied sich der 3-Jährige, dauerhaft Kleidung zu tragen, die in unserer Gesellschaft als »jungentypisch« angesehen wird. Ein kleiner Flexibilitätstest: Wie würden Sie reagieren, wenn Ihr Sohn in Mädchenkleidern aus dem Haus gehen will: a) »So kannst du doch nicht aus dem Haus gehen! Hast du keine Angst, dass du ausgelacht wirst?«, oder b) »Zieh dir bitte noch eine Strumpfhose unter den Rock an, draußen ist es kalt!«

Mein Körper gehört mir – von klein auf: Eine Mutter ließ sich als Multiplikatorin weiterbilden, um sich in einem schulischen Programm zur Prävention von sexuellem Missbrauch zu engagieren. Auf diese Weise sensibilisiert, gewann sie einen kritischeren Blick auf den eigenen Familienalltag, den sie mit zwei kleinen Kindern zu gestalten hatte. Ihr fielen bestimmte Situationen auf: Im Supermarkt will eine fremde ältere Dame dem Kind in die Backe kneifen. Die Oma besteht auf einem Willkommenskuss. Die Tante will das Kind gegen seinen Willen auf den Schoß nehmen. Das alles wirkt für sich genommen nicht dramatisch. Aber manche Erwachsene scheinen offenbar zweifelhafte Erwartungen an Kinder zu haben! Und: Die Mutter bemerkte, dass sie selbst dazu neigt, das Baby beim Füttern mit dem Löffel zu zwingen, den Mund zu öffnen – natürlich nur manchmal, wenn sie in Eile ist. Ihre Kinder sind nicht grundsätzlich dagegen, geknuddelt oder gefüttert zu werden. Nein, sie lieben Massagen, kuscheln gerne mit vertrauten Erwachsenen, wollen aber Zeitpunkt und Person selber bestimmen. Auf diese kleinen Dinge achtet die Mutter jetzt mehr als vorher. Es leuchtet ein, dass wir den Kindern nicht das Neinsagen in winzigen Schritten abgewöhnen sollten, um es ihnen mühsam im Präventionsprogramm wieder beizubringen.

15. Impfung gegen »Fake News«

Wie Kinder selbst denken lernen –
und warum erfahrungsarmes Scheinwissen schadet

»Mama! Mama! Die Emma sagt, ich lüge!« Völlig aufgelöst stürzt Raphael auf seine Mutter zu, noch ehe sie die Haustür richtig geschlossen hat. Sie kommt direkt von der Arbeit, immer nachmittags am Donnerstag gibt sie an der Uni ein Physikseminar. Die 16-jährige Schwester Emma passt dann zwei Stunden auf ihren kleinen Bruder auf. Das geht leider nicht jedes Mal glatt über die Bühne …

Die Mutter hat kaum ihre Jacke ausgezogen, da hat ihr 6-jähriger Sohn sie schon erreicht. »Mama! Es stimmt nicht. Mein Freund und ich, wir sind keine Dummköpfe und keine Lügner«, wirft sich der Sohn in ihre Arme – das Gesicht rot vor Wut. »Erzähle mir erst mal, was los ist, okay?«, schlägt die Mutter vor. Gleich sprudelt es aus Raphael heraus: »Ich sehe es doch jeden Tag … die Sonne geht da auf … und da drüben geht sie unter … mein bester Freund hat erzählt, die Sonne kreist einfach um uns herum … Er hat mir Videos auf YouTube gezeigt, super erklärt … Die Erde ist flach … sonst würden wir alle runterfallen …«

Er holt einmal Atem und fährt fort: »Und die Emma sagt, ich lüge. Sie sagt, ich bin einfach dumm, dass ich auf die Lügen im Internet hereinfalle … Aber ich bin nicht dumm … und ich lüge nicht, weil ich hab's nämlich selber gesehen. Die Emma ist immer so gemein zu mir!« Die Mutter tröstet ihn. »Beruhige dich, Raphael, natürlich willst du nicht lügen, das weiß ich doch. Also es ist so …«

Doch bevor sie ihre Gedanken ausführen kann, kommt die

große Schwester ins Zimmer gestürmt: »Mama, das musst du klarstellen. Raphael darf nicht so einen Unsinn glauben. Flache Erde, geozentrisches Weltbild. So ein Quatsch!« Raphael kontert: »Das ist kein Unsinn, ich hab's selber gesehen, am Himmel und im Internetvideo.« – »Da steht auch viel Quatsch. Jede Menge Fake News. Davon erzählt Papa immer, und er kennt sich als Journalist gut aus«, ereifert sich die 16-Jährige. »Fäik Njus?« – damit kann Raphael nichts anfangen, er will nur nicht als Lügner dastehen.

Bevor die große Schwester zu einer Erklärung ansetzen kann, summt Mamas Smartphone: Das ist der Timer, der sich mit Glockenläuten meldet, damit sie Raphael pünktlich zur Zirkusgruppe bringt. »Los, los!«, schickt sie ihren Sohn aus dem Zimmer. »Pack deine Tasche, tobe dich im Zirkus aus, und nachher beim Abendessen reden wir über alles. Dann ist auch Papa zu Hause.«

Wie geht es weiter? Welchen Weg werden die Physikdozentin und der Journalist einschlagen, um zwischen den Streithähnen zu vermitteln? Wie werden sie ihrem kleinen Sohn den Kosmos näherbringen? Wie Fake News erklären?

TINA-Lösung: Wie es alle machen (sollen)

Die Erde – eine flache Scheibe, um die sich die Sonne dreht? Also wirklich! Raphaels Mutter ist Wissenschaftlerin und will, dass ihre Kinder mit naturwissenschaftlichen Fakten statt mit Lügen aufwachsen. Was für ein Glück, dass Emma gleich Alarm geschlagen hat … Jetzt muss sie als kompetente Mutter konsequent eingreifen. Sie sucht nach einem passenden Erklärvideo und gibt bei »YouTube« die Begriffe »Umlauf«, »Erde« und »Sonne« ein. Schon entdeckt sie ein kurzes Video, das »Baerenpapa007« ins Netz gestellt hat: »Sonne, Mond und Erde«. Wunderbar! Genau der richtige Film.

Als sie Raphael und seinen Freund von der Zirkusgruppe abholt, legt sie los: »Ich kann euch genau erklären, wie das mit
Erde und Sonne ist. Die Wirklichkeit ist völlig anders als in
dem Fake-Video, das ihr geschaut habt: Alle Planeten umkreisen die Sonne. Die Erde ist einer davon.« Sie kommt richtig in
Fahrt, und die beiden 6-Jährigen schnappen viele wissenschaftlich klingende Begriffe auf: »... ellipsoide Umlaufbahnen ...
Gravitationskraft ... Galilei hat bewiesen ... kein Geozentrismus ... die Erde ist ein kugelförmiger Körper ... 40 000 Kilo-
meter Umfang ... Drehung von Erde und Erdatmosphäre ...
mit einer Geschwindigkeit von 1500 Kilometern pro Stunde ...« Ein Atemholen der Mutter nutzt Raphael für eine Nach-
frage: »Aber Mama, wenn die Erde sich so schnell dreht, warum werden wir nicht ins Weltall geschleudert? So wie das
Wasser von der Frisbee. Wenn wir im Schwimmbad Frisbee
spielen und die dreht sich ...« Schon etwas ungeduldig, antwortet die Mutter: »Das habe ich doch gerade erklärt: Die
Gravitationskraft verhindert natürlich, dass wir weggeschleu-
dert werden!« Inzwischen sind sie beim Haus des Freundes angekommen, der fluchtartig das Auto verlässt.
Kaum daheim, legt Raphael wieder los: »Mama, wenn sich die
Erde so schnell dreht ... Warum werden wir nicht umgepustet?
Ich meine von dem dollen Wind?« Die Mutter ist zunehmend
genervt, weil ihr Kind offensichtlich nicht gut aufgepasst hat.
Sie wiederholt die Erklärung aus dem Auto: »Wie ich schon
sagte: Die Atmosphäre dreht sich natürlich mit. Wir sind ja
nicht im Beinahe-Vakuum des Weltalls unterwegs. Sie holt ihren Laptop aus dem Arbeitszimmer und ruft das gute Erklärvideo auf, das sie vorher auf »YouTube« gefunden hatte. Ohne
großes Tamtam kreist da ein Mond um die Erde, und beide
kreisen gemeinsam um die Sonne. »Schau her, Raphael. So und
nicht anders ist das in Wirklichkeit!«

Der Vater kommt nach Hause, und seine Frau ruft ihn zum Laptop. »Ich erkläre Raphael gerade, dass ›Flat Earth‹ und Geozentrismus Quatsch sind. Er hatte diesen Unsinn über ein Fake-Video auf YouTube aufgeschnappt.« Der 6-Jährige nickt. »Damit kennen wir uns als Journalisten gut aus«, reagiert der Vater, »die Zeitung *Standard* in Österreich hat eine Liste mit Kriterien veröffentlicht.« Schnell tippt der Journalist die neue Adresse ein und liest die Überschrift vor: »So erkennt und überprüft man Fake News«.[174]

Schon wieder diese »Fäik Njus«, denkt sich Raphael, traut sich aber nicht, danach zu fragen. »Siehst du, Raphael, darum geht's: reißerische Titel, fehlende Quellen oder aufgeregte Sprache. Verstehst du, Raphael?« Raphael nickt. »Das sind erste hilfreiche Kriterien, an denen du Fake News erkennen kannst. Super übersichtlich, oder?«, fragt der Vater. Raphael nickt. »Selbstverständlich brauchen wir dazu einiges an Hintergrundwissen. Davon haben Kinder natürlich noch zu wenig. Also: Du kannst Mama und Papa jederzeit fragen, gerade wenn die Lehrer mal keine Zeit haben.« Raphael nickt und nickt und nickt ...

Etwas später am Abend liegt er im Bett und kann nicht einschlafen. Begriffe wie »Fäik Njus«, »Ellisoide« und »Gratiwonskraft« schwirren durch seinen Kopf. Was das wohl alles heißt? Er hat die Erfahrung gemacht: Die Erklärungen werden immer noch länger und die Eltern immer ungeduldiger, wenn er nachfragt. Das bringt eh nichts, denkt er sich.

Außerdem ist Raphael traurig über den »Verrat« der Eltern: Die blöde Emma sagt, dass ich lüge. Und Mama gibt ihr recht, statt mich zu verteidigen. Und Papa macht's genauso, keiner in der Familie hält zu Raphael. Dabei ist er sich sicher, wie das mit der Sonne ist: Die ging doch gerade da drüben unter, ich hab's selbst gesehen! Der 6-Jährige wälzt sich hin und her und bekommt immer mehr Angst: Ob wir wirklich niemals runterfallen?, fragt sich das Kind – und an Schlaf ist nun nicht mehr zu denken.

Wissenschaft und Argumente

Ob Raphael künftig nicht mehr erzählt, welche Videos er mit Freunden schaut? Damit er nicht als Lügner dasteht? Vielleicht spürt der Junge auch, wie ihn die Eltern mit erfahrungsarmem Scheinwissen abspeisen? Keine Frage: »Flat Earth«-Videos sind ein Problem. Es lassen sich aber bessere Lösungen als im »TINA«-Ansatz finden, wobei das Alter der Kinder eine entscheidende Rolle spielt.

»Fake News«, »Echoraum« oder »Filterblase« – diese Begriffe geistern erst seit wenigen Jahren durch die Öffentlichkeit. Was diese Worte genau bedeuten, erklären wir im Folgenden.

Fake News

Fake News sind gefälschte Nachrichten. Sie haben eine gewisse Ähnlichkeit mit der klassischen Zeitungsente, die auch eine Falschmeldung ist. Aber Fake News sind nicht einfach fehlerhafte Meldungen, weil Journalisten ihre Interviewpartner falsch verstehen oder sich Tipp- und Übersetzungsfehler in die Texte einschleichen. Fake News werden mit Absicht gefälscht und oft mit großem Aufwand so gestaltet, dass sie authentisch wirken. Sie werden unter anderem gezielt als Desinformation in die Welt gesetzt, um etwa Stimmung gegen Minderheiten zu machen.

Echoraum/Filterblase

Ein Echoraum oder eine Filterblase (»filter bubble«[175]) steht als Bild für ein Phänomen, das Menschen schon immer den Blick trübte. Die Psychologie kennt die soziale Homophilie, was bedeutet: Menschen neigen dazu, sich mit Menschen zu umgeben, die ähnlicher Meinung sind und gemeinsame Werte teilen.

Dieses Verhalten gewinnt aber im digitalen Zeitalter eine besondere Brisanz. Menschen sind eingesperrt in Echoräume/Filterblasen, wenn sie zum Beispiel in sozialen Netzwerken nur Inhalte und Meinungen wahrnehmen, die die eigenen Ansichten bestätigen oder positive Emotionen hervorrufen.

Im Internet geschieht das wie von selbst, ohne dass ein Nutzer diese Absicht bewusst verfolgt: Filter-Algorithmen sortieren Posts oder Nachrichten in Abhängigkeit vom vorherigen Nutzungsverhalten. Dabei erheben die Anbieter den scheinbar sinnvollen Anspruch, Menschen nur die Informationen zu liefern, die sie tatsächlich interessieren könnten.

Stellt sich die Frage: Wie lassen sich Kinder davor schützen, auf fehlerhafte Informationen im Netz hereinzufallen? Wie können Eltern verhindern, dass sie sich unbemerkt in Echoräumen abschotten? Wieder einmal gibt es nicht DIE EINE richtige Antwort. Eltern können ihre Kinder mindestens auf drei Wegen vor Fake News schützen.

1. Sie stellen kurzfristig falsche Darstellungen im Internet richtig, wie es Raphaels Mutter in guter Absicht versucht (»TINA-Lösung«). Das entspricht einer klassischen Gegendarstellung, zu der Medien verpflichtet sein können, um Zeitungsenten (Falschmeldungen) zu korrigieren.
2. Sie üben mit ihren Kindern langfristig die Fähigkeit ein, Informationen kritisch zu hinterfragen, um deren Wahrheitsgehalt genau zu prüfen (kritisch-rationales Denken). Diesen Ansatz verfolgt Raphaels Vater – wenn auch auf eine Art und Weise, die nicht zum Alter seines Sohnes passt.
3. Es ist für Eltern möglich, den Zugang zu fehlerhaften Informationen zu erschweren, zum Beispiel durch Whitelists, also Listen, die genau festlegen, welche Seiten Kinder besuchen dürfen (was automatisch den Ausschluss von problematischen Inhalten mit sich bringt).

Es gibt noch eine weitere Option, die aber nicht in den Händen der Eltern liegt: Wer Websites oder soziale Netzwerke betreibt, kann darauf achten, keine für Kinder schädlichen Inhalte ins Netz zu stellen bzw. solche Inhalte schnell zu löschen. Das neue Netzdurchsetzungsgesetz (NetzDG)[177] soll Internetbetreiber verpflichten, Inhalte in kurzer Zeit zu entfernen, wenn sie als »offensichtlich gesetzeswidrig« gemeldet wurden.

Der Königsweg ist sicher die zweite Strategie, weil sie in ihrer langfristigen Wirkung kurzfristigen Korrekturen überlegen ist. Getreu dem Motto: »Gib einem Hungrigen einen Fisch, und er wird einen Tag lang satt. Lehre ihn das Fischen, und er wird nie mehr hungern.« Dabei sollte der Schwerpunkt der Wissensvermittlung nicht auf den Aussagen von Autoritäten liegen, sondern auf dem Prozess, in dem Kinder ihr Wissen über die Welt aufbauen. Das WAS tritt in den Hintergrund, das WIE ins Rampenlicht. Das bedeutet: Abschied nehmen von einer Denkhaltung, die durch autoritäre Strukturen geprägt ist, zum Beispiel: »Der Lehrer hat immer recht.« – »Die Mama hat immer recht.« – »Das Lehrbuch hat immer recht.« Kindern wird so angewöhnt zu denken: Autoritäten verkünden, was richtig oder falsch ist. Punkt. Das »Fischenlehren« führt aber langfristig zum Erfolg, wenn sich Eltern an diesen Fragen orientieren: Wie lernt mein Kind, genau zu beobachten? Wie kann es mit widersprüchlichen Quellen umgehen? Wie kann es methodisch kontrolliert Hypothesen prüfen?[178]

Doch eine Gefahr droht: Der kurzfristige und langfristige Ansatz können in Konflikt geraten, was zu kniffligen Situationen führt. So will Raphaels Mutter in der »TINA-Lösung« den physikalischen Sachverhalt richtigstellen: Die Erde dreht sich um die Sonne, nicht umgekehrt. Sie ist rund und nicht flach. Auf der Sachebene liegt sie richtig. Aber ohne es wirklich zu wollen, sendet sie eine Reihe problematischer Nebenbotschaften an ihren Sohn: »Glaube den Autoritäten mehr als deinen eigenen Augen!« – »Deinen eigenen Sinnen kannst du nicht trauen!« – »Du sollst die Wahrheit nicht verstehen, sondern glauben!« – »Kritisches Nachfragen ist unerwünscht!« – »Wenn du trotzdem nachfragst, wirst du abgestraft.« – »Wie du dich fühlst, ist unwichtig!« – »Wichtig ist, dass du die Wahrheit akzeptierst, egal wie verstörend sie für dich ist.«

Ganz klar: Raphaels Mutter hat nicht die Absicht, solche Glaubenssätze zu vermitteln. Ganz im Gegenteil. Wer aber die »TINA-Lösung« aufmerksam liest, kann solche subtilen Botschaften entdecken.

Im Netz finden sich genug Angebote, wie sich die Welt einfach deuten lässt. Diese Websites geben verunsicherten Jugendlichen eine Orientierung, um ihren Platz in einer Welt zu suchen, die sie sonst in ihrer Komplexität überfordert. Da sind die »Flat Earth«-Facebook-Gruppen noch vergleichsweise harmlos. Doch später können die Kinder auch auf Reichsbürger, Neonazis oder Salafisten stoßen. Was ist zu tun? Eltern sollten die genannten Nebenbotschaften vermeiden! Der Grund: Gelingt das nicht, werden die Kinder zwar scheinbar auf einer Sachebene aufgeklärt, aber auf einer seelischen Ebene machen die Eltern ihre Kinder verwundbar, und zwar für Fake News aller Art.

Daher ist zu überlegen, ob ein eigenes Schulfach »Rationales Denken« nötig ist, um die Resistenz gegenüber Fake News und Echoräumen zu erhöhen. Ein solches Fach fordert der Netzaktivist Franz von Weizsäcker: »Sind wir im Internetzeitalter besonders anfällig für Denkfehler? Die Wissenschaft von ›cognitive offloading‹, einem Trend, sich auf die schnell verfügbaren Wissensquellen im Internet zu verlassen, statt die internen Ressourcen des Gehirns zu verwenden.«[179]

Wir hatten noch eine dritte Möglichkeiten ins Spiel gebracht, um Kinder davor zu schützen, Falschinformationen im Internet auf den Leim zu gehen: Eltern schränken für ihre Kinder individuell den Netzzugang ein, was eine ähnliche Wirkung hat, als ob bestimmte elektronische Geräte nicht zur Verfügung stehen (auf diese Idee gehen wir in einigen anderen Kapiteln ein). Oder: Es lassen sich Inhalte aus dem Netz filtern, etwa durch Whitelists. Um im Bild des Fischens zu bleiben: Das Kind bekommt keine Angel in die Hand, bis es essbare und giftige Fische unterscheiden kann.

»So erkennt und überprüft man Fake News«[180]

Fake News lassen sich oft an folgenden Merkmalen erkennen:

- Reißerischer Titel
- Aufgeregte, emotionale Sprache
- Fehlende Quellenangaben für behauptete Fakten
- Text oder Video wird erst nach Weiterklicken angezeigt
- Kampfbegriffe wie »Lügenpresse« werden verwendet
- Offensive, schockierende Fotos oder Teaser zu solchen Fotos
- Verschwörungstheorien werden als Tatsachen verbreitet

Die Beispiele zeigen: Die Welt des Internets stellt hohe Ansprüche an unsere kritische Reflexionsfähigkeit. Wie lässt sich das schaffen? Oder sogar lernen? Geht das überhaupt? Der Forschungsstand liefert zu dieser Frage drei interessante Antworten:

Antwort 1: Es stellt eine sehr große Herausforderung dar, Offenheit zu bewahren und scheinbare Gewissheiten infrage zu stellen. Ein Blick in die Wissenschaftsgeschichte beweist schnell: Es ist sehr unwahrscheinlich, dass Forscher diesen Weg gehen. Denn sie ruhen sich häufig auf bequemen »Wahrheiten« aus, selbst wenn sie hervorragend ausgebildet sind.

Der Ausnahmefall kommt auch vor: Wenige Wissenschaftler

hinterfragen die vorherrschende Lehre; sie geben wertvolle Anstöße, neue Theorielinien oder Denktraditionen zu entwickeln. Solche Sprünge im wissenschaftlichen Denken nennt Thomas Kuhn »Paradigmenwechsel«[181]. Und: Was für Wissenschaftler gilt, gilt auch für mündige Bürger. Wünschenswert ist es, im Alltag beweglich zu bleiben, auch ohne wissenschaftlichen Anspruch! Denn Menschen sollten immer ihre Standpunkte überdenken und offen für neue Ideen sein. Ein frommer Wunsch ...

Wichtig dabei: Es gelingt eher, traditionelle Denkweisen über den Haufen zu werfen, wenn wir unser Wissen über die Welt weniger auf Autoritäten aufbauen – und mehr auf eigene Beobachtungen vertrauen[182]. Wer so forscht, handelt im Sinne einer bestimmten philosophischen Tradition: der Phänomenologie. Diese Strömung prägte zu Beginn des 20. Jahrhunderts Edmund Husserl (1859–1938), der den Ausgangspunkt für Erkenntnisse in Erscheinungen sah, die den Menschen unmittelbar gegeben sind. Das sind eben die »Phänomene«, wobei der Begriff aus dem Griechischen kommt und »Sichtbares« oder »Erscheinung« bedeutet.

Antwort 2: Eine europaweite Studie kommt zu dem Ergebnis, dass fast ein Drittel (27 Prozent) der Deutschen zu einer hohen kritischen Reflexion in der Lage sind, wenn es um die Nutzung digitaler Medien geht.[183]

Die Studie erlaubt wichtige Rückschlüsse, wie Eltern eine solche kritische Haltung unterstützen können: Allgemeinbildung fördern und eine ausufernde Nutzung von Bildschirmmedien verhindern! Der stärkste Zusammenhang bestand nämlich zwischen hoher kritischer Reflexionsfähigkeit und einem hohen Bildungsstand sowie niedrigen Nutzungszeiten von Bildschirmen.

Um Medien kritisch zu sehen, brauchen Kinder also nicht mehr

Medienerfahrung, sondern Wurzeln in der realen Welt, ein gutes Selbstvertrauen und verlässliche Bezugspersonen, um später kritisch und frei denken zu können.

Antwort 3: Die Fähigkeit zur kritischen Reflexion der Netzwelten gibt es nicht nur bei Erwachsenen, sondern auch unter Jugendlichen. Das zeigt die DIVSI-Studie.[184] Ihr Urheber ist das »Deutsche Institut für Vertrauen und Sicherheit im Internet« (DIVSI), das in Kooperation mit dem Heidelberger Sinus-Institut 14- bis 24-Jährige befragte.

Die Wissenschaftler stellten fest: Es gibt sie, die kritischen, unbequemen Selbstdenker. Diese kleine Gruppe charakterisiert die Studie als Milieu »zielorientierte[r] junge[r] Internet-Nutzer mit kritischer Grundhaltung zu Vertrauen und Sicherheit im Internet«. Diese jungen Leute begreifen »das Netz nicht nur als Unterhaltungs- und Kommunikationsangebot, sondern als gesellschaftliche Sphäre mit Gestaltungsbedarf, die kritisch wahrgenommen und aufmerksam erfahren werden muss«.

Diese Gruppe nutzt das Internet regelmäßig, ist aber deutlich weniger Zeit im Netz unterwegs als die anderen Milieus. In der DIVSI-Studie kommen diese kritischen Geister leider nur auf einen Anteil von 9 Prozent.

Wie schützen wir Kinder vor Fake News? Zu dieser Frage konnten wir viele Aspekte zusammentragen. Es wird den Leser aber nicht überraschen, dass eine abschließende Antwort nicht möglich ist. Und erst recht keine Patentlösung, die dieses komplexe Problem einfach aus der Welt schafft. Wir können nur versuchen, mit unseren Kindern neugierig auf neue Phänomene zu schauen und dabei ihre Entwicklungsbedürfnisse im Auge zu haben. Hilfreich ist auf jeden Fall ein Rat von Albert Einstein: »Wichtig ist, dass man nicht aufhört zu fragen.«

Ideale Lösung

Sobald sie den 6-jährigen Raphael zur Zirkusgruppe gebracht hat, fängt die Mutter an zu grübeln: Ihr neugieriger Sohn hat im Internet eine Erklärung gefunden, die gut zu seinen Beobachtungen passt – und vielleicht gar nicht so unpassend für sein Alter ist: Die Erde steht im Mittelpunkt des Universums, die Sonne kreist um sie herum. Klar, dass ihre 16-jährige Tochter dagegen Sturm läuft …

Da kommt der Zufall zur Hilfe, als die Mutter Raphael und seinen Freund aus der Zirkusgruppe abholt: Die Jungen balancieren gerade stehend auf riesigen Gymnastikbällen. Raphael entdeckt seine Mutter, springt ab und rennt los. Noch im Laufen ruft er laut: »Du, Mama, jetzt sag schon, die Erde ist flach, ich bin kein Lügner, oder?« Und schon landet Raphael in den Armen seiner Mutter: »Ich bin mir sicher«, setzt sie an, »du bist kein Lügner. Lügner sind Leute, die absichtlich etwas ganz Falsches sagen. Und das hast du ja nicht gemacht.« – »Nee, hab ich nicht, ich hab's ja selbst gesehen. Ich meine, dass die Erde flach ist. Und mein Freund auch!« – »Okay, du sagst, du hast es gesehen. Aber woher weißt du, dass die Erde wirklich ganz flach ist und nicht ein kleines bisschen gebogen?« – »Das Video, das Video! Die zeigen da sicher nichts Falsches im Internet!«

»Na ja, kommt beide mal her«, sagt die Mutter und geht zu einem der Gymnastikbälle. Dann holt sie eine Streichholzschachtel aus der Tasche und lässt eine Ameise oben auf den Ball klettern. »Die habe ich am Eingang entdeckt, was mich auf eine Idee gebracht hat.« Die Jungs beobachten neugierig, was jetzt geschieht: »Schaut mal, jetzt fängt die Ameise an zu laufen! Was meint ihr: Denkt die Ameise, dass der Ball flach ist oder doch ein kleines bisschen gebogen?«

Nach einer Weile holt Raphael ein Stück Papier und hält es vor die Ameise, damit sie daraufkrabbeln kann. Dann hält er das

Blatt in die Höhe, inklusive der Ameise: »Ja, ja, du kleine Ameise, du denkst vielleicht, der Ball ist flach, aber jetzt schau mal: In Wirklichkeit ist er rund!« Sein Freund schlägt vor: »Oder wir setzen die Ameise aufs Rhönrad. Das ist noch größer! Und sie checkt sicher nicht, dass auch dieses Rad rund ist.«

Auf der Heimfahrt beginnen Raphael und sein Freund, sich gegenseitig »die Welt zu erklären«: »Weißt du, der Globus zu Hause ist sooooo klein. Da sieht man leicht, dass die Erde rund ist. Aber die echte Welt ist so groß, dass wir nicht sehen können, ob sie flach oder rund ist. Wie die Ameise auf dem großen Ball.« – »Ja, von hier aus kannst du das nicht sehen. Aber du könntest doch ganz hoch drüberweg fliegen. Wie ein Vogel!«, erwidert sein Freund. »Oder wie ein Hubschrauber!«, antwortet Raphael. Die Mutter schaltet sich ein: »Oder wie deine große Schwester Emma, die mit dem Flugzeug über den Ozean geflogen ist. Sie hat erzählt: Von der Höhe aus sah der Horizont etwas gebogen aus.« – »Ich will auch fliegen«, meldet sich Raphael zu Wort, »wann fliegen wir einmal?« Die Mutter lächelt freundlich: »Mal schauen, vielleicht beim nächsten Urlaub? Du bist noch nie geflogen, deshalb konntest du die Erde bis jetzt immer nur flach sehen.«

Kurz vorm Wohngebiet des Freundes erklärt die Mutter: »Euer Video mit der Erde als Scheibe muss ein ziemlich dummer Erwachsener gemacht haben. Der ist vielleicht noch nie Flugzeug geflogen. Es kann aber auch sein, dass jemand dieses Video gedreht hat, um wirklich Lügen zu verbreiten. Das nennt man ein ›Fake‹, was auf Deutsch ›Fälschung‹ heißt. Und wenn wir von ›Fake News‹ sprechen, meinen wir ›gefälschte Nachrichten‹. Also Dinge, die falsch in der Zeitung stehen.« – »Auch im Internet? So wie bei dem Video, wo sie sagen, die Erde ist flach, aber in Wirklichkeit ist sie rund?«, fragt Raphael. »Ja, genau so!«, antwortet die Mutter. »Vorhin hattest du gefragt, wer recht hat, Emma oder ihr beiden. Ich glaube, ihr kennt die Antwort schon: Emma und du, ihr seid beide meine lieben Kinder! Und ihr seid alle drei keine Lügner.« Das Auto hält. Raphaels Freund springt schnell hinaus und ruft: »Danke fürs Mitnehmen.«

Kaum sind Raphael und seine Mutter zu Hause, ruft Emma aus ihrem Zimmer: »Mama! Hast du Raphael die Wahrheit über das Lügenvideo gesagt?« – »Ja, aber so, dass er es verstehen konnte«, antwortet die Mutter. »Komm runter in die Küche, dann erzähle ich dir alles.« So erfährt Emma die Geschichte von der Ameise auf dem Gymnastikball und ist sehr zufrieden ... bis auf eine Sache: »Jetzt musst du ihm nur noch erklären, dass es Unsinn ist, dass sich die Sonne um die Erde dreht!« Die Mutter lacht und stellt fest: »Das wird eine harte Nuss. Wie soll ich Raphael die Relativitätstheorie nahebringen?«

Emma ist verwirrt: »Wieso Relativitätstheorie? Du sollst ihm einfach sagen, dass sich die Erde um die Sonne dreht. So ist es doch.« Die Mutter ist sich unsicher, wie weit sie die Diskussion vertiefen soll: »Tja, so habt ihr das vielleicht in der Schule gelernt. Aber tatsächlich ist auch das nicht der Weisheit letzter Schluss. In der Geschichte der Astronomie vertraten die Gelehrten zuerst ein geozentrisches Weltbild.« – »Also das, was Raphael behauptet?« – »Genau, und wer etwas anderes behauptet hat, wurde als Ketzer verbrannt. Dann kam als Nächstes das heliozentrische Weltbild ...« – »... welches ich vertrete: Die Sonne steht im Zentrum.« – »Wer daran zweifelte«, so die Mutter weiter, »wurde als unwissenschaftlich abgekanzelt.« – »Und wie seht ihr Physiker das heute?«, fragt Emma.

»Inzwischen sind wir davon überzeugt, dass weder die Sonne noch die Erde im Mittelpunkt stehen. Es gibt gar keinen Mittelpunkt. Auch das Sonnensystem bewegt sich im Vergleich zu anderen Galaxien. Die Relativitätstheorie sagt im Grunde: Wir können Bewegungen immer nur von einem festgelegten Bezugspunkt aus genau beschreiben. Für Raphael mit seinen

6 Jahren scheint mir die ganze Sache aber zu kompliziert zu sein.« Emma legt die Stirn in Falten und schweigt.

Für die Mutter ein sicheres Zeichen, dass ihre Tochter intensiv nachdenkt. Und richtig, Emmas Augen blitzen und sie sagt: »Ich habe da eine Idee, wie man es Raphael vielleicht doch erklären kann: Erinnerst du dich an unsere letzte Zugfahrt, Mama?«, fragt die 16-Jährige. »Da hat Raphael im Bahnhof gefragt, warum unser Zug zu früh abfährt. Unser Zug stand aber immer noch im Bahnhof. Raphael hat das erst gemerkt, als er auf der anderen Seite gesehen hat, dass sich der Bahnsteig nicht bewegt. Wir standen tatsächlich still.« Die Mutter nickt begeistert: »Gute Idee, Emma! Mit dieser Geschichte kannst du deinen Klassenkameraden die Relativitätstheorie erklären. Für Raphael finde ich es deutlich zu früh. Glaub mir: Vieles versteht man besser, wenn man selbst darauf kommen darf. Bei dir war das doch damals auch so …«

Emma fragt sofort nach: »Wie denn, Mama? Daran erinnere ich mich gar nicht mehr.« – »Als du so alt warst wie Raphael, haben wir unsere Küche in ein Observatorium verwandelt«, erzählt die Mutter. »Bei klarem Wetter ließ sich leicht der Sonnenuntergang durchs Küchenfenster beobachten; genauso wie an vielen Tag der Aufgang der Sonne, allerdings vom großen Fenster gegenüber.« Dann beschreibt sie den Ablauf der Beobachtung: Emma machte immer auf der Scheibe einen Strich, wo die Sonne versank oder aufging. Viele Striche folgten …

»Natürlich hätte ich einfach ein Physikbuch nehmen können, davon habe ich ja genug! Aber Papa und ich wollten dir die Lust am Fragen und Entdecken nicht mit fertigen Theorien verderben.«

Emma bietet an: »Genauso können wir es jetzt mit Raphael machen. Ich übernehme den Job!«

Weitere Lösungen

Die Mutter ist Physikerin, der Vater Journalist, die Schwester ein Astronomicfan …

Zugegeben: Unsere »Ideale Lösung« ist in diesem Kapitel besonders voraussetzungsvoll. Bei den »Weiteren Lösungen« steht nicht im Vordergrund, einzelne Falschmeldungen richtigzustellen. Es geht auch nicht um den Schutz vor Fake News durch technische Filtersoftware (siehe auch Kapitel 13, »Weitere Lösungen«). Vielmehr stehen die vielen Möglichkeiten im Mittelpunkt, wie Erwachsene Kinder im Alltag zum Fragenstellen, genauen Beobachten und kritischen Denken anregen können.

Gemeinsam Zeitung lesen: Die Mutter schnappt sich den Wirtschaftsteil, der 16-jährige Sohn den Politikteil. So kommen die Generationen ins Gespräch, beim gemütlichen Frühstück am Samstag. Austausch und Diskussion sind gefragt – und durch die gezielte Nutzung »antiquierter« Medien lernen Jugendliche nebenbei, kritisch mit journalistischen Quellen umzugehen.[185]

Die Kunst des klaren Denkens[186] (Buchtipp): Für ältere Jugendliche gibt es eine Reihe von Büchern, die sich mit Denkfehlern beschäftigen. Zum Beispiel *Die Kunst des klaren Denkens* von Rolf Dobelli.

Der Autor greift mit Humor gängige Irrtümer auf, die sich hartnäckig halten: Warum überschätzen wir immer das eigene Wissen? Warum wird eine Behauptung nicht richtiger, weil Millionen Menschen sie für richtig halten? Warum nehmen wir Theorien für bare Münze, selbst wenn sie nachweislich falsch sind? Lesefutter, um den kritischen Geist anzuregen – und junge Menschen zur Selbstreflexion zu motivieren. PS: Auch für Erwachsene lesenswert …

»Das verrückte Lexikon-Spiel«: Jugendliche ab etwa 12 Jahren können in diesem Spiel selbst eine Art Fake News produzieren. Auf 220 Spielkarten finden sich über 2200 originelle Begriffe aus über 150 Lexika. Die Aufgabe: In jeder Runde müssen sich die drei bis acht Spieler eigene Definitionen für schräge Begriffe ausdenken. Sehr lustig, weil nur ein einziger der Spieler die wirkliche Bedeutung des Wortes kennt. Das Ziel ist es dabei, Definitionen zu schreiben, die überzeugender klingen als die echte. Denn wer seine Definitionen am besten verkauft und wer am besten die echte aus dem Wust der Fakes herausfinden kann, gewinnt am Ende.

Freude am Austricksen – optische Täuschung: Zwei Kreise in derselben Größe befinden sich einmal in einem kleinen, dann in einem großen Quadrat. Unser Auge nimmt sie aber als gleich groß wahr! Mit Staunen und Begeisterung reagieren Kinder darauf, wenn das angelegte Lineal zeigt: Beide haben den gleichen Durchmesser! Der »Beobachtungsfehler« wird als Anlass zum Nachmessen, nicht als Niederlage erlebt. Was hängen bleibt, ist die Erkenntnis: Was ich sehe, wird durch das beeinflusst, was ich davor oder daneben gesehen habe.

Freude am Austricksen – zaubern: Im Kindergarten- und Grundschulalter ist ein Zauberkasten ein willkommenes Geschenk. Wer schafft es, die anderen so abzulenken, dass sie den Trick nicht bemerken? Das Schöne am Zaubern ist, dass Kinder die Mechanismen des Täuschens kennenlernen und üben und aus erster Hand erfahren, wie leicht sich Menschen durch den bloßen Schein täuschen lassen.

Verlässlichkeit als Basis für Experimentierfreude: Bei kleinen Kindern wechseln kurze Phasen des neugierigen Auskundschaftens der Welt (Explorationsverhalten) mit Phasen der Interaktion mit erwachsenen Bezugspersonen (Bindungsverhalten). Regelmäßigkeit, Rituale und Verlässlichkeit geben emotionale Sicherheit. Wer einem 3-Jährigen jeden Abend ein Gutenachtlied vorsingt, leistet mehr für dessen Resistenz gegenüber Filterblasen und Fake News, als es der Fall ist, wenn Eltern ihrem Kind möglichst früh beibringen wollen, die digitalen Welten kritisch zu hinterfragen.

Taschenlexikon digital – analog

So lassen sich Kinderwünsche nachhaltig statt oberflächlich erfüllen.

Mama/Papa, ich brauche unbedingt ...	Heute mal bildschirm-frei zum selben Ziel!	Weiterlesen im Kapitel
Astronomie-Tutorial auf YouTube	Sternwarte, Observatorium, Sterne selbst beobachten	»Impfung gegen Fake News«
Antolin – mit Lesen punkten!	Mit Kindern über Bücher reden, viel vorlesen	»Kita und Grundschule im Digitalfieber«
Bildschirm als Babysitter	Hörspiel, Bilderbücher, Knete	
Bob, der Baumeister	Werkbank, Bauarbeiterausrüstung	»Trojanisches Pferd zum Geburtstag«
Calliope	Robo Rally, Rasende Roboter	»Trojanisches Pferd zum Geburtstag«
Candy Crush	Vier gewinnt	»Zocken, Gamen, Daddeln«
Eisprinzessin	Prinz und Bettelknabe, als Prinzessin verkleiden	
Die Sims	Mit Puppen spielen, Playmobil, Lego, Babysitten	
Dr. Kawashimas Gehirnjogging	Nichts tun, schlafen	
Facebook	Poesiealbum	»Das Social-Media-Dilemma«
Farmerama	Haustier, Kresse säen, eigenes Beet	»Zocken, Gamen, Daddeln«

Mama/Papa, ich brauche unbedingt ...	Heute mal bildschirm-frei zum selben Ziel!	Weiterlesen im Kapitel
FIFA	Fußballverein, Tischkicker, Zorbingball	
Germany's Next Topmodel	Abo für *Bunte* oder *InTouch* (Mode- und Lifestyle-Zeitschriften), Catwalk Party, Fotoshooting	»Geschwisterzwist«
Heidi als Zeichentrickfilm	Urlaub in den Bergen, wandern gehen, Hörspiel »Heidi«, Streichelzoo	»Fördert TV-Total-verzicht ungebremsten Konsum?«
Janoschs Traumstunde als Film	Gutenachtlied singen, mechanische Spieluhr	»Digitales Bett-hupferl für Babys«
Kleiderkreisel	Flohmarkt, Second-handladen	
League of Legends	Schatten über Camelot, Teamsport, Mattenvölkerball	»Zocken, Gamen, Daddeln«
Minecraft	Anker-Baukasten, Holzklötze, Lego, Duplo, Baumhaus bauen, Make 'n' Break	»Geschwisterzwist«
Online-Vokabeltrainer	5-Fächer-Karteikasten	»Kammerspiel«
Paula-Pudding	Pudding selbst kochen	»Kampf am Kühl-regal«
Pokemon Go	Schnitzeljagd, Geocaching	

Mama/Papa, ich brauche unbedingt ...	Heute mal bildschirm-frei zum selben Ziel!	Weiterlesen im Kapitel
Schlaumäuse	Kasperletheater, Bilderbücher angucken, Leselern-bücher	»Kita und Grund-schule im Digitalfie-ber«
Singstar	Lagerfeuer und Gitarre, Chor, Gesangsunterricht	
Smartphone auf Klassen-reise	Stadtplan, Treff-punkte	»Digitale Nabel-schnur kappen«
Snapchat/Instagram Bildbearbeitung	Zerrspiegel, Bio-milchflasche	»Das Social-Me-dia-Dilemma«
Star Wars	Schwimmnudel-Fechten, Holz-schwert	»Star Wars – frei ab 6 Jahren?«
Süße-Träume-App	Gutenachtlied, Gutenachtbuch, Abendritual	»Digitales Bett-hupferl für Babys?«
Tetris	Blokus, Jenga	»Zocken, Gamen, Daddeln«
WhatsApp	Telefonkette, E-Mail	»Das Social-Me-dia-Dilemma«
World of Warcraft	Pfadfinder, Paintball, Lasertag	»Zocken, Gamen, Daddeln«
Y-titty auf Youtube	Comics malen, lustige Filme drehen	»Alle Anderen Dürfen Das Aber«
Yakari	Abenteuerspielplatz, Indianer-Kinderbü-cher, Reitstunden, Ponyhof besuchen, Karl-May-Festspiele	»Fördert TV-Total-verzicht ungebrems-ten Konsum?«

Wir bedanken uns ...

Unser herzlicher Dank geht an unsere Familien. Ingo Leipner dankt besonders seiner Frau Claudia Nicolai für köstliche Mahlzeiten, fruchtbares Mitdenken und Gespräche über das, was wirklich zählt. Dieser lebendige Gedankenaustausch ergab sich immer, wenn Paula zu Besuch in Lorsch war, um am Buch zu arbeiten.

Paula Bleckmann dankt besonders ihrem Mann Frank Bleckmann und ihren drei wunderbaren und eigenwilligen Söhnen. Ohne euch gäbe es dieses Buch nicht. Danke auch an die Weizsäcker-Familie, namentlich meine Eltern Ernst und Christine sowie die Geschwister Jakob, Adam, Franz und Maria, außerdem die Schwiegereltern Jochen und Ute Bleckmann.

Wir beide wollen unserem Lektor Jürgen Bolz und seiner Kollegin Birthe Vogelmann Dank sagen für wertvolle Hinweise, wie das Buch sein Publikum erreicht und noch lesbarer werden kann; ebenso Helena Reddemann, Olivia Heinemann und Sonja Kirschbaum für inhaltliche Beiträge und unermüdliches Korrekturlesen. Genauso gilt unser Dank Renate Alf, die durch ihre hintersinnigen Cartoons das Buch bereichert hat.

Eine Vielzahl von Personen haben Erfahrungsberichte und Ideen für die Fallbeispiele beigesteuert (hier bedanken wir uns besonders bei allen ECHT DABEI-Coaches aus ganz Deutschland). Viele Menschen haben Hinweise auf aktuelle Studienergebnisse und Veröffentlichungen gegeben und Entwürfe der Kapitel kritisch kommentiert. Wir können sie nicht alle namentlich nennen. Stellvertretend für viele andere mehr geht unser Dank an Eva Corino, Paula Harder, Christiane Harder, Katinka Penert, Franziska Vogel-Eckerlin, Julia Kernbach, Gerhard Weber, Jörg Boysen, Hans-Jürgen Rumpf, Jasmin Zimmer, Nicole Sturmhöfel, Eberhard Freitag, Tabea Freitag, Arnhild

Zorr-Werner, Anna Maier-Pfeiffer, Christian Pfeiffer, Eileen Schwanold, Elisa Buchberger, Florian Haake, Adrian Hochkeppel, Ulrich Bartosch, Theresia Herbst, Sonja Schlegelmilch-Weis, Judith Ölschläger, Heinz Buddemeier, Alexander Röhler, Corinna Boettger, Anna Ohlendorf, Thomas Mößle, Nadine Jukschat, Anja Stiller, Manuela Habé, Stefan Liebig, Annette Wyler-Krisch, Anke Sommerfeld und Dietmar Rall.
Wir danken allen Kollegen vom »Bündnis für humane Bildung«, von deren Expertise wir beim Schreiben von Kapitel 8 enorm profitiert haben: Ralf Lankau, Peter Hensinger, Manfred Spitzer, Gerald Lembke, Gertraud Teuchert-Noodt, Christoph Ecken, Edwin Hübner, Jochen Krautz, Klaus Scheler und Matthias Burchardt.

Anmerkungen

Einleitung

1   Markowetz, A. (Droemer 2015): *Digitaler Burnout. Warum unsere permanente Smartphone-Nutzung gefährlich ist*
2   te Wildt, B. (Droemer 2016): *Digital Junkies. Internetabhängigkeit und ihre Folgen für uns und unsere Kinder*
3   Spitzer, M. (Droemer 2014): *Digitale Demenz. Wie wir uns und unsere Kinder um den Verstand bringen*
4   Statista (2017): »Anzahl der monatlich aktiven Nutzer von WhatsApp weltweit in ausgewählten Monaten von April 2013 bis Juli 2017 (in Millionen)«, in: https://de.statista.com/statistik/daten/studie/285230/umfrage/aktive-nutzer-von-whatsapp-weltweit/ vom 22.10.2017
5   Lembke, G./Leipner, I. (Redline 2015): *Die Lüge der digitalen Bildung. Warum unsere Kinder das Lernen verlernen*
6   Lembke, G., Leipner, I. (Springer 2014): *Zum Frühstück gibt's Apps. Der tägliche Kampf mit der Digitalen Ambivalenz*
7   JIM-Studie 2010, 2011, 2012, KIM-Studie 2012, 2014, 2016. Als »Einstiegsalter« bezeichnen wir dasjenige Alter, ab dem mindestens die Hälfte der Kinder ein Gerät ihr Eigen nennt.
8   www.waituntil8th.org
9   Das trifft auf die »Einstiegssituationen«, die »Idealen Lösungen« und die »Weiteren Lösungen« zu. Bei den »TINA-Lösungen« geht nur etwa ein Drittel auf Berichte aus Familien zurück. Für den Rest haben wir auf Erfahrungen aus Podiumsdiskussionen, Konferenz-Kaffeekränzchen, Bildungsforschungstagungen am BMBF, »Digital-Gipfel« etc. zurückgegriffen.

Digitales Betthupferl für Babys?

10   Hoppenstedt, G. (o. J.): »›KiKANiNCHEN‹ als Bildungsangebot – Interview mit Prof. Wassilios Emmanuel Fthenakis«, in: http://www.kikaninchen.de/eltern/tippszummedienumgang/interviewsmitexperten/index.html vom 04.12.2016
11   Dieses Frage-Antwort-Spiel wurde auf der Website der Kindersendung »KiKANiNCHEN« veröffentlicht, produziert von ARD und ZDF.
12   Dahl, R. (Rowohlt 2004): *Charlie und die Schokoladenfabrik*
13   American Academy of Pediatrics, AAP (2011): »Policy Statement: Media

Use by Children Younger Than 2 Years«, in: http://pediatrics.aappublications.org/content/early/2011/10/12/peds. 2011–1753 vom 04.12.2016

14 Vgl. zusammenfassend Nunez-Smith, M./Wolf, E./Huang, H. M./ Chen, P. G./Lee, L./Emanuel, E. J./Gross, C. P. (2008): *Media and child and adolescent health. A systematic review.* Washington, DC: Common Sense Media; Mößle, T. (2012): *»Dick, dumm, abhängig, gewalttätig?« Problematische Mediennutzungsmuster und ihre Folgen im Kindesalter. Ergebnisse des Berliner Längsschnitt Medien.* Baden Baden: Nomos Verlag; Spitzer, M. (2005): *Vorsicht Bildschirm! Elektronische Medien, Gehirnentwicklung, Gesundheit und Gesellschaft.* 2. Aufl. Stuttgart: Klett.

15 Ennemoser, M./Schneider, W. (2007): »Relations of Television Viewing and Reading«, in: *Journal of Educational Psychology* 99 (2), S. 349–368

16 Hancox, R. J./Milne, B. J./Poulton, R. (2005): »Association of television viewing during childhood with poor educational achievement«, in: *Archives of Pediatrics & Adolescent Medicine* 159, S. 614–618

17 Österreichische Gesellschaft für Kinder- und Jungendheilkunde (2007): »Empfehlungen zur Regulierung von Bildschirmzeiten im Kindes- und Jugendalter«, in: *Monatsschrift Kinderheilkunde*

18 Certain, L. K./Kahn, R. S. (2002): »Prevalence, Correlates, and Trajectory of Television Viewing Among Infants and Toddlers«. In: *Pediatrics* 109 (4), S. 634–642

19 Christakis, D. A./Zimmermann, F. J. (2006): »Early Television Viewing Is Associated With Protesting Turning Off the Television at Age 6«, in: *Medscape General Medicine* 8 (2), S. 63

20 Krcmar, M./Bernard, G./Kirsten, L. (2007): »Can toddlers learn vocabulary from television? An experimental approach«, in: *Media Psychology* (10.1), S. 41–63, http://vrij-natuurlijk.nl/wp-content/uploads/2010/09/tv_study.pdf

21 Zimmerman, F. J./Christakis, D. A./Meltzoff, A. N. (2007): »Associations between media viewing and language development in children under age 2 years«, in: *The Journal of pediatrics* 151.4, S. 364–368

22 Ostrov, J. M./Gentile, D. A./Mullins, A. D. (2013): »Evaluating the effect of educational media exposure on aggression in early childhood«, in: *Journal of Applied Developmental Psychology* 34 (1), S. 38–44

23 American Academy of Pediatrics, AAP (2011): »Policy Statement: Media Use by Children Younger Than 2 Years«, in: http://pediatrics.aappublications.org/content/early/2011/10/12/peds.2011–1753 vom 31.08.2014

24 Wiater, Alfred Hubert, u. a. (2002): »Gesunder Schlaf für Kölner Kinder«, in: http://www.gesunder-kinderschlaf.de/gskk.pdf

25 Brockmann, P. E., u. a. (2016): »Impact of television on the quality of sleep in preschool children«, in: *Sleep medicine* 20, S. 140–144

26 Cheung, C. H. M., u. a. (2017): »Daily touchscreen use in infants and toddlers is associated with reduced sleep and delayed sleep onset«. In: *Scientific Reports* 7

27 Bundeszentrale für gesundheitliche Aufklärung, BZgA (2015): »Wie Sie äußere ›Schlafstörer‹ vermeiden können«, in: https://www.kindergesundheit-info.de/themen/schlafen/alltagstipps/schlafprobleme/schlafstoerer-vermeiden/

28 Christakis, D. A./Zimmermann, F. J. (2006): »Early Television Viewing Is Associated With Protesting Turning Off the Television at Age 6«, in: *Medscape General Medicine* 8 (2), S. 63

29 Siehe auch die Website: http://www.team-autismus.de/buka/

Fördert TV-Totalverzicht ungebremsten Konsum?

30 Siehe auch die Website: http://donnastevens.com.au/portraits/#/idiotbox/donna-stevens/

31 Patzlaff, R. (Verlag freies Geistesleben 2013): *Der gefrorene Blick. Bildschirmmedien und die Entwicklung des Kindes*

32 Anderson, D. R./Pempek, T. A. (2005): »Television and very young children«, in: *American Behavioral Scientist* 48.5, S. 505–522

33 Barr, R., u. a. (2008): »Infants' Attention and Responsiveness to Television Increases With Prior Exposure and Parental Interaction«, in: *Infancy* 13 (1), S. 30–56

34 Dafür finden sich zwei Fallbeispiele bei: Bleckmann, P. (2006): »Medienpädagogische Elternarbeit am Kindergarten unter besonderer Berücksichtigung der Themeninteressen von Familien mit aktuell oder potentiell nichtfernsehenden Kleinkindern«. Fakultät für Kunst- und Medienwissenschaft, Kunst- und Medienpädagogik, Universität Bremen, Bremen.

35 Mößle, T./Rehbein, F. (2013): »Predictors of problematic video game usage in childhood and adolescence«, in: *Sucht* 59 (3), S. 153–164

36 Certain, L. K./Kahn, R. S. (2002): »Prevalence, Correlates, and Trajectory of Television Viewing Among Infants and Toddlers«, in: *Pediatrics* 109 (4), S. 634–642. Und: Mößle T. (Nomos 2012): *Dick, dumm, abhängig, gewalttätig? Problematische Mediennutzungsmuster und ihre Folgen im Kindesalter. Ergebnisse der Berliner Längsschnitt Medien*

37 Sicking, P. (Deutscher Universitätsverlag 2000): *Leben ohne Fernsehen. Eine qualitative Nichtfernseherstudie;* Winn, M. (Penguin 1987): *Unplugging the Plug-In Drug;* Krcmar M. (Routledge 2009): *Living Without*

the Screen – Causes and Consequences of Life without Television; Bleckmann P. (2006): *Medienpädagogische Elternarbeit am Kindergarten unter besonderer Berücksichtigung der Themeninteressen von Familien mit
aktuell oder potentiell nichtfernsehenden Kleinkindern,* Diss. Bremen
38 Bleckmann, P. (Klett-Cotta 2012): *Medienmündig. Wie unsere Kinder
selbstbestimmt mit dem Bildschirm umgehen lernen,* S. 179

Geschwisterzwist

39 Paula Bleckmann hält seit vielen Jahren Vorträge an Schulen. Dabei ist
die Bedingung: Davor muss die Schule unter den Eltern eine anonyme
Umfrage machen, welche Themen und Fragen den Eltern am meisten am
Herzen liegen. Dabei lautete die Formulierung der Geschwister-Frage:
»Großer Bruder, kleine Schwester: Wie bringe ich in der Medienerziehung unterschiedlich alte Geschwister unter einen Hut?« Inzwischen
liegen über 1000 solche Fragebögen aus den Jahren 2013–2017 vor (un-
veröffentlichte Daten).
40 Z. B. vier ausführlichere Fallbeispiele aus Familien mit Grundschul-
kindern, die zeigen, wie Mediennutzung im Spannungsfeld der All-
tagsbewältigung erfolgt. // Bleckmann, P., u. a. (2013): »MEDIA PRO-
TECT – Medienpädagogische Elternberatung in der Grundschule.
Konzeptbeschreibung und formative Evaluation« (KFN-Forschungsbericht 121), S. 81–90
41 Diese Aussage bezieht sich auf die Anzahl verschiedener Rezeptortypen,
dabei werden zum Beispiel die Mechanorezeptoren der Haut noch weiter unterteilt in Druck-, Berührungs- und Vibrationsrezeptoren, etc. //
Vgl. Walther G. (Oktopia 2013 und 2014): *Kinder entdecken ihre 7 Sinne* (Band 1 und 2)
42 Sacks, O. (Rowohlt 2009): *Der Tag, an dem mein Bein fortging*
43 Bundesdrogenbeauftragte (2017b): »Pressemitteilung zu ersten Ergebnissen der BLIKK-Studie«, in: http://www.drogenbeauftragte.de/presse/
pressekontakt-und-mitteilungen/2017/2017-2-quartal/ergebnis-
se-der-blikk-studie-2017-vorgestellt.html vom 01.07.2017
44 Bleckmann, P. (2012): *Medienmündig – wie unsere Kinder selbstbestimmt mit dem Bildschirm umgehen lernen,* Klett-Cotta, Stuttgart

Trojanisches Pferd zum Geburtstag

45 Schumacher, R., u. a. (2006): »Macht Mozart schlau? Die Förderung
kognitiver Kompetenzen durch Musik«, in: https://www.bmbf.de/pub/
Bildungsforschung_Band_18.pdf vom 12.08.2016

46 Bleckmann, P./Mößle, T. (Verlag Hans Huber 2014): »Position zu Problemdimensionen und Präventionsstrategien der Bildschirmnutzung«, in: *237/SUCHT* 60 (4)

47 Mößle, Thomas (Nomos 2012): *Dick, dumm, abhängig, gewalttätig? Problematische Mediennutzungsmuster und ihre Folgen im Kindesalter. Ergebnisse des Berliner Längsschnitt Medien*

48 Bleckmann, P./Mößle, T. (Verlag Hans Huber 2014): »Position zu Problemdimensionen und Präventionsstrategien der Bildschirmnutzung«, in: *237/SUCHT* 60 (4)

49 Pfeiffer, C./Mößle T./Kleimann, M./Rehbein F. (Kopaed 2007): »Die PISA-Verlierer – Opfer ihres Medienkonsums. Eine Analyse auf der Basis verschiedener empirischer Untersuchungen«, in: Dittler, U./Hoyer, M. (Hrsg.): *Aufwachsen in virtuellen Medienwelten. Chancen und Gefahren digitaler Medien aus medienpsychologischer und medienpädagogischer Perspektive*

50 Schor, J. (Scribner 2004): *Born to Buy: The Commercialized Child and the New Consumer Culture*

51 Schoonmaker, S. (2006): »Piece of Cake. Children's Birthday Celebrations and Alternatives to Consumer Culture«, in: *Sociological Focus* 39 (3), S. 217–234

52 Bitzer, E.M./Bleckmann, P./Mößle, T. (2014): *Prävention problematischer und suchtartiger Mediennutzung in Deutschland – eine Pilotbefragung*, KFN-Forschungsbericht 125 (auch online verfügbar)

53 Bell, T., u. a. (2010): »Computer Science uplugged. An enrichment and ex-tension programme for primary-aged children«. Selbstverlag

TV als Belohnung? PC-Entzug als Strafe?

54 Plassmann, A. A./Schmitt, G. (2007): »Lern-Psychologie« (Universität Duisburg-Essen), in: http://www.lern-psychologie.de vom 19.02.2017

55 Flindt, N. (2005): »eLearning. Theoriekonzepte und Praxiswirklichkeit«, Diss., Ruprecht-Karls-Universität Heidelberg

56 Rudolph, U. (BeltzPVU 2003): *Motivationspsychologie*

57 Lepper, Mark R./Green, David/Nisbett, Richard E. (1973): »Undermining childrens intrinsic interest with extrinsic reward: A test of the overjustification hypothesis«, in: https://www.zotero.org/matthewbarr/items/7E625PEH vom 01.10.2017

58 Burger, Jörg (2011): »Eltern, hört endlich auf, von gesundem Essen zu reden! Ein Gespräch mit dem Ernährungspsychologen Thomas Ellrott«, in: http://www.zeit.de/2011/17/Genuss-Interview

59 Egmont Ehapa Verlag (2013): »KidsVerbraucherAnalyse (KidsVA) 2013«, in: https://de.finance.yahoo.com/fotos/die-kaufkraft-unserer-kinder-slideshow/photo-hochrechnung-photo-1375888675738.html vom 23.03.2017

60 Statista (2016): »Zuschauermarktanteile der Kindersender in Deutschland bis 2016«, in: https://de.statista.com/statistik/daten/studie/257649/umfrage/zuschauermarktanteile-3-bis-13-von-kindersendern/ vom 28.01.2017

61 o. V. (2016): »SUPER RTL: Kindersender erzielt Rekordumsatz«, in: http://www.handelsblatt.com/unternehmen/it-medien/super-rtl-kindersender-erzielt-rekordumsatz/14850814.html vom 30.01.2017

62 SUPER RTL/IP Deutschland (2011): »Wie man Kinderaugen leuchten lässt – Kinderwelten 2011«

63 Institut MehrBlicke/Agentur Brand Science (2011): »Pester Power – TV-Wirkungen am Point of Sale«, in: SUPER RTL/IP Deutschland (2011): »Wie man Kinderaugen leuchten lässt – Kinderwelten 2011«, S. 18–25

64 Achbar M./Abbott, J./Bakan, J. (2007): »The Cooperation« (Film), in: http://www.youtube.com/watch?v=Hi63rXnuWbw vom 27.03.2017

65 Hamann, Götz (2004): »Habe alles, bekomme«, in DIE ZEIT, 19.05.2004, Nr. 22

66 Verband Privater Rundfunk und Telekommunikation (VPRT) (2001), zitiert nach Rosenstock, Roland/Fuhs, Burkhard (2006): »Kinder – Werte – Werbekompetenz«, in: https://www.lmz-bw.de/fileadmin/user_upload/Medienbildung_MCO/fileadmin/bibliothek/rosenstock_kinder/rosenstock_fuhs_kinder.pdf vom 29.01.2016

67 Rosenstock, Roland/Fuhs, Burkhard (2006): »Kinder – Werte – Werbekompetenz«, in: https://www.lmz-bw.de/fileadmin/user_upload/Medienbildung_MCO/fileadmin/bibliothek/rosenstock_kinder/rosenstock_fuhs_kinder.pdf vom 29.01.2016

68 Lembke, Gerald/Leipner, Ingo (2015): Die Lüge der digitalen Bildung, Redline, München

69 Mattscheck, Markus (o. J.): Glossar: Content-Marketing, in: http://www.onlinemarketing-praxis.de/glossar/content-marketing vom 28.01.2017

70 o. V. (2012): »Dr. Oetker Paula Schokoladen-Pudding mit Vanille-Flecken – Mit viel Zucker«, in: http://www.konsument.at/lebensmittel-check/dr-oetker-paula-schokoladen-pudding-mit-vanille-flecken vom 30.01.2017

71 Mey, Stefan (2015): »Werbe-Guru Demner: ›Star Wars ist ein Stück All-
    tagskultur geworden‹«, in: http://www.trend.at/branchen/werbung-mar-
    keting-pr/demner-star-wars-alltagskultur-6150869 vom 30.11.2016

72 Bestgen, Reinhard (2002): »Kennzeichnung des Spielfilms ›Star Wars
    Episode II – Angriff der Klonkrieger‹ mit ›freigegeben ab 12 Jahren‹«, in:
    http://www.spio-fsk.de/media_content/393.pdf vom 03.12.2016

73 (o. V.) (2016): »Alterseinstufung und FSK-Kennzeichen«, in: https://
    www.spio-fsk.de/?seitid=508&tid=72 vom 03.12.2016

74 (o. V.) (2016): »Die Geschichte der FSK«, in: https://www.spio-fsk.de/?-
    seitid=16&tid=473 vom 30.11.2016

75 Emmrich, Julia (2016): »Drogenbeauftragte: ›Kein Kleinkind braucht
    ein Smartphone‹«, in: http://www.derwesten.de/politik/drogenbeauf-
    tragte-kein-kleinkind-braucht-ein-smartphone-id12333423.html   vom
    26.03.2017

76 Coyne, S. M., u.a. (2017): »Pow! Boom! Kablam! Effects of Viewing
    Superhero Programs on Aggressive, Prosocial, and Defending Behaviors
    in Preschool Children«, in: *Journal of Abnormal Child Psychology*

77 Bleckmann, P./Mößle, T. (2014): Position zu Problemdimensionen und
    Präventionsstrategien der Bildschirmnutzung, in: *Sucht* 60 (4), S. 235–
    247

78 Lillard, Angeline/Peterson, Jennifer (2011): »The Immediate Impact of
    Different Types of Television on Young Children's Executive Function«,
    in: http://pediatrics.aappublications.org/content/pediatrics/early/2011/09
    /08/peds.2010–1919.full.pdf4 vom 12.01.2017

79 Fritzen, Florentine (2010): »Diese Filme gefährden Ihre Kinder«, in:
    http://www.faz.net/aktuell/politik/inland/freigegeben-ab-12-diese-fil-
    me-gefaehrden-ihre-kinder-11055513.html vom 19.12.2016

80 Höynck, T., u.a. (2007): »Alterseinstufung von Computerspielen durch
    die USK in der Kritik«, in: Zimmermann O./Geißler, T. (Hrsg.): *Streitfall
    Computerspiele: Computerspiele zwischen kultureller Bildung, Kunst-
    freiheit und Jugendschutz,* S. 63–65, Deutscher Kulturrat, Berlin

81 Rehbein, F., u.a. (2014): »Verhältnisprävention bei stoffungebundenen
    Süchten am Beispiel der Glücksspiel- und Computerspielsucht«, in:
    Mann, Karl (Hrsg.): *Verhaltenssüchte – Grundlagen, Diagnostik, Thera-
    pie, Prävention,* Springer, Heidelberg, S. 155–176

82 Die abgedruckte Mail liegt als Originaldokument dem »Bündnis für humane Bildung« vor.

83 Auf »YouTube« gibt es ein Erklärvideo zu »CS unplugged«: https://www.youtube.com/user/csunplugged

84 Deutsche Mathematiker-Vereinigung (2016): »Inhalte statt Geräte! Die ›Bildungsoffensive zur digitalen Wissensgesellschaft‹ befindet sich auf einem Irrweg«, in: http://www.password-online.de/?wysija-page=1&controller=email&action=view&email_id=177&wysijap=subscriptions vom 22.09.2017

85 Bos, W. (2014): »ICILS 2013 Computer- und informationsbezogene Kompetenzen von Schülerinnen und Schülern in der 8. Jahrgangsstufe im internationalen Vergleich«, in: https://www.waxmann.com/fileadmin/media/zusatztexte/ICILS_2013_Berichtsband.pdf vom 26.09.2017

86 Mößle, T. (2012): *Dick, dumm, abhängig, gewalttätig? Problematische Mediennutzungsmuster und ihre Folgen im Kindesalter. Ergebnisse des Berliner Längsschnitt Medien,* Nomos, Hannover

87 Lembke, G./Leipner, I. (Redline 2015): *Die Lüge der digitalen Bildung. Warum unsere Kinder das Lernen verlernen*

88 http://imedia.bildung-rp.de/fileadmin/user_upload/imedia.bildung-rp.de/Referentendateien/iMedia2009/petko_2009_neuemedienneuerunterricht_handout.pdf; Andre Spang in: http://www.geo.de/magazine/geo-magazin/1425-rtkl-lernen-mit-neuen-medien-digital-macht-schlau

89 OECD (2015): »Students, Computers and Learning: Making the Connection«, in: http://www.oecd.org/publications/students-computers-and-learning-9789264239555-en.htm vom 26.09.2017. Deutsche Übersetzung: Bleckmann

90 Mößle, T. (2012), ebenda

91 Bündnis für humane Bildung (2017): »Kritik der digitalen Verblendung«, in: http://www.aufwach-s-en.de vom 26.09.2017

92 Tillmann, A./Antony, I. (2017): »Lernen mit Tablets in der Grundschule – Ergebnisse einer Mixed-Methods-Studie«, Vortrag auf der Jahrestagung der DGfE Sektion Medienpädagogik in Mainz, 10.03.2017

93 Danish Technological Institute and EAVI – European Association for Viewers' Interests (2011): »Testing and Refining Criteria to Assess Media Literacy Levels in Europe: Final Report«, Report for the European Commission, Brüssel

94 Zimmer, J./Bleckmann, P. (2016): »Media education habitus and practice of teachers – how can we understand and change it?«, im Sym-

posium »Primary prevention of problematic screen media use«, EAPRIL (European Association for Practitioner Research in Learning), Portugal, 22.–25.11.2016

95 Köppe, J./Kaufmann, M. (2017): »WhatsApp an der Schule – was geht, was nicht?«, in: http://www.spiegel.de/lebenundlernen/schule/whatsapp-an-schulen-was-ist-erlaubt-a-1143144.html vom 24.10.2017

96 Landesbeauftragter für Datenschutz und Informationsfreiheit Baden-Württemberg (o. J.): »Dürfen Lehrer WhatsApp benutzen?«, in: https://www.baden-wuerttemberg.datenschutz.de/duerfen-lehrer-whatsapp-benutzen/ vom 24.10.2017

Zocken, Gamen, Daddeln

97 Bleckmann, P. (2012): *Medienmündig*, Klett-Cotta, Stuttgart, S. 159 // Hinweis: Die Broschüre ist inzwischen aus dem Internet verschwunden.

98 Feierabend, S./Plankenhorn, T./Rathgeb, T. (2017): »KIM-Studie 2016«, in: https://www.mpfs.de/fileadmin/files/Studien/KIM/2016/KIM_2016_Web-PDF.pdf vom 19.9.2017

99 Wir konzentrieren uns in diesem Kapitel bewusst auf den Aspekt der zeitlich exzessiven und suchtartigen Nutzung digitaler Medien. Zur Problematik von Empathieverlust und Gewaltneigung durch Gewaltmedienkonsum siehe Kapitel zu FSK/USK (»Star Wars – frei ab 6 Jahren?«), bzw. zu frauenverachtenden und pornografischen Inhalten siehe das Kapitel »Pornogucken als Mutprobe«.

100 Bleckmann, P./Jukschat, N. (2017): »Warum Computerspielen trotzdem gut ist – Neutralisierungsstrategien von Computerspielabhängigen und sozialwissenschaftlichen Forschern«, in: *MedienPädagogik: Zeitschrift für Theorie und Praxis der Medienbildung* (27), S. 210–225

101 Z. B. Fallbeispiel »Elisabeth« in: Bleckmann, P./Eckert, J./Jukschat, N. (2012): »Futile search for a better life? Two biographical case studies on women with depression and video game dependency«, in: *Advances in Dual Diagnosis 5* (3), S. 137–146

102 Drogenhilfe Köln (2013): »ESCapade – Hilfe bei Gefährdung durch problematische Computernutzung. Familienorientiertes Präventionsprogramm«, in: http://www.escapade-projekt.de/fileadmin/user_upload/Ergebnisse_des_ESCapade_Projektes-2.pdf vom 19.09.2017

103 te Wildt, B. (2016): *Digital Junkies: Internetabhängigkeit und ihre Folgen für uns und unsere Kinder,* Droemer, München

104 Petry, N. M., u. a. (2014): »An international consensus for assessing in-

ternet gaming disorder using the new DSM-5 approach«, in: *Addiction* 109 (9), S. 1399–1406

105 Bleckmann, P. (2012): *Medienmündig,* Klett-Cotta, Stuttgart, S. 159 // Hinweis: Die Broschüre ist inzwischen aus dem Internet verschwunden.

106 te Wildt, B. (2016): *Digital Junkies: Internetabhängigkeit und ihre Folgen für uns und unsere Kinder,* Droemer, München, S. 90

107 Plöger-Werner, M. (2011): »A never ending story – Wie Onlinerollenspiele Suchtverhalten begünstigen. Eine spielstrukturelle Merkmalsanalyse der Onlinerollenspiele Metin 2 und World of Warcraft. Implikationen für den Jugendmedienschutz«, Leuphana Universität Lüneburg

108 Rehbein, F., u. a. (2010): »Zum Suchtpotential von Computerspielen. Onlinerollenspiele wie ›World of Warcraft‹ bergen ein erhöhtes Abhängigkeitsrisiko und erfordern Konsequenzen in den Bereichen Jugendmedienschutz und Prävention«, in: *Jugendmedienschutz-Report* (6), S. 8–12

109 Wir verwenden in diesem Kapitel häufig den kurzen Begriff »Spieler«. Wo nicht eindeutig eine andere Bedeutung aus dem Kontext zu erschließen ist, meinen wir damit Personen beiderlei Geschlechts, die an Konsolen, an Tablets, Smartphones, Laptops etc. Computerspiele spielen.

110 Das Spiel wird zwar inzwischen als »sinkender Stern« angesehen. Es hatte aber 2016 immerhin noch etwas über 300 000 aktive Spieler und lag auf Platz 18 der Top 100 der Browsergames.

111 Pfeiffer, R. (2012): »Hochprozentiges für Kinder, Jugendliche und Erwachsene – Das Abhängigkeitspotenzial von Online-Rollenspielen und Browserspielen«, in: Möller, C. (Hrsg.): *Internet- und Computersucht: Ein Praxishandbuch für Therapeuten, Pädagogen und Eltern,* Stuttgart: Kohlhammer // Bemerkung: In der zweiten Auflage des Buches sind die Ausführungen zu »Farmerama« nicht mehr enthalten.

112 Verbraucherzentrale Nordrhein-Westfalen (o. J.): »Free to P(l)ay: Tücken kostenloser Spiele-Apps«, in: www.verbraucherzentrale.nrw/freetoplay vom 23.10.2017

113 Rehbein, F./Mößle, T./Zenses, E.-M./Jukschat, N. (2010): Zum Suchtpotential von Computerspielen. Onlinerollenspiele wie »World of Warcraft« bergen ein erhöhtes Abhängigkeitsrisiko und erfordern Konsequenzen in den Bereichen Jugendmedienschutz und Prävention, in: *Jugendmedienschutz-Report* (6), S. 8–12

114 Rehbein, F. (2014): Verhältnisprävention bei stoffungebundenen Süchten am Beispiel der Glücksspiel- und Computerspielsucht, in: Mann, K. (Hrsg.): *Verhaltenssüchte – Grundlagen, Diagnostik, Therapie, Prävention,* Springer, Heidelberg, S. 155–175

115 Bleckmann, P./Mößle, T. (2014): »Position zu Problemdimensionen und Präventionsstrategien der Bildschirmnutzung«, in: *Sucht* 60 (4), S. 235–247

116 Jerusalem, M./Mittag, W. (2002): »Primärprävention des Rauchens bei Kindern und Jugendlichen«, in: *Zeitschrift für Medizinische Psychologie* 11, S. 171–176

117 Leung, L./Lee, P. (2011): »The influences of information literacy, internet addiction and parenting styles on internet risks«, in: *New Media and Society* 14(1), S. 117–136

118 Rumpf, H.-J. (2015): Persönliche Auskunft an die Autorin, Fachtagung der Niedersächsischen Landesstelle für Suchtprävention (30.09.2015)

119 Lembke, Gerald (2015): *Im digitalen Hamsterrad. Ein Plädoyer für den gesunden Umgang mit Smartphone & Co.*, medhochzwei, Heidelberg

»Alle anderen dürfen das aber«

120 o. V. (2014): »Medienkompetenz für Eltern: Wie sinnvoll oder gefährlich sind Smartphones für Jugendliche?«, in: http://www.badische-zeitung.de/lahr/wie-sinnvoll-oder-gefaehrlich-sind-smartphones-fuer-jugendliche-90459908.html vom 03.02.2017

121 Feierabend, S./Rathgeb, T. (2009): »KIM-Studie 2008 – Kinder und Medien. Computer und Internet«, in: http://www.berlin-suchtpraevention.de/wp-content/uploads/2016/10/KIM_Studie_08.pdf vom 04.02.2017

122 Feierabend, S./Plankenhorn, T./Rathgeb, T. (2015): »KIM-Studie 2014«, in: https://www.mpfs.de/fileadmin/files/Studien/KIM/2014/KIM_Studie_2014.pdf vom 15.12.2017

123 Bleckmann, P. (2006): »Medienpädagogische Elternarbeit am Kindergarten unter besonderer Berücksichtigung der Themeninteressen von Familien mit aktuell oder potentiell nichtfernsehenden Kleinkindern«, Diss, Universität Bremen

124 Bitzer, E. M./Bleckmann, P./Mößle, T. (2014): »Prävention problematischer und suchtartiger Bildschirmmediennutzung Eine deutschlandweite Befragung von Praxiseinrichtungen und Experten«, in: KFN-Forschungsbericht 125, Niedersachsen, Kriminologisches Forschungsinstitut, Hannover

125 Jöckel, S./Schlütz, D./Blake, C. (o. J.): »Die Wahrnehmung von Alterskennzeichnungen bei Computerspielen und DVD-Filmen und ihre Auswirkung auf die Wahlentscheidung bei Kindern und Jugendlichen«, in: https://www.uni-erfurt.de/fileadmin/public-docs/comdigmed/Bericht_FTS_Version_Final_Final.pdf vom 01.12.2016

126 »ECHT DABEI – Gesund groß werden im digitalen Zeitalter« ist ein Präventionsprogramm für Kindergärten und Grundschulen, das einer der Autoren (Paula Bleckmann) mitentworfen hat. Ziel ist der Schutz der Kinder vor Medienrisiken durch eine Sensibilisierung des Umfelds. Internet: www.echt-dabei.de

127 o. V. (2016): »Protokoll der wissenschaftlichen Begleitforschung ›ECHT DABEI‹-Coach«, Weiterbildungstreffen mit Austausch und Supervision zur Einzelberatung, 15. Juni 2016

Digitale Nabelschnur kappen

128 Brockert, Anja (2013): »Helikopter-Eltern: Gespräch mit Josef Kraus zu seinem neuen Buch«, in: https://www.swr.de/swr2/wissen/helikoptereltern/-/id=661224/did=11985954/nid=661224/15ksq7x/index.html vom 09.08.2017

129 Niesner, G. (2017): »Sicherheitswahn. Mehr Freiraum für kleine Leute!«, in: http://www.eltern.de/kleinkind/erziehung/kontrolle.html/page/3 vom 13.09.2017

130 Rosa, H. (2012): »Resonanz statt Entfremdung: Zehn Thesen wider die Steigerungslogik der Moderne«, in: http://www.kolleg-postwachstum.de/sozwgmedia/dokumente/Thesenpapiere+und+Materialien/Thesenpapier+Krise+_+Rosa.pdf vom 11.09.2017

131 Lembke, G./Leipner, I. (Springer 2014): *Zum Frühstück gibt's Apps. Der tägliche Kampf mit der digitalen Ambivalenz*

132 Sparrow, B./Liu, J./Wegner, D. M. (2011): »Google effects on memory: cognitive consequences of having information at our fingertips«, in: *Science* (New York, N.Y.) 333 (6043), S. 776–778

133 Lembke, G./Leipner, I. (Redline 2015): *Die Lüge der digitalen Bildung. Warum unsere Kinder das Lernen verlernen*

134 »Eine Woche ohne Fernsehen, Computer, Spielekonsole, Handy und MP3 Player« – das war das Ziel der Aktion »ONE WEEK. NO MEDIA«, die 2014 in Stuttgart stattfand. Stattdessen standen viel Kultur, Sport und soziale Aktivitäten auf dem Programm. Das Kultusministerium Baden-Württemberg zeichnete das Projekt mit dem 3. Preis des Jugendbildungspreises aus.

»Ungerecht! Ihr dürft, ich nicht!«

135 Das Sinus-Milieu-Modell ist ein sozialwissenschaftliches Analysemodell. Es hat das Ziel, Menschen in Gruppen zusammenzufassen, die sich in ihrer Lebensauffassung und Lebensweise ähneln, also vergleichbare Pri-

oritäten bei ihren Werten aufweisen. Die Sinus-Milieus werden dabei in zwei Dimensionen unterschieden, einerseits hinsichtlich ihrer sozialen Lage (von Unterschicht bis Oberschicht), andererseits in Bezug auf ihre Lebensweise bzw. Grundorientierung (von konservativ bis postmodern).

136 Kuchenbuch, K. (Media Perspektiven 2003): *Die Fernsehnutzung von Kindern aus verschiedenen Herkunftsmilieus. Eine Analyse anhand des Sinus-Milieu-Modells*, S. 2–11

137 Feierabend, S./Plankenhorn, T./Rathgeb, T. (2015): »KIM-Studie 2014. Kinder + Medien. Computer + Internet. Basisuntersuchung zum Medienumgang«

138 Bleakley, A./Jordan A. B./Hennessy, M. (2013): »The Relationship Between Parents' and Children's Television Viewing«, In: *Pediatrics* 132 (2)

139 Christakis, D. A./Gilkerson, J./Richards, J. A. (2009): »Audible TV is associated with decreased adult words, infant vocalization, and conversational turns. A population based study«, in: *Arch Pediatr Adolesc Med* 163 (6), S. 554–558 // Kirkorian, H. L., u. a. (2009): »The impact of background television on parent-child interaction«, in: *Child Development* 80 (5), S. 1350–1359

140 Radesky, J., u.a. (2015): »Maternal mobile device use during a structured parent-child interaction task«, in: *Academic Pediatrics* 15 (2), S. 238–244

141 Die Drogenbeauftragte der Bundesregierung (2017): »Factsheet zur BLIKK-Studie«, in: http://www.drogenbeauftragte.de/fileadmin/dateien-dba/Drogenbeauftragte/4_Presse/1_Pressemitteilungen/2017/2017_II_Quartal/Factsheet_BLIKK.pdf vom 16.09.2017

142 McDaniel, B. T./Coyne, S. M. (2016): »Technology interference in the parenting of young children. Implications for mothers' perceptions of coparenting«, in: *The Social Science Journal* 53 (4), S. 435–443

143 Das ist die Website der amerikanischen Initiative »Wait Until 8th«: https://www.waituntil8th.org, vgl. hierzu die Ausführungen in der Einleitung.

Das Social-Media-Dilemma

144 Campe, R. (2017): *What's App, Mama?: Warum wir Teenies den ganzen Tag online sind – und warum das okay ist!*, 3. Auflage, Eden Books

145 Bleckmann, P./Mößle, T. (2015): »Talk or act? Effects of screen availability vs. effects of parental mediation style on children's problematic media use«, EUSPR Conference »Changing Behaviour without Talking: automatic processes and the regulation of behaviour«, Ljubljana, 23.11.2015

146 Die Begriffe »Zeit«, »Inhalte« und »Funktion« werden im Kapitel Medienwirkung näher erläutert.

147 Sauseng, W., u.a. (2017): »Empfehlungen zur Regulierung von Bildschirmzeiten im Kindes- und Jugendalter«, in: *Monatsschrift Kinderheilkunde* 3/2017, S. 254–256

148 Vgl. Lembke, G./Leipner, I. (2015): *Die Lüge der digitalen Bildung. Warum unsere Kinder das Lernen verlernen,* Redline, München, S. 93

149 Bauer, J. (2015): »Erziehung zur gelingenden Selbststeuerung. Neurobiologische, psychologische und soziale Aspekte«, in: *Pädagogik* 6/15, S. 40–43

150 Müller, Monica (2012): »Junge Frau mit privatem Sexvideo gemobbt«, in: http://www.tagesanzeiger.ch/zuerich/region/Junge-Frau-mit-privatem-Sexvideo-gemobbt-/story/12760436 vom 05.08.2017

151 Álvarez-García, D., u. a. (2015): »Risk factors associated with cybervictimization in adolescence«, in: http://www.elsevier.es/en-revista-international-journal-clinical-health-psychology-355-articulo-risk-factors-associated-with-cybervictimization-S1697260015000071 vom 26.04.2017

152 Suler, J. (2004): »The Online Disinhibition Effect«, in: *CyberPsychology & Behavour,* Volume 7, Number 3, 2004, S. 321–326

153 Klein, S. (2009): »Die Entdeckung des Mitgefühls. Interview mit Vittorio Gallese«, in: http://www.zeit.de/2008/21/Klein-Mitgef-hl-21/seite-1 vom 17.12.2013

154 Opaschowski, H. W. (2017): »Frisst die digitale Revolution ihre Kinder?«, in: *DIVSI magazin*, April 2017, Hamburg

155 Twenge, J. M. (2017): »Have Smartphones Destroyed a Generation?«, in: https://www.theatlantic.com/magazine/archive/2017/09/has-the-smartphone-destroyed-a-generation/534198/ vom 03.10.2017

156 Russel, H. (2015): »A week off from Facebook? Participants in Danish experiment like this«, in: https://www.theguardian.com/media/2015/nov/10/week-off-facebook-denmark-likes-this-happiness-friends vom 05.08.2017

157 Manfred Spitzer, Februar 2017, persönliches Gespräch

Pornogucken als Mutprobe?

158 Tuider, E., u.a. (Beltz Juventa 2012): *Sexualpädagogik der Vielfalt,* 2. Auflage

159 Kentler, H. (1967): »Thesen zu einer nichtrepressiven Sexualerziehung«, ProFamilia

160 Freitag, Tabea (return 2015): *Fit for Love? Praxisbuch zur Prävention von Internet-Pornografie-Konsum. Eine bindungsorientierte Sexualpädagogik,* 3. Auflage

161 Freitag, T. (2017): »Emotionale Gewalt durch Pornografie und frühe Sexualisierung. Ein bindungsorientierter Ansatz zur Prävention«, in: Brisch, K. H. (Hrsg.): *Bindung und emotionale Gewalt,* Fachbuch Klett-Cotta, S. 234–284, S. 246–247

162 Matthiesen, S./Martyniuk, U. (o. J.): »Single – Verliebt – Vergeben. Sexuelle Erfahrungen von Jugendlichen im Web 2.0«, in: *Sozial Aktuell,* S. 27–29, 1/20

163 Kuntz, K. (2012): »Der angekündigte Tod der Amanda Todd«, in: http://www.sueddeutsche.de/digital/mobbing-im-internet-der-angekuendigte-tod-der-amanda-todd-1.1502486 vom 04.02.2014

164 Krahé, B. (2009): »Sexuelle Aggression und Opfererfahrungen unter Jugendlichen und jungen Erwachsenen«, in: *Pädagogische Rundschau* 60(3), S. 173–183

165 Peter, J./Valkenburg, P. M. (2006): »Adolescents' Exposure to Sexual Explicit Internet Material and Recreational Attitudes towards Sex«, in: *Journal of Communication* 56, S. 639–660 // Peter, J./Valkenburg, P. M. (2008): »Adolescents' Exposure to Sexual Explicit Internet Material and Sexual Preoccupancy: A three-wave panel study«, in: *Media Psychology* 11, S. 207–234 // Peter, J./Valkenburg, P. M. (2010): »Adolescents' Exposure to Sexual Explicit Internet Material and Notion of Women as Sex Objects: Assessing Causality and Underlying Processes (in press)

166 Zillmann, D. (Hogrefe 2004): »Pornografie«, in: Mangold, R./Forderer P./Bente, G. (Hrsg.): *Lehrbuch der Medienpsychologie,* S. 565–585

167 Morgan, E. M. (2011): »Associations between young adults' use of sexually explicit materials and their sexual preferences, behaviours and satisfaction«, in: *Jounrnal of sex research,* Volume 48(6), S. 520-530

168 Zillmann, D./Bryant, J. (1988): »Pornography impact on sexual satisfaction«, in: *Journal of Applied Social Psychology* 18 (5), S. 438–453

169 Levin, D. E./Kilbourne, J. (Random House 2009): *So Sexy So Soon: The New Sexualized Childhood and What Parents Can Do to Protect Their Kids*

170 o. V. (2016): »Quitting porn should be a cornerstone of treating impotence«, in: https://www.yourbrainonporn.com/age-40-dentist-quitting-porn-should-be-cornerstone-treating-impotence vom 18.09.2017 // Hinweis: Auf dieser Website sind noch mehr Erfahrungsberichte nachzulesen.

171 Freitag, Tabea (2015): *Fit for Love? Praxisbuch zur Prävention von Internet-Pornografie-Konsum. Eine bindungsorientierte Sexualpädagogik,* 3. Aufl., return, Fachstelle Mediensucht, Hannover, S. 38

172 Svedin, C. G./Akermann, I./Priebe G. (2011): »Frequent Users of Porno-

graphy. A population-based epidemiological study of Swedish male adolescents«, in: *Journal of Adolescence* 34, S. 779–788 // Priebe, G./ Ackermann, I. (2007): »High-frequency consumers of pornogrphy – A Swedish study«, in: Knudsen, S. V./Löfgren-Martensson, L./Mansson, S. A. (Hrsg.): *Generation P? Youth, Gender and Pornography*, Danish School of Education Press, Kopenhagen, S. 133–148

173 Maschke, S./Stecher, L. (2017): »SPEAK! Sexualisierte Gewalt in der Erfahrung Jugendlicher«, Philipps-Universität Marburg/Justus-Liebig-Universität Gießen

Impfung gegen »Fake News«

174 Riegler, B. (2017): »So erkennt und überprüft man Fake-News«, in: http://derstandard.at/2000051798122/So-erkennt-und-ueberprueft-man-Fake-News vom 24.09.2017

175 Vgl. Pariser, E. (2011): *The filter bubble. What the internet is hiding from you*, Penguin, New York

176 Vgl. Buggisch, C. (2017): »Das Filterblasen-Experiment«, in: https://buggisch.wordpress.com/2016/11/14/das-filterblasen-experiment/

177 Bundesjustizministerium (2017): »Gesetz zur Verbesserung der Rechtsdurchsetzung in sozialen Netzwerken (Netzwerkdurchsetzungsgesetz – NetzDG)«, in: https://www.bmjv.de/SharedDocs/Gesetzgebungsverfahren/DE/NetzDG.html vom 09.09.2017

178 Wer sich für Wissenschaftstheorie interessiert, dem sei Charmers *Wege der Wissenschaft* als Lektüre empfohlen.

179 v. Weizsäcker, F. (2016): »Rationales Denken als Schulfach«, in: http://mehr-demokratie.blogspot.de/2016/10/rationales-denken-als-schulfach.html vom 09.09.2017

180 Riegler, Birgit (2017): »So erkennt und überprüft man Fake-News«, in: http://derstandard.at/2000051798122/So-erkennt-und-ueberprueft-man-Fake-News vom 05.06.2017

181 Kuhn, T. S. (Suhrkamp 1976): *Die Struktur wissenschaftlicher Revolutionen*

182 Dies zeigten Untersuchungen mit Physikstudierenden, die in einem Einführungsseminar zur Mechanik als Paradigmenwechsel einen Sprung von ihrem naiven Alltagsverständnis zu einem fortgeschrittenen Erklärungsmodell (Newtonsche Mechanik) bewältigen mussten. Über die Hälfte scheiterte. // Ibrahim Abou Halloun and David Hestenes: »The Initial Knowledge State of College Physics«, in: *American Journal of Physics* 53 (1985), S. 1043–1055. Siehe auch Ibrahim Abou Halloun and

David Hestenes: »CommonSense Concepts about Motion«, in: *American Journal of Physics* 53 (1985), S. 1056–1065

183 Danish Technological Institute and EAVI – European Association for Viewers' Interests (2011): »Testing and Refining Criteria to Assess Media Literacy Levels in Europe: Final Report«, in: http://docplayer. net/21048912-Testing-and-refining-criteria-to-assess-media-literacy-levels-in-europe.html vom 25.08.2017

184 Schmölz, J./Demattio, M./Graudenz, D. (2014): »U25-Studie – Kinder, Jugendliche und junge Erwachsene in der digitalen Welt«, in: https://www. divsi.de/publikationen/studien/divsi-u25-studie-kinder-jugendliche-und-junge-erwachsene-in-der-digitalen-welt/ vom 13.05.2017

185 Vgl. auch Rager und Werner: »Die Zeitung als ideales Trainingsmedium für das Internet«

186 Dobelli, R. (dtv 2014): *Die Kunst des klaren Denkens. 52 Denkfehler, die Sie lieber anderen überlassen*